Garma C. C. Chang

DIE PRAXIS DES ZEN

GARMA C. C. CHANG

DIE PRAXIS DES ZEN

Mit einer Einführung
und in einer autorisierten Übersetzung ins Deutsche
von Ernst Schönwiese

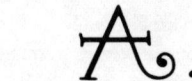

AURUM VERLAG · FREIBURG IM BREISGAU

1982
ISBN 3 591 08144 2
© 1982 by Aurum Verlag GmbH & Co KG,
Freiburg im Breisgau.
Gesamtherstellung: Landsberger Verlagsanstalt Martin Neumeyer,
Landsberg am Lech.
Printed in Germany.

EINFÜHRUNG

Garma Chen-Chi Chang, in China geboren, trat im Alter von fünfzehn Jahren in ein Kloster in Nanking ein, kam später nach Tibet, wanderte von Kloster zu Kloster und lernte schließlich sechs Jahre unter demselben Guru, dem lebenden Buddha Lama Kong Ka, in dessen Niederlassung, dem Kong-Ka-Kloster in Meia Nya in Osttibet. Im Alter von dreißig Jahren kam er in die USA, wo er seit 1951 ansässig ist. Er hielt Vorlesungen an der Columbia-Universität in New York sowie an anderen amerikanischen Universitäten und lehrt seit 1966 buddhistische Philosophie als Professor des Departments für religiöse Studien an der Pennsylvania-Staatsuniversität in State College. Zwischendurch führen ihn immer wieder längere Vortrags- und Studienreisen nach Taiwan. Seine dauernde enge Verbundenheit mit der chinesischen Kultur und Philosophie einerseits wie seine jahrzehntelangen Kontakte mit seinen amerikanischen Hörern befähigen ihn in hervorragendem Maße, gerade westlichen Menschen den Buddhismus und Zenismus nahezubringen.

Als das vorliegende Buch, *Die Praxis des Zen,* in englischer Sprache erschien, wurde es von einigen der besten Kenner des Zen-Buddhismus besonders herzlich begrüßt, und zwar aus mehreren Gründen. Zunächst, weil es das erste authentische Buch über das chinesische Ch'an (Zen) war, sich also, wie etwa Wei Wu Wei schrieb, »in erfrischender Ausschließlichkeit mit der ursprünglichen Ch'an-Lehre befaßt, so wie sie in China entstanden ist. Ohne das japanische Zen im mindesten geringer werten zu wollen, scheint es doch für den westlichen Leser wesentlich, den Unterschied zu kennen und festzuhalten«. Changs Buch bekämpft und beseitigt gewisse im Westen herrschende Mißverständnisse über Zen. Dazu gehört z. B. der Unterschied zwischen Satori, das am Anfang der Arbeit am Zen stehen muß, und der »endgültigen, vollkommenen Erleuchtung des Buddha« als Ziel und Ende des Weges — ein Unterschied, der gerade vom chinesischen Ch'an immer sehr klar erkannt wurde.

Ein erster Höhepunkt in Changs Buch sind die Seiten über die »Lehre vom Geist«. Diese Geist-Doktrin, Basis und Grundlage allen östlichen Denkens und Erlebens, als das »Herz des Zen« bezeichnet, wird von Chang mit wenigen Worten, aber in eindeutiger Klarheit und für jedermann verständlich dargestellt. Diese Grundprinzipien der Geist-Lehre muß man verstanden haben, ehe man zur Praxis übergehen kann.

Denn, wie schon der Titel *Die Praxis des Zen* betont, ist Changs Buch durchaus für die Praxis bestimmt. Wie sehr, das zeigen am besten die »Zehn Ratschläge für die Zen-Praxis«, deren erste vier eigentlich schon alles enthalten, was man wissen muß und was man wissen kann. Darüber hinaus hat man »nur noch« den Anweisungen zu folgen und zu »verwirklichen«.

Unter den »Sieben verschiedenen Typen der Meditations-praxis«, wie sie im vierten Kapitel des Buches behandelt werden, ist eine die eigentliche »Zen-Meditation«, nämlich die »Meditationsübung des Entsinkens in die Geist-Essenz«. Sie gibt dem Leser nicht nur ein Bild der Zen-Übung im Vergleich zu den anderen Meditationsarten, sondern bildet in Verbindung mit der »Lehre vom Geist« und den »Zehn Ratschlägen« eines der lehrreichen Hauptstücke von Changs Buch. Womit dessen Vorzüge aber noch lange nicht alle aufgezählt, geschweige denn erschöpft sind.

Zu diesen Vorzügen gehört u. a. auch die klare Darstellung der Ch'an-Methode ohne Koan-Übung, gegenüber der gebräuchlichen Koan-Methode, mit der man im Westen immer sofort den Zenismus verbindet. »Die Schöpfer des

Zen-Buddhismus, Bodhidharma und Hui Neng«, so sagt Chang, »haben niemals irgendwelche Koans geübt, ebensowenig die anderen berühmten Zen-Meister der frühen Periode. Die Koan-Übung ist ein nützliches Mittel, das die Zen-Meister der späteren Periode erfunden haben. Wer aber glaubt, daß das Koan als unentbehrlich zu betrachten wäre, der beweist nur seine Unwissenheit. Ein vollendeter Zen-Meister lehrt jeden seiner Schüler gemäß der für ihn als notwendig erkannten Weise. Ein festes Rezept, nach dem der Koan- oder Nicht-Koan-Methode zu folgen wäre, gibt es nicht. Ein kompetenter Tsao-Tung-Zen-Meister wird den Geist des Schülers unmittelbar in einen Zustand der ›Verwirklichung‹ bringen, auch ohne jede Anstrengung von seiten des Schülers.«

Was alles aber nicht etwa heißt, daß Chang die Koan-Technik gering achtet oder unterschätzt. Es geht vielmehr darum, daß die von ihm dargestellte Meditationsform des »heiter gelassenen Widerspiegelns« jenes erste Satori zu vermitteln vermag, das am Anfang des Weges steht. Die Koan-Übung kann dann diese erste erlebnishafte Erfahrung der Wesensnatur des eigenen Geistes vertiefen und bis zu einem endgültigen Durchbruch führen. Tatsächlich findet man in Changs Buch einige neue Koans, denen man bisher kaum begegnet war und die gerade für den westlichen Menschen überaus hilfreich und förderlich zu sein vermögen. Hsu Yüns »Wer ruft immer wieder Buddha an?« gehört ebenso hierher wie Changs eigenes Lieblings-Koan »Wer ist der Herr des Aufwachens, wo ruht er seinen Körper aus und lebt er sein Leben?« oder das Koan »Wer hat diesen Leichnam für dich hierher geschleppt?«.

Noch aber muß von einem anderen wichtigen Vorzug von Changs Buch gesprochen werden: es läßt den an seinem Zen Arbeitenden auch nach dem ersten, dem Anfangs-Satori, nicht im Stich, sondern vermag aus all den Sackgassen herauszuhelfen, in die der Zen-Schüler geraten kann und in denen er zumeist auch, wenn kein echter Meister eingreift, stecken bleibt und schließlich aufgibt. Die handfest praktischen Ratschläge, wie sie Tsung Kao in seinen hier ausführlich zitierten Briefen an seine Schüler und Po Shan in seinen Anweisungen und Ratschlägen bis in die subtilsten Einzelheiten geben, sind ein weiterer Höhepunkt des Buches. Nicht ohne Bewunderung für die tiefenpsychologischen Erkenntnisse dieser beiden Zen-Meister wird man den höchst anschaulichen Bildern begegnen, mit denen sie die Sackgasse beschreiben, in die der Schüler geraten ist: z. B. »den Schatz bewachen«, aber nicht wirklich an ihn herangelangen; oder die Metaphern »stehendes Wasser«, »tödliche Stille« und »tote Leere« statt des »großen Lebens«; oder das Bild von dem Mann, der »seinen Mund nicht öffnen und nicht ausatmen« kann.

Zu den für die östliche Tiefenpsychologie besonders kennzeichnenden Stellen des Buches gehört übrigens auch jener Abschnitt im vierten Kapitel, in dem von den sieben Haupteigenschaften des noch nicht erhellten, nicht erleuchteten menschlichen Geistes gesprochen wird.

»Die meisten Mißverständnisse bezüglich des Zen«, schrieb Chang in einem Brief, »sind auf mangelnde Kenntnis des Buddhismus zurückzuführen. Unkenntnis der Funktion der Meditationspraxis ist eines der Hauptmißverständnisse. Deshalb war ein allgemeiner Überblick über die Hauptaspekte der Buddhaheit und der Meditationspraxis zu geben. Ich persönlich glaube, daß das vierte Kapitel das wichtigste Kapitel des Buches ist.« Es fußt übrigens auf den Vorlesungen, die Professor Chang an der Columbia-Universität in New York gehalten hat, und ist nicht nur eine sehr wesentliche, sondern in vieler Hinsicht unentbehrliche Ergänzung zu den sich unmittelbar mit dem Zen-Buddhismus befassenden Kapiteln.

Alles in allem glaube ich, sagen zu dürfen, daß man es bei Changs *Praxis des Zen* mit dem besten Buch über Zen, nach und neben D. T. Suzukis Büchern, zu tun hat, nicht zuletzt deshalb, weil es knapp und ohne Umschweife, klar und verständlich, das Wesentliche sagt, das sich sagen läßt. Jenes metarationale, übervernünftige Erlebnis, das Ur-Erlebnis des Homo religiosus, das mit Worten weder erklärt noch mitgeteilt werden kann, vermochte im Westen zuletzt beinahe nur noch die Handvoll wirklicher Dichter wachzuerhalten, ahnbar, spürbar und in Grenzen nachvollziehbar zu machen. Zen ist das Allereinfachste und zugleich Allerschwierigste. Ich erinnere mich, wie oft Professor Garma Chang im Verlauf seiner Vorlesungen über den Mahayana-Buddhismus und der an ihn anknüpfenden Hua-Yen-Philosophie lächelnd ausrief: »It's so simple!« »Es ist so einfach!« Ja, es ist nicht nur bloß einfach, sondern es ist tatsächlich geradezu simpel. Das Allersimpelste von der Welt; aber die Menschen haben sich den Zugang zu dieser Einfachheit künstlich verrammelt. Sie wollen alles mit dem Kopf machen. Aber der Kopf verkompliziert alles nur, und hinter jeder Lösung und Antwort, die er gefunden hat oder gefunden zu haben glaubt, erhebt sich eine neue Frage. Einfach aber ist alles für den, der den Sprung zu tun vermag und ihn wagt, über alle Denkmöglichkeiten hinweg, zur völligen Aufgabe des Schein-Ich in restloser Entsunkenheit.

Aber von allen, die nur mit dem Kopf »verstanden« haben, kommt unausweichlich als Nächstes die Frage: »Wie macht man es?« Denn der westliche Kopf-Mensch erwartet — unbewußt — immer etwas Ähnliches wie den Hinweis auf einen Schalter, an dem er nur zu drehen braucht, um im Licht, in der Erleuchtung zu sein. Daß man sich in langer und vor allem konsequenter Weise selbst umerziehen, ummeditieren, umtrainieren muß, um wieder aus dem Ganzen zu leben und aus der Totalität tätig zu werden, das vermag er in der Einseitigkeit des ich-zentrierten Gehirntieres nicht zu begreifen. Die Antwort auf seine Frage »Wie macht man es?« könnte nur lauten: »Indem man es macht; es zur Wirklichkeit macht, realisiert, verwirklicht.« Aber so zutreffend und richtig diese Antwort ist, sie hilft dem Fragenden — wenigstens zunächst und für den Augenblick —

nicht. Es bedarf der besonderen psychologischen Kunst eines Tsao-Tung-Meisters, eines Guru, um die genauen, klaren, ganz aus der Praxis eigenen Erfahrens und Erlebens geborenen Instruktionen zu erteilen, so wie sie Tsung Kao und Po Shan in Changs Buch ihren Schülern erteilt haben, um sie in geschickter, pädagogischer Heranführung die verschüttet gewesene, ursprüngliche Buddha-Natur im eigenen Innern erblicken, erspüren und erleben zu lassen: so überwältigend und überzeugend vielleicht, daß das einmal Erfahrene und damit Gesicherte immer wieder heraufgerufen werden kann.

Die tiefenpsychologischen Aspekte, die hinter der Zen-Lehre stehen, oder richtiger: die Tatbestände, aufgrund deren die Geist-Lehre des Zen »funktioniert«, verdienten eine eigene, die Zusammenhänge genau darstellende und weit über das bloß rationale Beschreiben hinausgehende Untersuchung; ebenso der höchst aufschlußreiche Vergleich von Zen mit ähnlichen oder gleichartigen Erkenntnissen anderer religiöser Überlieferungen, wie etwa des Taoismus oder der mittelalterlichen Mystik eines Meister Eckhart. Es würde sich zeigen, daß die konziseste, bis in die Einzelheiten genaueste, somit verläßlichste und zugleich allgemeingültige Ausprägung die des Zenismus ist. Zen ist nicht nur eine Synthese des Wesentlichen aus allen buddhistischen Schulen, sondern tradiert unmittelbar jene Grund- und Ur-Überlieferung der Menschheit, die in den verschiedenen konfessionellen Religionen ihre den Dialekten einer Sprache, der Sprache der Ur-Wahrheit, vergleichbaren unterschiedlichen Ausformungen gefunden hat. Dieses Ur-Wissen, wie man es nennen darf, wird in den psychologischen wie denkerischen Tatbeständen der Zen-Lehre aufs einfachste und für den heutigen Menschen aufs überzeugendste weitergereicht.

In dem schon einmal erwähnten Brief lenkte Garma Chang die Aufmerksamkeit auch auf die Tatsache, daß es »Mönche gegeben hat, die zu ihrer Verwirklichung gekommen sind, noch ehe sie einem Zen-Meister begegnet waren. Yung Chia ist ein gutes Beispiel. Er erlangte seine Verwirklichung nur durch das Lesen des Vimalakirti-Sutras! Das hat gewiß nichts zu tun mit Sitzen und Atmen; aber sollten wir es nicht auch als eine Form der Zen-Praxis ansehen«? Und er fügt abschließend hinzu: »Es gab viele Erleuchtete, ehe der erste Zen-Meister geboren wurde.«

Um es mit einem Bild zu sagen, das allen im christlich-abendländischen Kulturkreis Lebenden vertraut ist: Es gilt, die angebliche Vertreibung aus dem Paradies, mit der wir uns selbst illusioniert haben, als den bösen Traum zu durchschauen, der uns so lange gequält hat, und in die wahre Wirklichkeit zurückzukehren. Das ist schwer, sehr schwer, gewiß! Aber keinesfalls unmöglich. Denn es ist das Sich-Lösen aus einer langen Erkrankung und das Wiedergewinnen der vollen Gesundheit. Changs Buch kann auf diesem Weg eine entscheidende Hilfe sein.

Ernst Schönwiese

I

DAS WESEN DES ZEN

Was ist Zen? *Zen* ist die japanische Aussprache des chinesischen Wortes *Ch'an*, und *Ch'an* ist die Abkürzung des ursprünglichen *Ch'an-Na* — einer Mißbildung der Aussprache des Sanskrit-Wortes *Dhyana* oder des Pali-Wortes *Jhana*. Mit andern Worten: *Zen* ist eine falsche Aussprache einer anderen falschen Aussprache! Aber das ist weniger wichtig als die Tatsache, daß Zen eine Lehre ist, die wohl als der Gipfel alles buddhistischen Denkens bezeichnet werden kann, eine Lehre, die in unmittelbarster, tiefster und praktischster Weise fähig ist, uns zur vollen Befreiung und vollkommenen Erleuchtung zu führen. Aber es ist sehr schwierig, einen klaren Bericht davon zu geben. Zen ist, wie es eine der chinesischen Darstellungen ausdrückt, etwas »Rundes und Rollendes, das einem entschlüpft und entgleitet«, etwas Ungreifbares und Unbeschreibliches, das nicht erklärt oder interpretiert werden kann. Nichtsdestoweniger lohnt sich der Versuch, diese Schwierigkeit zu überwinden, um ein klareres Bild von Zen zu geben.

Stil und Methode des Zen

Zen ist eine Schule des Mahayana-Buddhismus, die in China entstanden ist und sich dort entwickelt hat. Ihre Philosophie und ihre Praxis sind nicht wesentlich verschieden von denen anderer Mahayana-Schulen. Zen besitzt keine einmaligen oder ausschließlichen Lehren, die nicht auch sonst im Mahayana-Buddhismus zu finden wären. Der Unterschied besteht einzig im unkonventionellen Stil und in den unüblichen Ausdrucksformen, deren sich die Zen-Buddhisten bedienen. Dieser »Zen-Stil« oder diese »Zen-Tradition«, wie sie sich später in der Geschichte des Zen herausgebildet haben, sind so auffallend und ungewöhnlich, daß sie Zen zu einer besonderen Ausprägung der buddhistischen Lehre gemacht haben, der nichts anderes auf dem Gebiet der Philosophie oder der Religion gleichzusetzen ist.

Was also ist dieser »Zen-Stil«? Kurz gesagt, der Zen-Stil besteht in der verblüffenden Sprache, den verwirrenden Ausdrucksformen und den überraschenden Methoden, welche die Zen-Buddhisten bei ihren Belehrungen und Übungen benützen.

Ein Mönch fragt zum Beispiel: »Was war die Botschaft, um deretwillen Bodhidharma aus dem Westen kam?« (Das heißt: »Was ist die Wahrheit?«) Der Meister antwortete: »Die Zypresse im Hof.« Die gleiche Frage, einem anderen Meister gestellt, wurde so beantwortet: »Den Zähnen des Brettes wachsen Haare.« Man kann diese Antworten so interpretieren, daß sie die Allgegenwärtigkeit der Wirklichkeit andeuten; denn die Wahrheit ist überall und alles durchdringend: die Zypresse oder der blasende Wind, der heulende Hund oder auch das Brett, dem die Haare wachsen, sind alle von zitternder Lebendigkeit im gegenwärtigen »Hier und Jetzt«. Der Grund, aus dem Bodhidharma aus dem Westen kam, war, diese universale Wahrheit zu erhellen. Man kann die Erwiderung »Den Zähnen des Brettes wachsen Haare« aber auch so interpretieren, daß der Meister beabsichtigt, den Schüler dazu zu bringen, mit seinem gewohnten, logisch folgernden Denken aufzuhören, und ihn mittels einer scheinbar unlogischen und unsachlichen Antwort in einen »Zustand des Darüberhinaus« zu bringen. Man kann noch weiter gehen und sagen, daß der Zen-Meister gar nicht die Absicht hat, die Frage zu beantworten; er machte nur eine einfache Aussage über das, was er im Augenblick als die Frage gestellt wurde, gerade sah und fühlte. In diesem »unmittelbar ausgedrückten Gefühl«, in dessen Ursprünglichkeit, Echtheit und Natürlichkeit, liegt das ganze Geheimnis des Zen. Dieses Gefühl, einfach, aber von wunderbarer Unmittelbarkeit, ist das Hauptmerkmal und die Grundlage des Zen, manchmal als *tang hsia i nien* oder der Augenblicks-Gedanke bezeichnet. Da er unmittelbar aus dem Augenblick geboren ist, kann nichts Gekünsteltes, keine Verbegrifflichung oder dualistische Vorstellung von ihm ausgehen. Für solche Dinge ist kein Platz in ihm. Nur durch die Verwirklichung dieses »Augenblicks-Geistes« wird man von aller Gebundenheit und allem Leid befreit. Die Zen-Meister, die niemals von dieser während der »Augenblickshaftigkeit« abgehen, sehen und erkennen alles als das große Tao, von der Zypresse bis zu einem Stock voll trockenen Kots. So bemüht sich der Meister gar nicht, eine sachliche Antwort zu geben; er meldet ganz einfach, was er in diesem Augenblick sah und fühlte.

Gleichgültig, was die Zen-Meister mit ihren Antworten meinen oder wie man diese interpretiert, es bleibt die unbestreitbare Tatsache, daß die Antworten, die in vielen Zen-Koans gegeben werden, von ungewöhnlicher Art sind. Daher ist die erste Aufgabe, diese Gepflogenheit des Zen oder diesen befremdlichen »Ausdrucksstil« kennenzulernen. Zen will nur eine »alberne Fragerei« irremachen und sinnlos erscheinen lassen. Man sollte aber nie vergessen, daß, gleichgültig wie rätselhaft oder wie sinnlos ein Koan[1] zu sein scheint, sich immer irgendeine Tiefe hinter ihm auftut; die befremdenden Bemerkungen bedeuten immer irgend etwas. Diese Rätsel völlig zu entschlüsseln, erfordert nicht nur eine vollständige Beherrschung der Sprache des Zen und seiner Überlieferungen (was eine Aufgabe einzig für den genauen Kenner ist), sondern irgendeine unmittelbare persönliche Erfahrung in Zen selbst. Fehlt eines davon, dann ist Zen tatsächlich schwer zu erfassen. In jedem Fall und für jedermann ist die erste Aufgabe, mit den »Zen-Stilen« und den Zen-Überlieferungen vertraut zu werden.

Die zweite wichtige Aufgabe ist, die Schwierigkeiten und

Hindernisse kennenzulernen, von denen man erwarten muß, daß man ihnen bei seinen Zen-Studien begegnen wird; denn Zen ist nichts, was aufgrund oberflächlicher Bemühungen verstanden werden kann. Es bedeutet eine ungeheure Herausforderung; es ist tatsächlich das Schwierigste am ganzen Buddhismus. Es wäre lächerlich zu hoffen, Zen nach der Lektüre eines oder zweier Bücher zu verstehen, oder nachdem man ein paar Stunden meditiert hat. Mindestens einige Jahre harter Arbeit sind notwendig, dieses Ziel zu erreichen. Jedenfalls ist es sowohl für ernsthafte wie vorübergehende Schüler des Zen gut zu wissen, welche Schwierigkeiten von allem Anfang an ihren Studien entgegenstehen.

Die erste Schwierigkeit ist die offenbare Unfaßbarkeit und die unbestimmbare Wesensnatur des Zen. Es scheint kein geregeltes System zu geben, dem man folgen, noch irgendeine genau umschriebene Philosophie, die man erlernen könnte. Widersprüche und Unvereinbarkeiten sind überall reichlich vorhanden. Obwohl diese durch die sogenannte alogische Logik des Zen wegerklärt werden können, bleibt das »sich jeder Definition Entziehende«, dem man so häufig begegnet, weiter bestehen, um einen immer wieder zu verwirren und irrezuführen. Zum Beispiel die Frage, die dem bekanntesten, schon erwähnten Koan zugrunde liegt (»Mit welcher Absicht kam Bodhidharma aus dem Westen?«), hat mehr als zweihundert verschiedene Antworten erhalten. Hier einige weitere:

Ein Mönch fragte Hsiang Lin: »Mit welcher Absicht kam Bodhidharma aus dem Westen?« Hsiang Lin erwiderte: »Allzu langes Sitzen macht einen ganz erschöpft.« – Auf dieselbe Frage antortete Chiu Feng: »Ein Zoll eines Schildkrötenhaars wiegt neun Pfund.« Und die Antwort Tung Shans gegenüber Lung Ya war: »Ich werde es dir sagen, sobald der Gebirgsbach aufwärts fließt.«

Es gibt drei Gründe für diese Unfaßbarkeit und Unbestimmbarkeit des Zen:

1. Die letzte Prajna-Wahrheit, die Zen zu veranschaulichen versucht, ist selber unfaßbar und in ihrer Wesensnatur undefinierbar.

2. Zen ist eine sehr praktische Lehre, insofern als seine Hauptabsicht ist, die Individuen auf dem schnellsten und unmittelbarsten Weg zur Erleuchtung[2] zu bringen. Und so wie jeder Schüler nach Veranlagung, Fähigkeit und dem Grad der Fortgeschrittenheit verschieden ist, muß ein Zen-Meister seine Instruktionen auf verschiedene Weise und von verschiedenen methodischen Ebenen geben, um sein Zen praktisch und effektiv zu machen. Dieser Umstand ist für die große Verschiedenheit des Ausdrucks verantwortlich, die die Sache noch weiter kompliziert und Zen noch schwerer verständlich macht.

3. Nach der Zeit des Sechsten Patriarchen Hui Neng (638—713) wurde Zen schrittweie zu einer Kunst — einer einzigartigen Kunst der Übermittlung der Prajna-Wahrheit —, die es wie jede große Kunst ablehnte, irgendeiner bestimmten Form, einem Muster oder irgendeinem System zu folgen, um sich auszudrücken. Diese außerordentlich freie Haltung ermöglichte das Entstehen der radikalen und manchmal »wilden« Zen-Ausdrucksformen, die soviel zur Komplexheit und Unverständlichkeit der Sache beigetragen haben.

Einige kurze Erklärungen dieser drei Punkte sollen folgen.

Der erste Punkt: Warum ist die letzte Prajna-Wahrheit, die Zen zu veranschaulichen versucht, so undefinierbar und unfaßbar? »Definieren« bedeutet, Grenzen setzen oder die genaue Bedeutung einer bestimmten Sache feststellen. »Fassen« in dem Sinn, in dem das Wort hier gebraucht wird, heißt, den Sinn einer Sache verstehen und ihn festhalten. Da das Definieren darin besteht, etwas auf bestimmte Grenzen einzuschränken, kann es nichts anderes sein als begrenzt, eng und seiner Natur nach anderes ausschließend; und da »zu verstehen« heißt, irgend etwas verstandesmäßig erfassen, aber nicht alles, so muß es nach seiner Natur ebenfalls einschränkend und Grenzen setzend sein. Aber die letzte Prajna-Wahrheit, die Zen zu übermitteln sucht, kann unmöglich etwas Enges, Begrenztes oder Ausschließendes sein; es muß etwas Ungeheures, Universales und Unendliches sein, das alles einschließt und alles umfaßt, etwas, das sich jeder Definition oder Beschreibung widersetzt. Wie also könnte die Zen-Wahrheit anders als undefinierbar und unfaßlich sein? Das Wort »definieren« läßt an einen Finger denken, der auf einen bestimmten Gegenstand zeigt, und das Wort »erfassen« an eine Hand, die etwas festhält und nicht losläßt. Diese zwei Bilder veranschaulichen sehr lebendig die enge, festhaltende und sich anklammernde Natur des menschlichen Geistes. Angesichts dieser beklagenswerten Begrenztheit und dieser tief in der menschlichen Art zu denken wurzelnden Enge darf es nicht wundernehmen, daß die freie und alles einschließende Prajna-Wahrheit zu einem zurückweichenden Schatten wird, der sich unserm Zugriff entzieht. Diese undefinierbare und unfaßliche Natur der Zen-Wahrheit wird in den folgenden zwei Koans gut veranschaulicht:

A. Der Sechste Patriarch fragte Huai Jang: »Woher kommst du?«

Huai Jang erwiderte: »Ich komme vom Mount Su.«

Der Patriarch fragte darauf: »Was ist es und wie kommt es?«

Und Huai Jang antwortete: »Alles, was ich sagen könnte, würde das Entscheidende verfehlen.«

B. Fu Ta Shih sagt in einem berühmten Gedicht:

Mit leeren Händen gehe ich,
aber der Spaten ist in meinen Händen;
Ich gehe zu Fuß,
doch reite ich auf dem Rücken eines Ochsen;
Wenn ich über die Brücke komme,
Siehe, die Brücke fließt, aber nicht das Wasser!

Der zweite Punkt: Welche Methoden — und von welchen verschiedenen Ebenen aus — werden von Zen benützt, um in der Verwirklichung seiner praktischen Lehren den einzelnen Schüler unmittelbar zur Erleuchtung zu bringen?

Das ist eine sehr schwer zu beantwortende Frage, weil sie alle Aspekte des Zen-Buddhismus einschließt. Eine befriedigende Antwort würde einen vollständigen Überblick über das gesamte Gebiet erfordern, was über den Umfang dieses Buches hinausginge. Viele Zen-Meister haben sich schon an der Aufgabe versucht, die unterschiedlichen Zen-Anweisungen und die zahlreichen Zen-Koans verschiedenen Gruppen und Ebenen zuzuweisen sowie ihnen Erklärungen und Kommentare hinzuzufügen, aber keiner dieser Versuche war wirklich erfolgreich. Dafür gibt es zwei Gründe: 1. das Wesen des Zen selbst, das sich nicht unterteilen oder klassifizieren läßt, und 2. das Fehlen von qualifizierten Persönlichkeiten, die nicht nur fähig wären, eine solche Klassifizierung vorzunehmen, sondern die auch willens sind, damit gegen die Überlieferung und den Geist des Zen zu handeln.

Zen kann auf viele Arten erklärt werden, weil es für Zen keine festgelegten »Anweisungen« gibt, denen man folgen müßte. Die großen Zen-Meister folgten auch selten irgendeinem schon vorhandenen Muster, wenn sie sprachen oder ihre Schüler belehrten. Dennoch möchte ich, um Zen ein wenig leichter verständlich zu machen, die Ausdrucksmöglichkeiten, die in den Koans zu finden sind, in drei Gruppen teilen:

1. Koans, die die Zen-Wahrheit durch einfache und direkte Feststellungen veranschaulichen: der Typ der positiven Aussage.

2. Koans, die die Zen-Wahrheit durch eine negative Methode illustrieren: der Typ der impliziten Verneinung.

3. Koans, die irgendwie jenseits oder zwischen den Typen eins und zwei stehen oder sie beide umfassen.

Einige Beispiele für die Gruppe 1:

A. Chao Chou fragte Nan Chuan: »Was ist das Tao?«

Nan Chuan antwortete: »Der gewöhnliche Geist ist das Tao.« Chao Chou fragte weiter: »Wie kann man an ihn herankommen?« Nan Chuan erwiderte: »Wenn du an ihn herankommen willst, wirst du ihn bestimmt verfehlen.« »Wenn du nicht an ihn herankommst, wie weißt du, daß er das Tao ist?« »Das Tao ist keine Sache des Wissens, noch eine Sache des Nichtwissens. Wissen ist eine Verblendung des Denkens und Nichtwissen empfindungslose Unbewußtheit. Wenn einer das Tao verwirklicht, [wird sein Geist wie] der ungeheure Raum – gewaltig, leer und klar. Wie also kann man das eine als richtig und etwas anderes als falsch ansehen?« Diese Bemerkung brachte Chao Chou unmittelbar zum Erwachen.

Wu Men gibt zu diesem Koan den folgenden interessanten Kommentar: »Auch wiewohl Chao Chou erleuchtet wurde, sollte er noch weitere dreißig Jahre arbeiten, um stufenweise fortzuschreiten.«

B. Meister Huang Po sagte in einer seiner Ansprachen: »Alle die Buddhas und alle Lebewesen sind nichts als der Eine (eigene) Geist. Seit anfanglosen Zeiten hat dieser Geist nie zu sein begonnen, noch aufgehört zu sein. Er ist weder blau noch gelb. Er hat weder Form noch Gestalt. Er hat weder Sein noch Nichtsein, ist weder alt noch neu, weder lang noch kurz, weder groß noch klein. Er ist jenseits aller Grenzen und aller Maße, jenseits aller Worte und Namen, er geht über alles Feststellbare und in Gegensätzen Faßliche hinaus. Er ist hier in diesem Augenblick! Aber sobald irgendein Gedanke sich [in deinem Geist] erhebt, ist er plötzlich fort! Er ist wie der (leere) Raum, ohne Anfang und Ende, ohne Maße und unausdenkbar. Buddha ist nichts anderes als dies, dein Geist!«

C. Der Zweite Patriarch fragte Bodhidharma: »Wie kann man in das Tao gelangen?« Bodhidharma erwiderte:

Außen hören alle Tätigkeiten auf;
Innen hält der Geist das wilde Gerenne der Gedanken an.

Sobald der eigene Geist gleich einer Mauer ruhig dasteht,
Kann er [beginnen], in das Tao einzugehen.

Diese höchst kennzeichnende Strophe gehört zur esoterischen Art der Koans, bei denen die Zen-Meister nicht bereit sind, sie zu diskutieren oder zu erklären. Trotz ihres scheinbar »mystischen« Tons und ihrer tiefen Bedeutung ist sie sehr offen und direkt. Sie beschreibt klar das wirkliche Erlebnis des der Erleuchtung vorhergehenden Zustandes. Dieses Koan gehört daher zur ersten Gruppe.

D. Zen-Meister Shen Tsan gelangte durch Pai Chang zur Erleuchtung. Dann kehrte er zu dem Kloster zurück, in dem er durch seinen »ersten Lehrer« ordiniert worden war, dem Mönch, der ihn seit seiner Kindheit aufgezogen hatte und der zu jener Zeit ein sehr alter Mann war. Eines Tages half Shen Tsan seinem alten Lehrer beim Bade. Während er des alten Mannes Rücken wusch, sagte er zu ihm: »Was für ein wundervoller Tempel, aber der Buddha darin ist keineswegs heilig!« Sein alter Lehrer drehte sich um und sah ihn an, worauf Shen Tsan erläuterte: »Obwohl der Buddha nicht heilig ist, vermag er doch das Licht auszustrahlen.« Eines anderen Tages, als der alte Mann an einem mit Papier verschlossenen Fenster ein Sutra las, versuchte eine Biene verzweifelt, mit all ihrer Kraft durch das Papier hindurch aus dem Zimmer zu fliegen, ohne hindurchzukommen. Shen Tsan sagte, als er dies sah: »Die Welt ist so ungeheuer groß, daß du leicht darin freie Bahn finden kannst. Warum also, wie ein Narr, sich in altes, verrottetes Papier verbohren?

Während die Tür weit offensteht,
Welch ein Wahnsinn, den Ausgang zu suchen,
Indem man gegen das Fenster anrennt!
Ach: Wie kannst du dein Haupt [Meister]
Über den Sumpf halten,
Indem du deine Nase in altes, verrottetes Papier steckst,
Hundert Jahre lang?«

Als der alte Mann diese Worte gehört hatte, legte er sein Buch hin und sagte zu Shen Tsan: »Seit einiger Zeit machst du ungewöhnliche Bemerkungen. Von wem hast du dieses Wissen erworben?« Shen Tsan erwiderte: »Ich habe den Zustand friedvoller Ruhe erlangt, dank der Gnade von Meister Pai Chang. Nun bin ich zurückgekommen, um meine Dankesschuld an euch abzutragen.« Der alte Lehrer bereitete ein großes Fest zu Ehren seines jungen Schülers, lud die Mönche in die Versammlungshalle des Klosters und bat Shen Tsan, ihnen allen den Dharma zu predigen. Shen Tsan bestieg daraufhin den Hochsitz und gemäß der Überlieferung des Pai Chang predigte er wie folgt:

Einzigartig strahlt das wunderbare Licht;
Frei ist es von allen Fesseln der Materie wie der Sinne.
Nicht zu fassen durch Worte und Buchstaben
Enthüllt sich das Wesen nackt in seiner reinen
    Beständigkeit.
Die Geist-Natur wird niemals befleckt;
Von allem Anfang an besteht sie in Vollkommenheit.
Sobald du nur deine Wahnvorstellungen fallen läßt,
Ist die Soheit der Buddhaschaft Wirklichkeit geworden.

Als der alte Lehrer diese Strophe hörte, gelangte er unmittelbar zum Erwachen.

E. Die folgende Bemerkung des Sechsten Patriarchen ist ein anderes gutes Beispiel: »Wenn du um des Dharma willen gekommen bist, solltest du zuerst alle Verstandestätigkeiten anhalten und keine Gedanken, welcher Art auch immer, aufsteigen lassen. Dann will ich dir den Dharma predigen.« Nach einer langen Zeit des Schweigens fuhr der Sechste Patriarch fort: »Denke nicht, dieses ist gut, denke nicht, jenes ist böse: und gerade in diesem Augenblick zeigt sich dein ursprüngliches Antlitz.« Hui Ming gelangte unmittelbar zur Erleuchtung.

Wenn der Satz »Denke nicht, dieses ist gut, denke nicht,

jenes ist böse« für sich betrachtet wird, kann dieses Koan leicht als negativ oder nihilistisch fehlinterpretiert werden. Aber das Wichtigste an der Bemerkung des Sechsten Patriarchen sind die Worte: »Gerade in diesem Augenblick zeigt sich dein ursprüngliches Antlitz.« Nichts könnte direkter und positiver sein als dies.

Nun wollen wir einige Koans betrachten, die zu unserer zweiten Gruppe gehören, dem »implizit-negativen« Typus, der die Zen-Wahrheit durch »Verneinung« oder durch Ausdrücke des Beseitigens und Abschaffens veranschaulicht.

A. Ein Zen-Meister sagte: »Wenn du einen Stock hast, werde ich dir einen geben; wenn du keinen Stock hast, werde ich dir einen wegnehmen.«

B. Te Shan sagte: »Wenn du antworten kannst, werde ich dir dreißig Schläge geben; wenn du nicht antworten kannst, werde ich dir ebenfalls dreißig Schläge geben.«

C. »Was ist der Buddha?« »Ein Stock voll trockenen Kotes.«

D. Ein Mönch fragte Chao Chou: »Was ist Chao Chou?« Chao Chou antwortete: »Das Osttor, das Westtor, das Südtor und das Nordtor.«

E. Ein Mönch fragte Tung Shan: »Wenn der kalte Winter und der heiße Sommer kommen, wie kann man ihnen entgehen?« Tung Shan antwortete: »Warum nicht an einen Ort ausweichen, wo es weder einen kalten Winter noch einen heißen Sommer gibt?« »Wo liegt dieser Ort ohne Sommer und Winter?« Tung Shan erwiderte: »Im Winter ist der Meister verfroren, im Sommer von der Sonne verbrannt.«

F. Eines Tages waren I Shan, Wu Feng und einige andere Mönche alle um Pai Chang bemüht. Pai Chang fragte I Shan: »Wie kannst du ohne Kehle, Lippen und Zunge sprechen?« I Shan sagte: »Gut, Meister, sagen Sie es, bitte.« Pai Chang erwiderte: »Ich hätte nichts dagegen, es dir zu sagen, aber ich möchte nicht meine Nachkommenschaft ermorden.«

G. Ein Mönch fragte Nan Chuan: »Gibt es irgendeine Lehre, die den Leuten nicht mitgeteilt werden darf?« »Ja.« »Was wäre das?« »Es ist nicht Geist, nicht Buddha und kein Ding.«

H. Ein Mönch rezitierte das Diamant-Sutra: ». . . wenn einer sieht, daß Formen keine Formen sind, dann sieht er Buddha.« Der Meister ging vorbei und hörte das. Dann sagte er zu dem Mönch: »Du zitierst falsch. Es lautet so: ›Wenn einer sieht, daß Formen Formen sind, dann sieht er Buddha.‹« Der Mönch ereiferte sich: »Was ihr gesagt habt, ist genau das Gegenteil der Worte des Sutras.« Da erwiderte der Meister: »Wie kann ein Blinder das Sutra lesen?«

I. Eines Tages als Lin Chi einen Mönch auf sich zukommen sah, hob er seinen Fo Tzu [Staubwedel]; darauf verbeugte sich der Mönch vor ihm, aber Lin Chi schlug ihn. Nach einiger Zeit kam ein anderer Mönch vorbei. Lin Chi hob wieder seinen Fo Tzu. Als dieser Mönch keinerlei Zeichen von Ehrerbietung zeigte, schlug Lin Chi ihn ebenfalls.

J. Eines Tages wurde Lin Chi von einem seiner Gönner eingeladen, eine Ansprache zu halten. Als er seinen Sitz bestieg und eben zu predigen beginnen wollte, trat Ma Ku vor und fragte ihn: »Der Allbarmherzige [Avalokitesvara] hat tausend Arme und tausend Augen. Welches ist das Hauptauge?« Lin Chi antwortete: »Der Allbarmherzige hat tausend Arme und tausend Augen. Welches ist das Hauptauge? Sag es! Sag es!« Ma Ku zerrte darauf Lin Chi gewaltsam vom Sitz herunter und setzte sich selbst auf den Sitz. Lin Chi ging zu Ma Ku hinauf und sagte sehr demütig: »Ich verstehe nicht.« Ma Ku wollte antworten, als Lin Chi ihn von dem Sitz herunterzerrte und sich wieder selbst auf ihm niederließ. Worauf Ma Ku aus dem Zimmer ging. Nachdem Ma Ku hinausgegangen war, stieg auch Lin Chi von dem Sitz herunter und es wurde keine Predigt gehalten. (Siehe Kapitel III, »Die vier Probleme des Zen-Buddhismus«, S. 166 ff.)

K. Der Sechste Patriarch sagt in seiner berühmten Strophe:

Die Bodhi ist nicht wie ein Baum;
Nirgendwo steht ein klarer Spiegel;
Von Anfang an existiert kein Ding.
Wo könnte sich Staub ansammeln?

Wenn von Anfang an kein Ding existiert, wie können wir die Zen-Meister beschuldigen, negativ zu sein? Tatsache ist, daß sie nichts verneinen. Was sie tun, ist, auf den Wahn hinzuweisen, das Nichtexistente für existent und das Existente für nicht existent zu halten.

Diese Einteilung des Zen nach zwei typischen Ausdrucksformen besagt nicht, daß die eine völlig bejahend oder die andre gänzlich verneinend wäre; denn der bejahende Koan-Typ enthält auch ein negatives Element und der negative ein bejahendes. Kein Zen-Koan gehört völlig zur einen oder der anderen Art. Die Zen-Wahrheit, die beide Arten zu vermitteln sucht, darf weder modifiziert noch verfälscht werden, ungeachtet des äußeren Unterschieds in der Präsentation.

Die Koans der dritten Gruppe sind schwer zu verstehen und schwierig zu erklären. Die Zen-Mönche beschreiben sie als »undurchdringlich« gleich »Bergen aus Silber« und »Mauern aus Eisen«. Sie können, genau genommen, nur von denen verstanden werden, die so weit fortgeschritten sind, daß die Tiefe ihrer Intuition der des Sprechenden nahe genug ist, um sie zu befähigen, den Sinn des Koans unmittelbar und klar zu erfassen, ohne zu Vermutungen oder Analysen Zuflucht zu nehmen. Aber auch wenn man bereit ist zu riskieren, daß man den letztentscheidenden Sinn verfehlt, bleiben diese Koans doch nicht gänzlich unverständlich oder unerklärbar, obwohl ein solches Verfahren sehr zweifelhaft sein muß. Nichtsdestoweniger werden hier einige Beispiele gegeben, die der Leser nach seinem eigenen Verständnis und seiner Einsicht interpretieren möge.

A. Im Kloster des Nan Chuan stritten eins Tages die Mönche des Ost- und des Westflügels miteinander um den Besitz einer Katze. Sie wandten sich an Nan Chuan um

Entscheidung. Dieser sagte, während er in der einen Hand ein Messer und in der andern die Katze hielt: »Wenn einer von euch das Richtige sagen kann, wird diese Katze gerettet sein; andernfalls werde ich sie in zwei Stücke zerschneiden!« Keiner der Mönche vermochte etwas zu sagen. Dann tötete Nan Chuan die Katze. Am Abend, als Chao Chou ins Kloster zurückkehrte, fragte ihn Nan Chuan, was er gesagt haben würde, wenn er anwesend gewesen wäre. Chao Chou nahm seine Strohsandalen ab, stellte sie auf sein Haupt und ging hinaus. Worauf Nan Chuan sagte: »O, wenn du nur hier gewesen wärest, die Katze würde gerettet worden sein!«

B. Teng Yin Feng war ein Schüler des Ma Tsu. Eines Tages beschloß er, Meister Shih Tou [das heißt: Stein oder Felsen] zu besuchen. Als er das gegenüber Ma Tsu erwähnte, sagte der Meister: »Gut, du kannst dorthin gehen, aber der Weg zu Shih Tou [auf Stein oder Fels] ist sehr glatt! [Man gleitet leicht aus!]« Teng Yin Feng erwiderte: »Ich nehme meinen Stock mit. Ich kann meine Rolle in jedem Drama spielen, das mir zustoßen kann.« Daraufhin ging er zu Shih Tou. Als er in dessen Zimmer trat, umkreiste er den Meditationssitz, auf dem Shih Tou saß, stieß mit dem Stock auf den Boden und fragte: »Was ist der Sinn (dessen)?« Shih Tou rief aus: »O, Himmel! O, Himmel!« Yin Feng sagte nichts und kehrte zu Ma Tsu zurück, um seinen Rat zu erbitten. Ma Tsu schlug vor: »Geh nochmals zu ihm, sag genau dasselbe. Nachdem er dir geantwortet hat, laß sofort [kräftig] deinen Atem ausströmen mit einem ›Hu, hu!‹« Diesem Rat folgend, ging Yin Feng zum zweitenmal zu Shih Tou und stellte ihm dieselbe Frage. Aber Shih Tou gab ihm keine Antwort. Statt dessen blies er seinen Atem zweimal mit einem »Huh, huh!« aus [ehe Yin Feng eine Möglichkeit hatte, dasselbe zu tun]. So verfehlte er die Antwort auf diese unerwartete Situation, kehrte zu Ma Tsu zurück und erzählte ihm, was sich ereignet hatte. Ma Tsu sagte darauf: »Siehst du, ich habe dir vorhergesagt, daß der Weg zu Shih Tou sehr glatt ist!«

C. Ein Mönch namens Tien Jan ging den Königlichen Meister Hui Chung besuchen. [Nachdem er angekommen war,] fragte er den dienenden Mönch, ob der Königliche Meister zu Hause sei. Der Mönch erwiderte: »Ja, aber er empfängt keine Gäste.« Tien Jan sagte: »O, das ist zu tief und zu fern!« Der dienende Mönch antwortete: »Selbst die Augen Buddhas können ihn nicht sehen.« Tien Jan sagte: »Ein Drache gebiert ein Drachenkind, ein Phönix ein Phönixkind!«[3] Dann ging er. Als Hui Chung später von seinem Schlaf erwachte und vernahm, was geschehen war, schlug er den dienenden Mönch. Als Tien Jan davon hörte, sagte er: »Dieser alte Mann verdient, ›der Königliche Meister‹ genannt zu werden!« Am nächsten Tag ging Tien Jan abermals Hui Chung besuchen. Sobald er den Königlichen Meister sah, breitete er seine »Sitzdecke« auf dem Boden aus [wie wenn er sich niedersetzen wollte]. Hui Chung bemerkte: »Das ist nicht notwendig, das ist nicht notwendig.« Tien Jan trat darauf einige Schritte zurück, worauf der Königliche Meister sagte: »Richtig, richtig!« Aber plötzlich bewegte sich Tien Jan wieder einige Schritte nach vorn. Der Königliche Meister sagte: »Nein, nein.« Daraufhin umkreiste Tien Jan den Meister: »Eine lange Zeit ist seit den Tagen der Heiligen vergangen. Die Leute sind heute derart träge! In dreißig Jahren wird man keinen Mann finden gleich ihm.«

D. Chao Chou ging Huang Po besuchen. Als Huang Po ihn kommen sah, schloß er die Tür. Chao Chou ergriff eine Fackel und schrie laut in den Versammlungsraum: »Feuer! Feuer! Hilfe! Hilfe!« Als Huang Po diesen Schrei hörte, öffnete er die Tür und kam heraus. Sobald er Chao Chou sah, packte er seinen Arm und sagte: »Sag es! Sag es!« Chao Chou erwiderte: »Ihr beginnt den Bogen zu spannen, nachdem der Dieb gegangen ist.«

Wir kommen jetzt zum dritten Punkt in unserer Diskussion: Warum Zen eine besondere buddhistische »Kunst«, die Prajna-Wahrheit auszudrücken, ist. Die Antwort sollte jetzt klar sein. Zen ist eine »Kunst« in dem Sinn, daß es, um sich auszudrücken, den eigenen Intuitionen und Inspirationen folgt, aber keinen Dogmen oder Regeln. Zuzeiten erscheint es ernst und feierlich, zu anderen trivial und heiter, klar und direkt oder rätselhaft und weitschweifig. Wenn Zen-Meister predigen, tun sie das nicht immer mit ihrem Mund, sondern mit ihren Händen und Füßen, mit symbolischen Zeichen oder mit konkreten Handlungen. Sie schreien, schlagen und stoßen und manchmal laufen sie davon, wenn sei gefragt werden, oder halten einfach ihren Mund geschlossen und geben vor, taub zu sein. Solche Mätzchen haben keinen Platz in Rhetorik, Philosophie oder Religion und können am besten als »Kunst« oder als eine Art pädagogischer Kunstfertigkeit beschrieben werden.

Diese unorthodoxe und radikale »Zen-Kunst« wird in vierfacher Absicht angewandt:

1. Um den einzelnen Schüler zu unmittelbarer Erleuchtung zu führen.

2. Um eine bestimmte buddhistische Lehre zu veranschaulichen.

3. Um den Zen-Humor und Zen-Witz auszudrücken.

4. Um die Tiefe und Echtheit des Verständnisses und der Verwirklichung des Schülers zu prüfen.

Einige Beispiele für die erste Gruppe:

A. Te Shan war bei Meister Lung Tan bis in die nacht zu Besuch, der schließlich sagte: »Es ist spät. Warum geht Ihr nicht und zieht Euch zurück?« Te Shan sagte seinem Meister Gute Nacht und ging. Aber er kam gleich darauf wieder zurück und sagte: »Es ist sehr finster draußen.« Lung Tan entzündete eine Kerze und überreichte sie Te Shan, blies sie aber dann plötzlich wieder aus. In diesem Augenblick kam Te Shan zur Erleuchtung.

B. Ein Mönch namens Hung Chou besuchte Ma Tsu und fragte ihn: »Mit welcher Botschaft ist Bodhidharma aus dem Westen zu uns gekommen?« Darauf sagte Ma Tsü: »Verbeug dich zuerst vor mir.« Als der Mönch sich vor ihm niedergeworfen hatte, gab ihm Ma Tsu einen kräftigen Stoß.

In diesem Augenblick kam der Mönch zur Erleuchtung. Er erhob sich, schlug die Hände zusammen und rief laut lachend aus: »O wie wundervoll, wie wundervoll! Hunderte und Tausende von Samadhis und die grenzenlosen Wunder der Wahrheit finden ihre Verwirklichung bequem auf der Spitze eines einzigen Haares!« Dann erwies er Ma Tsu seine tiefe Ehrerbietung. Nachher sagte er: »Seit ich von Ma Tsu diesen Stoß erhielt, bin ich ständig voll Fröhlichkeit und Lachen.«

C. Lin Chi lebte im Kloster des Huang Po. Eines Tages wurde er von einem Dienst tuenden Mönch dazu gedrängt, Meister Huang Po eine Frage zu stellen. Lin Chi fragte: »Was ist das Wesen des Buddhismus?« Kaum katte er die Frage ausgesprochen, da schlug ihn Huang Po. Lin Chi stellte die Frage dreimal und wurde dreimal geschlagen. Darauf beschloß er, das Kloster zu verlassen. Ehe er ging, sagte er zu dem Mönch: »Weil du mich gedrängt hast, wurde ich dreimal geschlagen. Ich gehe jetzt, um in einem andern Kloster weiter Zen zu üben.« Der Mönch riet ihm: »Du solltest dich vom Meister verabschieden, ehe du gehst.« Dann ging er zu Huang Po und sagte diesem: »Der Mann, der Euch gestern die Frage gestellt hat, ist ein Novize. Aber er scheint ein braver und ehrlicher Bursche zu sein. Wenn er kommt, um sich zu verabschieden, bitte, gebt ihm irgendeine Instruktion.« Als Lin Chi am nächsten Tag kam, um von Huang Po Abschied zu nehmen, riet der ihm, Ta Yu aufzusuchen. Als Lin Chi bei Ta Yu eintraf, fragte ihn dieser: »Woher kommt Ihr?« — »Von Huang Po.« — »Was lehrt Huang Po?« — »Ich bat ihn dreimal, mir das Wesen des Buddhismus zu erklären, wurde aber jedesmal geschlagen. Ich weiß nicht, was an meiner Frage falsch war.« Ta Yu erwiderte: »Huang Po ist gütig wie eine Mutter. Er wollte Euch unmittelbar zum Erwachen bringen. Wie töricht von Euch, hierher zu kommen und mir solch alberne Fragen zu stellen.« Als Lin Chi diese Worte vernahm, wurde er plötzlich erleuchtet und rief aus: »O, jetzt weiß ich, daß nicht viel los ist mit Huang Pos Buddhismus!« Da packte Ta Yu seinen Arm und schrei: »Du Bettnässer, der noch fragt, was er falsch gemacht hat. Und jetzt möchtest du auf Huang Pos Buddhismus losgehen. Was hast du erkannt, daß du es wagst, so etwas zu sagen?« Darauf schlug Lin Chi mit seinen Fäusten dreimal auf Ta Yu ein. Der wehrte sich und sagte: »Euer Meister ist Huang Po; das hat nichts mit mir zu tun.« Darauf kehrte Lin Chi zu Huang Po zurück. Als ihn Huang Po kommen sah, sagte er: »Kommt und geht, kommt und geht; und wann wird das enden?« Lin Chi erwiderte: »Alles verdanke ich Euch, weil Ihr so gütig zu mir wart.« Huang Po schrie: »Dieser verwünschte doppelzüngige Ta Yu! Wenn ich ihn das nächste Mal sehe, will ich ihn gründlich dafür verprügeln.« »Ihr braucht nicht zu warten, bis Ihr ihn seht«, sagte Lin Chi, »Ihr könnt ihn jetzt sofort verprügeln!« Darauf erklärte Huang Po: »Dieser verrückte Kerl wagt es, hierher zu kommen und dem Löwen in seiner Höhle Trotz zu bieten!« Lin Chi stürzte sich laut schreiend auf Huang Po, der ihm befahl wegzugehen.

Die obigen Koans zeigen, daß es keine bestimmte Methode gibt, die die Zen-Meister benützen, um ihre Schüler zur Erleuchtung zu bringen. Ein Stoß, ein Schlag, eine einfache Bemerkung — alles ist geeignet, wenn der Geistesstand des Schülers reif und bereit ist, diesen letzten Stoß zu bekommen. Es muß nicht erst gesagt werden, daß im Zen Stöße, Schläge und »Jargon«-Ausdrücke nicht das bedeuten, was sie zu bedeuten scheinen. Wenn Erleuchtung so einfach zu erreichen wäre, würden die Sklavenmärkte und Gefängnisse der Welt zu Fabriken werden, die fortlaufend Hunderte von erleuchteten Wesen ausstoßen! Wenn es genügte, bloß bestimmten Zen-Aussprüchen zu lauschen, um irgend jemanden in den Zustand der Erleuchtung zu versetzen, wie manche Leute glauben, dann würde es auch genügen, die bekanntesten Zen-Aussprüche, die tatsächlich zur Erleuchtung geführt haben, auf einigen Langspielplatten aufzunehmen und sie abzuhören, bis man erleuchtet worden ist.

Wir kommen jetzt zur zweiten Gruppe: Wie wird die »Zen-Kunst« benützt, um bestimmte buddhistische Lehren zu veranschaulichen.

A. Ein alter Mann, der zu wiederholten Malen den Reden Pai Changs gelauscht hatte, blieb eines Tages nach einer solchen Rede, als alle anderen Zuhörer gegangen waren, zurück. Pai Chang fragte ihn: »Wer seid Ihr?« Der alte Mann erwiderte: »Ich bin kein menschliches Wesen. Als ich auf diesem Berg lebte zur Zeit des letzten Kalpas, wurde ich einmal von einem meiner Schüler gefragt: ›Sind die großen Yogis noch durch das Gesetz von Ursache und Wirkung gebunden?‹ Und ich antwortete: ›Nein, sie sind nicht gebunden.‹ Aufgrund dieser irrigen Antwort entstand schlechtes Karma für mich, das zur Folge hatte, daß ich für fünfhundert künftige Leben ein Fuchs wurde. Nun flehe ich Euch an, gebt mir eine richtige Antwort, so daß ich von dieser fortgesetzten Wiedergeburt als Fuchs frei und erlöst werde.« Pai Chang sprach zu ihm: »Gut, stellt mir die Frage.« Der alte Mann fragte darauf: »Sind die großen Yogis noch gebunden durch Ursache und Wirkung?« Darauf antwortete Pai Chang: »Die großen Yogis sind nicht blind für das Gesetz von Ursache und Wirkung!« Als dies der alte Mann hörte, erwachte er plötzlich. Er warf sich vor Pai Chang nieder und sagte: »Jetzt bin ich von meinem schlechten Karma befreit.«

Gleichgültig, ob diese Erzählung wahr oder sinnbildlich gemeint ist, sie spiegelt genau die Zen-Haltung gegenüber dem Karma oder dem Gesetz der Verursachung wider. Denn sie weist darauf hin, daß Zen die Grundlehre dieses Gesetzes nicht verleugnet, die von allen buddhistischen Schulen als eine der wichtigsten Lehren des Buddhismus akzeptiert wird. Sie zeigt, daß Zen nicht nihilistisch ist, wie manchmal geglaubt wird. Im Gegensatz zu dem, was Außenstehende meinen, sind die Zen-Anhänger oft viel gewissenhafter in der Erfüllung ihrer religiösen Pflichten und strenger in ihrer Moral; sie sind jedenfalls keine verant-

wortungslosen Menschen. Zen bringt Freiheit, nicht aber
Korruption und Zügellosigkeit. Erleuchtung macht nicht
blind für die karmischen Gesetze, noch erzeugt es Übeltäter
und Gesetzesbrecher.

B. Ministerpräsident Kuo Tze I aus der Zeit der Tang-
Dynastie war ein ebenso hervorragender Staatsmann wie ein
ausgezeichneter General. Sein Erfolg im politischen wie im
militärischen Dienst machte ihn zum bewunderten Natio-
nalhelden seiner Tage. Aber Ruhm, Macht, Reichtum und
Erfolg konnten den Ministerpräsidenten nicht von seinem
großen Interesse und seiner Ergebenheit gegenüber dem
Buddhismus abbringen. Er betrachtete sich selbst als einen
einfachen, demütigen und ergebenen Buddhisten und er
suchte oft den von ihm bevorzugten Zen-Meister auf, um
von ihm zu lernen. Er und der Zen-Meister schienen sehr
gut miteinander auszukommen. Der Umstand, daß er die
Stellung eines Ministerpräsidenten hatte, eine der höchsten
Stellungen in den Tagen des alten China, schien keinen
Einfluß auf ihre Verbundenheit zu haben. Keine Spur größerer Höflichkeit von seiten des Zen-Meisters oder größerer
Herablassung von seiten des Ministerpräsidenten war in
ihrer Beziehung zu beobachten, die mehr als die rein religiöse zwischen einem verehrten Meister und einem gehorsa-
men Schüler zu sein schien. Eines Tages, als Kuo Tze I wie
üblich dem Zen-Meister einen Besuch abstattete, stellte er
die folgende Frage: »Euer Ehrwürden, wie erklärt der Buddhismus den Egoismus?« Das Antlitz des Zen-Meisters ver-
färbte sich plötzlich und er wandte sich in äußerst überhebli-
cher und geringschätziger Weise dem Ministerpräsidenten
zu und sagte: »Was reden Sie da, Sie Dummkopf?« Diese
unverständliche und unerwartet brüske Antwort verletzte
die Gefühle des Ministerpräsidenten so, daß ein leichter
Ausdruck von Zorn sich auf seinem Antlitz spiegelte. Der
Zen-Meister lächelte und sagte: »Euer Exzellenz, das ist
Egoismus!«

Die dritte Gruppe veranschaulicht die Art, in der die

»Kunst des Zen« verwendet wird, um sich voll Humor und Witz auszudrücken.

A. Su Tung Po, der berühmte Dichter aus der Zeit der Sung-Dynastie, war ein getreuer Buddhist. Er hatte einen sehr nahen Freund namens Fo Ying, einen glänzenden Zen-Lehrer. Fo Yings Tempel lag am Ostufer des Yang Tse, während das Haus Su Tung Pos am Westufer lag. Eines Tages besuchte Su Tung Po Fo Ying. Da dieser nicht anwesend war, setzte er sich in dessen Arbeitszimmer, um seine Rückkehr abzuwarten. Gelangweilt begann er auf einem Bogen Papier, der auf dem Tisch lag, zu kritzeln und schrieb zuletzt die Worte: »Su Tung Po, der große Buddhist, der auch von den vereinigten Kräften der Acht Weltlichen Winde‹ nicht aus der Ruhe gebracht werden kann.« Nachdem er noch eine Weile gewartet hatte, wurde er des Wartens müde und ging nach Haus. Als Fo Ying zurückkehrte und Su Tung Pos Satz las, fügte er die Zeile hinzu: »Unsinn! Was Ihr da sagt, ist nicht besser als einen Wind zu lassen!« Und er sandte das Blatt an Su Tung Po. Als Su Tung Po diese beleidigende Zeile las, war er so wütend, daß er sofort sein Boot bestieg, über den Fluß setzte und zum Tempel eilte. Er packte Fo Ying beim Arm und schrie: »Welches Recht habt Ihr, mich in solcher Weise anzuprangern. Bin ich nicht ein getreuer Buddhist, der sich nur um die Lehre sorgt? Seid Ihr so blind, wiewohl Ihr mich so lange kennt?« Fo Ying sah ihn einige Sekunden still an, lachte dann und sagte: »Su Tung Po, der große Buddhist, der von sich behauptet, daß die vereinten Kräfte der Acht Winde ihn nicht aus der Ruhe bringen können, ist den ganzen Weg zum anderen Ufer des Yang Tse geblasen worden von einem einzigen Wind aus dem Anus!«

B. Der König von Yen besuchte eines Tages Meister Chao Chou, der, als er ihn kommen sah, sich nicht erhob. Der König fragte: »Wer steht höher? Ein weltlicher König oder der ›König des Dharma‹?« Chao Chou erwiderte: »Unter den irdischen Königen stehe ich höher und unter den

Dharma-Königen stehe ich ebenfalls höher.« Als der König diese erstaunliche Antwort hörte, lächelte er, aber war es zufrieden. Am nächsten Tag besuchte ein General Chao Chou. Der stand, als er den General kommen sah, nicht nur von seinem Sitz auf, sondern erwies diesem in jeder Weise seine Gastfreundschaft. Nachdem der General gegangen war, fragten ihn die Mönche: »Warum habt Ihr Euch von Eurem Sitz erhoben als eine Person niedrigeren Ranges zu Besuch kam, tatet es aber nicht vor jemandem von höherem Rang?« Chao Chou erwiderte: »Ihr versteht nicht. Wenn Menschen von höchstem Rang mich besuchen, bleibe ich sitzen; wenn es Menschen von mittlerem Rang sind, erhebe ich mich; aber wenn es Leute der niedrigsten Stände sind, gehe ich ihnen entgegen, um sie zu empfangen.«

C. Chao Chou und Wen Yuan führten eines Tages zum Scherz ein Streitgespräch. Sie waren übereingekommen, daß der, dessen Argumente die stärkeren wären, der Verlierer, der mit den schwächeren Argumenten der Sieger sein sollte. Als Preis sollte der Verlierer dem Gewinner eine Frucht geben. »Du sprichst zuerst«, sagte Wen Yuan zu Chao Chou. Darauf kam es zu dem folgenden Dialog. Chao Chou: »Ich bin ein Esel.« Wen Yuan: »Ich bin der Bauch dieses Esels.« Chao Chou: »Ich bin der Kot, den dieser Esel fallen gelassen hat.« Wen Yuan: »Ich bin ein Wurm in diesem Kot.« Chao Chou: »Was machst du in dem Kot?« Wen Yuan: »Ich verbringe dort meine Sommerferien.« Chao Chou: »Also gut, gib mir die Frucht.«

Die folgende Geschichte ist eine der Anekdoten, wie sie von Zen-Buddhisten benutzt werden, um betrügerische »Meister«, die kein wirkliches Verständnis besitzen, lächerlich zu machen, und um unwissende Schüler, die dem Hokuspokus der Zen-Imitatoren blind gefolgt sind, zu verspotten. Es ist eine interessante Geschichte, die zeigt, wie Zen in den falschen Händen zu einer völlig sinnlosen Narretei werden kann, ein heutzutage nicht ungewöhnlicher Fall.

D. Ein Mönch nannte sich selbst »Meister des Schweigens«. In Wirklichkeit war er ein Betrüger, der kein echtes Verständnis besaß. Um seinen Zen-Humbug zu verkaufen, begleiteten ihn zwei wortgewandte Mönche, die für ihn Fragen beantworteten; aber er selbst äußerte niemals ein Wort, um sein unergründliches »Zen-Schweigen« zu dokumentieren. Eines Tages, als seine zwei Begleiter abwesend waren, kam ein wandernder Mönch zu ihm und fragte ihn: »Meister, was ist der Buddha?« Nicht wissend, was er tun oder antworten sollte, blickte der Befragte in seiner Verwirrung nur verzweifelt nach allen Richtungen — nach Ost und West, hierhin und dorthin —, um zu sehen, ob nicht die zwei Mönche, die sonst für ihn zu sprechen pflegten, zurückkämen. Der Wandermönch schien befriedigt und fragte weiter: »Was ist der Dharma?« Der Befragte konnte auch darauf keine Antwort finden, so blickte er zuerst zur Decke empor und dann auf den Fußboden nieder, Himmel und Hölle zu Hilfe rufend. Darauf stellte der Mönch eine dritte Frage: »Was ist der Sangha?« Nun konnte der »Meister des Schweigens« nichts mehr tun als seine Augen schließen. Zuletzt fragte der Mönch: »Was ist ein Segen?« Voll Verzweiflung breitete der »Meister des Schweigens« hilflos seine Hände aus als Zeichen, daß er sich ergebe. Aber der Mönch war tief befriedigt von diesem Gespräch. Er verließ den »Meister« und setzte seine Reise fort. Auf dem Weg begegnete er den zwei Gehilfen und berichtete ihnen begeistert, was für ein erleuchtetes Wesen dieser »Meister des Schweigens« wäre. »Ich fragte ihn, was Buddha wäre. Er wandte unmittelbar darauf sein Gesicht nach Osten und dann nach Westen, womit er sagte, daß die Menschen immer nach Buddha Ausschau halten, hier und dort, Buddha aber weder im Osten noch im Westen wirklich gefunden werden kann. Dann fragte ich ihn, was der Dharma sei. Als Antwort blickte er nach oben und nach unten, was bedeutete, daß die Wahrheit des Dharma ein Ganzes ist, das nicht seinesgleichen hat, das keinen Unterschied zwischen hoch und niedrig kennt und in dem Reinheit wie Unreinheit gefunden werden können. Als Antwort auf meine Frage, was der Sangha wäre, schloß er einfach die Augen und sagte nichts. Das war ein Hinweis auf den berühmten Ausspruch:

> Wenn einer seine Augen schließen und in den Tiefen
> Der von Wolken verhüllten Berge fest schlafen kann,
> Dann ist er ein großer Mönch.

Als Antwort auf meine letzte Frage, ›was der Segen sei‹, streckte er seine Arme aus und zeigte seine beiden Hände. Das bedeutete, daß seine helfenden Hände die Lebewesen mit seinen Segnungen lenken und führen werden. Was für ein erleuchteter Zen-Meister! Wie tief ist seine Lehre!« Der »Meister des Schweigens« empfing die beiden Mönche mit den wütenden Worten: »Wo seid ihr die ganze Zeit gewesen? Ein naseweiser Mönch hat mich in die peinlichste Lage versetzt und in die tödlichste Verlegenheit gebracht!«

Der vierte Punkt zum Thema »Kunst des Zen« betrifft die Art, in der die Zen-Meister das Verständnis ihrer Schüler prüfen. Diese Prüfungen können die verschiedensten Formen annehmen und sowohl in »Gesten« wie in »Worten« bestehen.

Bei den Tests mit Hilfe von Gesten handelt es sich um ungewöhnliche und unerwartete Aktionen, bei den Tests in Worten um eine Art Wettstreit in ungewöhnlichen Formulierungen (chinesisch: *chi feng wen ta*). Diese letzte Form ist vielleicht die populärste Technik, die weithin von allen Zen-Buddhisten angewendet wird. Das chinesische Wort *wen* bedeutet »fragen« und *ta* »antworten«, so daß *wen ta* »fragen – antworten« oder einfach »Gespräch« heißt. Aber die Wendung *chi feng* ist sehr schwer zu übersetzen, weil sie eine mehrfache Bedeutung hat. Wörtlich heißt *chi* »entscheidend«, »kritisch« oder »ein Problem auflösend« usw. und *feng* ist »die Spitze einer scharfen Waffe«, so daß *chi feng* wörtlich bedeutet »entscheidende scharfe Spitze«. Damit soll betont werden, daß die »Fragen und Antworten« des Zen scharf und pointiert sind, gleich den Spitzen zweier aufeinandergerichteter Waffen. *Chi feng* bedeutet daher, daß die Zen-Frage gleich einem scharfen nadelspitzen Rapier ist, das ständig droht, ohne Gnade das Herz zu durchbohren, und daß, sobald eine Frage scharf und pointiert gestellt wurde, man sofort parieren und augenblicks eine ebenso scharf pointierte Antwort zurückgeben muß. Wenn eine Zen-Frage gestellt wurde, bleibt keine Zeit für Vernünfteleien oder irgendein »Nachdenken«. *Eine Antwort, die nicht augenblicklich, spontan und ohne jede Anstrengung erfolgt, ist für Zen nicht akzeptabel.* So sind Zen-Fragen oft nicht zu beantworten oder sie narren den Schüler; wenn er es verfehlt, unmittelbar zu antworten, weil er der Versuchung erliegt, die »richtige« Antwort mittels logischer Überlegungen zu finden, beweist dieses Zögern untrüglich, daß ihm das wahre Verständnis fehlt. Gleichgültig, wie »korrekt« seine Antwort zu sein scheint, sie wird von einem erleuchteten Zen-Meister nicht akzeptiert werden. Dieser »Wettstreit in scharfpointierten Worten« ist daher eine besondere Technik, die von den Zen-Meistern erdacht wurde, um das wahre Verständnis ihrer Schüler zu prüfen. Ein Erleuchteter sollte fähig sein, jede noch so verwirrende Frage, die ihm gestellt wurde, sofort und ohne Zögern zu beantworten. Die Antwort sollte wie ein Blitz sein, wie ein Funken, der von einem Stein aufspringt. Es bleibt keine Zeit für Überlegung und Formulierung.

An dieser Stelle würde ich gern von einer meiner eigenen Erfahrungen berichten, um die Wichtigkeit des Zeitelements beim Zen-Gespräch zu verdeutlichen. Vor nicht allzu langer Zeit begegnete ich einem Theologen, und wir begannen ein Gespräch über Buddhismus, Hinduismus und andere Religionen. Er bestand darauf, daß alle Religionen auf der höchsten Ebene grundsätzlich identisch sind; der einzige Unterschied sei semantischer Art (ein Unterschied des sprachlichen, bildlich-sinnbildlichen Ausdrucks). Er verdeutlichte diese seine Anschauung, indem er sagte, daß Moksha im Buddhismus Nirvana genannt werde, und »Buddaheit« im Hinduismus Atman und im Christentum »die Gottheit« heiße. »Die Wahrheit ist das Eine«, sagte er. »Alle Dinge kamen aus dem Einen und werden in das Große Eine wieder zurückkehren. Das mag auf verschiedene Weise dargestellt werden, aber die zentrale Wahrheit bleibt die gleiche.« Und so fort. Ich wollte keine Fortsetzung einer Argumentation, die endlos weitergehen könnte und so stellte ich ihm das alte Zen-Koan des Chao Chou: »Wenn alle Dinge in das Eine zurückkehren, wohin kehrt dieses Eine zurück?« Er war völlig verblüfft und verfehlte es, mir eine Antwort zu geben, aber am nächsten Tag suchte er mich auf und sagte: »Jetzt habe ich die richtige Antwort auf ihre Frage: Alle Dinge kehren in das Eine zurück und dieses Eine kehrt zu allen Dingen zurück.« Ich sagte ihm: »Für Zen käme ihre Antwort viel zu spät. Ihr würdet dreißig Schläge erhalten haben.« Er erwiderte: »Wenn ich Ihnen diese Antwort gestern gegeben hätte, unmittelbar nachdem die Frage gestellt wurde, was würden Sie gesagt haben?« Ich antwortete: »Gut; lassen Sie uns der Zen-Tradition folgen und die Frage noch einmal stellen.« Worauf ich ihn fragte: »Wenn alle Dinge zu dem Einen zurückkehren, wohin kehrt das Eine zurück?« Er antwortete: »Es kehrt zu allen Dingen zurück.« Darauf erwiderte ich nur: »Was für ein zeitvergeudender Unsinn!«

Mein Freund sagte nichts mehr, und das Gespräch »Buddhismus gegen andere Religionen« war hier zu Ende.

Die folgenden Geschichten wurden ausgewählt, um zu verdeutlichen, wie der Zen-Wettstreit in Worten zu »Prüfungszwecken« verwendet wird.

A. Yung Chia, ein Gelehrter der Tien-Tai-Schule, erlangte seine Verwirklichung, als er ohne Lehrer das Vimalakirti-Sutra las. Um einen erleuchteten Meister zu finden, der sein Verständnis beglaubigen könnte, kam er zum Sechsten Patriarchen (Hui Neng). Als er den Patriarchen erblickte, umkreiste er ihn dreimal und blieb dann vor ihm stehen, ohne die üblichen Verneigungen zu machen. Hui Neng sagte: »Von einem Mönch wird erwartet, daß er die Regeln der dreitausend guten Sitten und der achtzigtausend auszeichnenden Verhaltensweisen befolgt. Woher kommt Euer Ehrwürden, um solchen Stolz an den Tag zu legen?« Yung Chia erwiderte: »Die Sache von Leben und Tod ist gewaltig und die Vergänglichkeit packt schnell zu.« Hui Neng: »Warum begebt Ihr Euch dann nicht in das Wesen, das keine Geburt[5] kennt? Würde das nicht der schnellste Weg zur Befreiung sein?« Yung Chia: »Das Wesen selbst ist nicht geboren und die Befreiung ist jenseits von ›langsam oder schnell‹.« Hui Neng: »Ja, Ihr habt recht.« Yung Chia verbeugte sich tief vor dem Sechsten Patriarchen, sagte ihm Lebewohl und war dabei, ihn zu verlassen. Aber Hui Neng hielt ihn zurück und fragte ihn: »Geht Ihr nicht zu bald?« Yung Chia: »Ich habe mich seit allem Anfang nicht bewegt; wie könnte ich zu früh oder zu spät gehen?« Hui Neng: »Wer ist es, der das Unbewegte kennt?« Yung Chia: »Der Weise kennt es von selbst.« Hui Neng: »O Ihr seid in der Tat sehr vertraut mit dem Sinn des Nichtgeborenen!« Yung Chia: »Wie ist es möglich, daß die Wahrheit des Nichtgeborenen irgendeinen ›Sinn‹ haben könnte?« Hui Neng: »Wenn sie keinen Sinn hätte, wie könnte man sie verstehen?« Yung Chia: »Sie zu verstehen, heißt nicht, ihren Sinn erfassen.« Hui Neng: »Richtig, richtig. Bitte, bleibt eine Nacht in meinem Kloster.«

Wenn der Leser diese Geschichte genau verfolgt, wird er finden, daß in jeder Bemerkung des Sechsten Patriarchen für Yung Chia eine Falle gelegt wurde; aber Yung Chia, ein Erleuchteter, fühlte diese Fallen und ging zum Gegenangriff über. Er wurde vom Sechsten Patriarchen hoch gepriesen.

B. Tung Shan besuchte Ming Che. Ming Che fragte ihn: »Wo seid Ihr zuletzt gewesen?« Tung Shan antwortete: »In der Provinz Hu Nan.« Ming Che: »Wie heißt der dortige

Gouverneur?« Tung Shan: »Ich weiß es nicht.« Ming Che: »Wie ist sein Vorname?« Tung Shan: »Ich weiß auch seinen Vornamen nicht.« Ming Che: »Übt er denn seinen Dienst nicht aus?« Tung Shan: »Er hat eine Menge Beamte, die die Arbeit tun.« Ming Che: »Geht er denn überhaupt nicht in sein Amt?« Tung Shan antwortete nichts und ging hinaus. Am nächsten Tag sagte Ming Che zu ihm: »Ihr habt gestern meine Frage nicht beantwortet. Wenn Ihr etwas Befriedigendes heute sagen könnt, werde ich Euch zum Mittagessen einladen.« Tung Shan erwiderte: »Der Gouverneur ist zu würdevoll, um sein Amt zu verlassen.« Ming Che war zufrieden mit der Antwort, und es wurde ein Mittagessen für Tung Shan bereitet.

Äußerlich betrachtet war das Gespräch zwischen den beiden einfach und klar. Es scheint ohne irgendeine besondere Bedeutung gewesen zu sein. Aber in Wirklichkeit hatte jede Bemerkung einen doppelten Sinn, der auf die Zen-Wahrheit anspielte. Die Geschichte zeigt, wie die Zen-Buddhisten gewöhnt sind, einander täglich in einfachen Gesprächen zu prüfen. Sie sind natürlich in der Zen-Kunst des Wortspiels geübt. Sie beginnen das Spiel, wann immer sich eine Gelegenheit ergibt. Es braucht nicht erst gesagt zu werden, daß der Teilnehmer an einem solchen Zen-Wettstreit zuerst das Spiel kennen muß, um es mit seinem Gegner aufzunehmen. Ein Außenstehender wird entweder das Entscheidende verfehlen oder völlig verwirrt sein.

Die »Prüfung durch Gesten« geschieht oft durch drastische und verblüffende Handlungen wie die folgenden Erzählungen zeigen:

A. Ein Mönch kam zu Te Shan, der ihm vor seiner Nase die Türe verschloß. Der Mönch klopfte und Te Shan fragte: »Wer ist draußen?« Der Mönch antwortete: »Das Löwenjunge.« Te Shan öffnete die Tür und sprang dem Mönch auf den Nacken, wie um auf ihm zu reiten und schrie: »Du Biest! Wohin willst du?« Der Mönch fand keine Antwort.

Der Begriff »Löwenjunges« wird von den Zen-Buddhisten gebraucht, um einen Schüler zu bezeichnen, der die Zen-Wahrheit versteht; wenn die Meister das Verständnis eines Schülers rühmen oder bestätigen, wird dieser Begriff oft benützt. Im vorliegenden Fall nannte der Mönch sich selber überheblich »das Löwenjunge«, aber als Te Shan ihn prüfte, indem er ihn wie ein Löwenjunges behandelte — als er auf seinem Nacken ritt und ihm eine Frage stellte —, wußte der Mönch keine Antwort. Das bewies, daß dem Mönch das echte Verständnis fehlte, das er zu besitzen behauptete.

B. Chao Chou arbeitete in einem Kloster als Koch. Eines Tages versperrte er die Küchentür von innen und legte Feuer. In kurzer Zeit war der ganze Raum von Rauch und Flammen erfüllt, dann schrie er: »Feuer! Feuer! Hilfe! Hilfe!« Alle Mönche des Klosters liefen herbei, aber sie konnten nicht hinein zu ihm, weil die Tür versperrt war. Chao Chou sagte: »Sagt das richtige Wort und ich werde die Tür öffnen, sonst nicht.« Niemand konnte eine Antwort geben. Meister Pu Yuan reichte Chao Chou durch das Fenster ein Schloß. Chao Chou öffnete die Tür.

Als keiner der Mönche des Klosters eine entsprechende Antwort geben konnte, war es klar, daß ihnen das Verstehen fehlte, aber die entscheidende Frage ist: Was hätten die Mönche Chao Chou sagen sollen, was wäre die »richtige« Antwort auf seine Herausforderung gewesen? Eine Auflösung dieses Koans sei wie folgt angedeutet:

Die Mönche hätten Chao Chou sagen können: »Antwortet Ihr zuerst auf die folgende Frage, dann werden wir die Eure beantworten: ›Wer kann den Knoten des Glockenstranges um den Hals eines Tigers lösen?‹« Chao Chou würde erwidern: »Derjenige, der ihn geknüpft hat.« Die Mönche würden sagen: »Ihr habt Eure eigene törichte Frage beantwortet. Öffnet die Tür!«

C. Eines Tages schob Teng Yin Feng einen Schubkarren eine schmale Straße entlang, in deren Mitte Ma Tsu saß, eines seiner Beine so ausgestreckt, daß er die Durchfahrt des

Schubkarrens blockierte. Teng Yin Feng sagte: »Meister, bitte, zieht Euren Fuß zurück!« Ma Tsu erwiderte: »Ich habe mein Bein ausgestreckt, so gibt es kein Zurückziehen.« Teng Yin Feng sagte: »Ich habe meinen Schubkarren vorwärts gefahren, also gibt es auch kein Zurückziehen.« Als er das sagte, fuhr er mit dem Schubkarren über Ma Tsus Bein und verletzte ihn. Als sie einander später in der Meditationshalle des Tempels begegneten, hob Ma Tsu die riesige Axt, die er in der Hand hielt, und sagte: »Der heute meinen Fuß verletzt hat, trete vor.« Teng Yin Feng trat vor und neigte seinen Nacken unter die Axt, wie wenn er bereit wäre, den Schlag zu empfangen. Ma Tsu legte darauf seine Axt nieder.

Diese Geschichte zeigt den Mut und die Direktheit von Zen. Diese symbolischen Handlungen und der gezeigte Mut sollten nicht als unverantwortliches Verhalten betrachtet werden. Obwohl sie viele Menschen schockieren mögen, zeigen sie doch, wie sich die Zen-Überlieferung von aller anderen buddhistischen Lehre unterscheidet. Die Erzählung zeigt, daß Teng Yin Feng die Prüfung durch seinen Meister bestanden hat und bewies ihm selbst, ein guter Schüler zu sein, während Ma Tsu wahre Zen-Meisterschaft an den Tag legte.

Das Herz des Zen

Die obigen Erzählungen vermitteln eine erste Ahnung von einigen wichtigen unnd ungewöhnlichen Besonderheiten des Zen. Wir müssen aber noch einen kurzen Überblick über die Prinzipien geben, die der Lehre zugrunde liegen und die nicht verstanden werden können ohne einige Schulung in der Mahayana-Philosophie im allgemeinen und einer entsprechenden Kenntnis der Hua-Yen-Philosophie[6] im besonderen.

In China wird das Ch'an (der Zen-Buddhismus) auch als *hsin tsung*, das heißt: die Geist-Doktrin oder »die Lehre vom Geist« bezeichnet. Dieser Begriff ist wahrscheinlich die beste Zusammenfassung all dessen, wofür das Wort Zen steht; denn was Zen lehrt, ist der Weg zu einer vollen Verwirklichung des Geistes. Erleuchtung ist nur ein anderer Name für die vollständige Entfaltung des »inneren« Geistes. Außer dem tiefen und mächtigen Bereich des Geistes gibt es nichts, worüber man erleuchtet werden könnte. Daher ist *das einzige Ziel des Zen*, den Menschen zu befähigen, *seinen eigenen Geist zu verstehen, zu verwirklichen und zu vervoll-kommnen*. Der Geist ist das Grund- und Hauptthema des Zen-Studiums.

Der Buddhismus und die moderne Psychologie lehren uns, daß der Geist viele »Erscheinungsformen und Tiefen-schichten« hat, von denen einige von besonderem Interesse für den Bereich der Psychologie und andere für den Bereich der Philosophie und Religion sind. Zen ist an diesen »Berei-chen« nicht interessiert, sondern einzig nur daran, bis zum Wesen oder zum innersten Kern des Geistes vorzudringen, denn es ist der Meinung, daß, wenn einmal dieser innerste Kern erfaßt ist, alles andere verhältnismäßig bedeutungslos und sonnenklar werden wird.

Ehe wir diesen »inneren Wesenskern« erörtern, müssen wir wissen, was der Buddhismus über die allgemeinen »Eigenschaften« des Geistes zu sagen hat. Viele buddhisti-sche Gelehrte sind der Meinung, daß die »Struktur des Geistes« am einfachsten und klarsten in *drei Aspekten oder Tiefenschichten* zu beschreiben ist. Der *erste Aspekt oder die »äußere« Schicht* ist die sich manifestierende und aktive Seite (chinesisch: *yung*). Das schließt die aktiven geistigen Funk-tionen (aller acht Bewußtseinsarten)[7], seien sie intellektuell oder emotional, abstrakt oder symbolisch, wie etwa Liebe, Haß, Begehren, Verstand, Phantasie, Erinnern usw., in sich ein. Das ist der offenbare (offen zutage liegende) Aspekt, den jeder Mensch aus unmittelbarer Erfahrung kennt. Er wird hauptsächlich von der Psychologie studiert, aber Zen hat wenig Interesse an ihm.

Der *zweite Aspekt oder die* »innere« *Schicht des Geistes* wird chinesisch *hsiang* genannt, was »Form« oder »Natur« bedeutet. Aber was ist die *Natur des Geistes?* Kurz und bündig gesagt: die *Natur des Geistes ist Selbst-Gewahrsein.* Selbstgewahr zu sein heißt, gewahr zu sein der Ergebnisse des Spiels unseres Bewußtseins oder bewußt zu sein der Eindrücke oder der Bilder, die vom Bewußtsein empfangen werden. Dieses Spiels bewußt zu sein, ist eine absolute, reine Erfahrung, bei der es kein Subjekt gibt, das »erkennt«, noch ein Objekt, das »erkannt« wird; der Erkennende und das Erkannte sind in einem »reinen Gefühl« verschmolzen. In diesem »reinen Fühlen« gibt es keinen Platz mehr für die Dichotomie des Dualismus. Reines Selbst-Gewahrsein ist erfahrungsgemäß nicht-dualistisch, wie die buddhistischen Weisen und die der anderen Religionen zu allen Zeiten bezeugt haben. Selbst-Gewahrsein (die Natur des Geistes) ist keine Funktion des Erkennens, sondern das Erkennen selbst in seiner ureigensten Form. Wer dieses Selbst-Gewahrsein entdeckt, dem hat sich sein ganzes Sein verwandelt. Während er mit irgendeiner Tätigkeit beschäftigt ist, hat er das Gefühl, über dieser Tätigkeit zu stehen; er redet und geht, aber er fühlt, daß sein Reden und sein Gehen nicht mehr dem gleichen, was sie früher waren; er geht jetzt mit einem Geist, der sich geöffnet hat. Er weiß jetzt, daß er es ist, der geht; der Leiter und Lenker — er selbst — sitzt im Zentrum seines Geistes und kontrolliert alle seine Tätigkeiten völlig spontan. Er schreitet dahin im hellen Licht des Gewahrseins und mit erleuchtetem Geist. Mit anderen Worten: der Mensch, der sein Selbst-Gewahrsein erkannt hat, fühlt, daß er nicht mehr der gehorsame Diener blinder Impulse ist, sondern sein eigener Herr. Es ist ihm, wie wenn die andern Leute, die blind sind für das ihnen eingeborene leuchtende Gewahrsein, wie wandernde Leichname durch die Straßen gehen!

Wenn dieses Selbst-Gewahrsein festgehalten und entfaltet werden kann, wird man den erleuchtenden Aspekt des

Geistes erleben, der von vielen Mystikern Reines Bewußtsein genannt wird. Sobald dieseses erleuchtende Bewußtsein in vollem Umfang entwickelt worden ist, wird klar erkannt, daß das ganze Universum von ihm umschlossen ist. Viele Mystiker und Buddhisten ließen sich verleiten, dies für den höchsten Seinsstand – den Seinsstand des Nirvana oder die Endstufe der Einswerdung mit dem großen Universalen oder »Kosmischen« Bewußtsein zu halten. Aber nach dem Zen ist dieser Zustand noch knapp im Grenzbereich des Sangsara. Die Yogis, die diesen Zustand erreicht haben, sind, da sie noch durch die tief eingewurzelte monistische Vorstellung gebunden sind, unfähig, die Fessel des Sich-Anklammerns zu durchschneiden und sich selbst freizumachen für das »andere Ufer« der vollkommenen Freiheit. Obwohl das Selbst-Gewahrsein – oder dessen weiterentwickelte Form: das erleuchtende Bewußtsein – ein Schlüssel zu allen inneren Verwirklichungen ist, so bleibt es doch im Grund noch »anhaftungsgebunden«. Die buddhistische Erleuchtung wird nicht durch Festhalten oder Ausdehnen des eigenen Selbst-Gewahrseins erreicht. Im Gegenteil: sie wird durch das Zerstören und Vernichten jedes Anhaftens an diesem erleuchtenden Bewußtsein erlangt; nur indem man darüber hinausgelangt, kann man zum dritten Aspekt oder dem innersten Kern des Geistes kommen: zur vollkommen freien und gänzlich nicht-substantiellen erleuchtenden Leere. Diese erleuchtende Leere, leer und doch dynamisch, ist die Essenz (chinesisch: *ti*) des Geistes.

Sobald die Leute das Wort »Essenz« hören, denken sie sofort an etwas in seinem Wesen Konkretes, und wenn das Wort »Leere« fällt, stellen sie sich automatisch ein totes und statisches »Nichts« vor. Beide Vorstellungen verfehlen den Sinn des chinesischen Wortes *ti* (Essenz) und des Sanskrit-Wortes *Sunyata* (Leerheit) und enthüllen die Grenze und Einseitigkeit menschlichen Denkens. Zur gewöhnlichen Art des Denkens gehört die Vorstellung, daß etwas entweder existiert oder nicht existiert, aber niemals, daß es gleichzeitig existiert und nicht existiert. A ist A oder Nicht-A; aber niemals ist es A und Nicht-A gleichzeitig. Dementsprechend lautet das Urteil des normalen Menschenverstandes über die Leere im Vergleich zur Existenz: »Leere ist Nicht-Existenz und Existenz ist nicht Leere.« Dieses Denkmuster, korrekt und rational betrachtet, wird von den Logikern als sine qua non verteidigt und vom normalen Menschenverstand für alle praktischen Zwecke akzeptiert. Aber der Buddhismus folgt diesem sine qua non keineswegs immer, insbesondere dann nicht, wenn es um die Wahrheit des Sunyata geht. Er sagt: »Form ist nicht verschieden von Leere, und Leere ist nicht verschieden von Form; Form *ist* Leere *und* Leere *ist* Form.« *Der Buddhismus sagt auch, daß die Dinge dank der Leere existieren können, und daß die Dinge, weil sie existieren, leer sein müssen.* Er betont, daß Leere und Existenz komplementär zu einander sind und nicht im Gegensatz zu einander stehen; sie schließen einander ein und nicht aus; sie negieren eines das andre nicht. Wenn die gewöhnlichen Menschen eine Sache sehen, so sehen sie nur die eine Seite, die Seite der Existenz, nicht die der Leere. Aber ein erleuchtetes Wesen sieht beide Aspekte gleichzeitig. Dieses Nicht-Unterscheiden, diese »Vereinigung« von Leere und Existenz entspricht der Doktrin des Mittleren Weges im Mahayana-Buddhismus. Leere, wie sie der Buddhismus versteht, ist nichts Negatives, noch bedeutet sie Abwesenheit oder Erlöschen. *Leere ist einfach ein Begriff zur Bezeichnung der nicht- substanzhaften und nicht-ichhaften Natur der Wesen und gleichzeitig ein Hinweis auf den Seinsstand absoluten Nicht- anhaftens und absoluter Freiheit.*

Leere ist nicht leicht zu erklären. Sie ist nicht definierbar oder zu beschreiben. Wie Zen-Meister Huai Jang gesagt hat: »Alles, was ich sagen könnte, würde das Entscheidende verfehlen.« Die Leere kann nicht beschrieben oder in Worten ausgedrückt werden. Und das deshalb, weil die mensch- liche Sprache primär dazu geschaffen wurde, existierende Dinge und Gefühle zu bezeichnen; sie ist nicht geeignet, nicht-existente Dinge und Gefühle auszudrücken. Zu versuchen, die Leere innerhalb der Grenzen einer auf das Schema der Existenz beschränkten Sprache zu diskutieren, ist ebenso vergeblich wie irreführend. Das ist der Grund, weshalb die Zen-Meister brüllen, schreien, stoßen und schlagen. Denn was sonst könnten sie tun, um diese unbeschreibbare Leere unmittelbar und ohne zu Worten Zuflucht zu nehmen, auszudrücken?

Die buddhistische Doktrin von der Leere ist komplex und tief, und erfordert ein intensives Studium, ehe sie verstanden werden kann. Dieses Studium ist eine wesentliche Voraussetzung für das Verständnis des Zen.

Kehren wir zu unserm ursprünglichen Thema zurück, der Essenz oder dem innersten Kern des Geistes, dann müssen wir zuerst versuchen, genau zu definieren. *Die Essenz des Geistes ist die Erleuchtend-Leere Soheit.* Ein erleuchteter Zen-Buddhist kennt nicht nur den erleuchtenden Aspekt des Bewußtseins, sondern das wichtigste von allem: er weiß auch um den leeren Aspekt des Geistes. Erleuchtung, die sich noch an etwas klammert, wird von Zen als »stehendes Wasser« bezeichnet, aber Erleuchtung ohne jedes Anhaften oder die Erleuchtende Leere wird als das »große Leben« gepriesen. Die Strophe[8], die Shen Hsiu geschrieben hatte, um dem Fünften Patriarchen sein Zen-Verständnis zu zeigen, bewies, daß er nur den erleuchtenden, nicht den leeren Aspekt des Geistes kannte. Als dann sein »spiegelgleich helles Bewußtsein« neben Hui Nengs Satz »Von Anfang an existiert kein Ding!« trat, wurde es so kläglich unbedeutend, daß er das Rennen um den Titel des Sechsten Zen-Patriarchen verlor. Hui Nengs Satz »Von allem Anfang an existiert kein Ding!« drückt unmißverständlich sowohl das Wesen des Geistes wie den innersten Kern des Zen aus. Dank diesem tiefen Verständnis gewann Hui Neng den Titel Sechster Patriarch.

Es gibt zwei Geschichten, die die Bedeutung der Verwirklichung der leeren Natur des eigenen Geistes verdeutlichen.

A. Eines Tages sah ein Engel, der zum Himmel zurück-
flog, unter sich einen üppigen Wald in einen riesigen glühen-
den Lichtschein gehüllt. Da er viele, viele Male durch die
Luft geflogen war, hatte er zahllose Seen, Berge und Wälder
gesehen, aber er hatte ihnen niemals viel Aufmerksamkeit
geschenkt. Heute aber war da irgend etwas Besonderes: ein
Wald, von einer strahlenden Aura umgeben, von der aus
Licht nach allen Teilen des Firmamentes leuchtete. Er dachte
bei sich: »Es muß ein erleuchtetes Wesen in diesem Wald
sein. Ich will hinunterfliegen und sehen, wer es ist.«

Als der Engel die Erde betrat, sah er einen Bodhisattva
unter einem Baum sitzen, tief in Meditation versunken. Er
dachte bei sich: »Ich möchte wissen, worüber er meditiert?«
Und er öffnete seine himmlischen Augen, um zu sehen,
worauf der Yogi seinen Geist konzentriert hatte. Engel
können üblicherweise im Geist eines Yogi lesen, aber in
diesem Fall konnte der Engel zu seiner größten Überraschung nichts finden. Er umkreiste den Yogi immer wieder
und ging schließlich selbst in Samadhi ein, konnte aber noch
immer nichts im Geist des Bodhisattva finden. Schließlich
verwandelte sich der Engel in einen Menschen, umkreiste
dreimal den Yogi, warf sich vor ihm nieder und sagte:

»Meine Ehrerbietung dir,
   der du vom Glück begünstigt bist,
Ich huldige dir in Ehrfurcht,
O Herr aller fühlenden Wesen!
Bitte erwache, tritt aus deinem Samadhi
Und sage mir, worüber du meditiert hast.
Trotz aller meiner besonderen Fähigkeiten
Habe ich nicht herausfinden können,
Was in deinem Geist war.«

Der Yogi lächelte. Der Engel aber fragte wieder: »Ich
huldige dir voll Ehrerbietung! Worüber hattest du meditiert?« Der Yogi lächelte erneut und schwieg.

B. Hui Chung, ein Zen-Meister zur Zeit des Kaisers Su Tsung von der Tang-Dynastie, wurde vom Kaiser hoch geachtet, ebenso wie von allen Zen-Buddhisten Chinas. Eines Tages traf ein berühmter indischer Mönch mit Namen »Mächtiges Ohr Tripitaka« in der Hauptstadt ein. Von diesem Mönch hieß es, er sei imstande, im Geist anderer ohne die geringste Schwierigkeit oder das leiseste Zögern zu lesen.

Die Nachricht von seinen Talenten erreichte auch den Kaiser, und der indische Mönch wurde in den Palast gerufen, um seine Fähigkeiten vor dem Zen-Meister Hui Chung zu demonstrieren.

Nachdem der Hof und alle Geladenen sich versammelt hatten, fragte Hui Chung Mächtiges Ohr Tripitaka: »Hast du wirklich die Fähigkeit, die Gedanken der anderen zu lesen?« »Ja, Euer Ehrwürden, ich habe diese Fähigkeit«, erwiderte er. Hui Chung: »Sag mir also, wo mein Geist jetzt weilt?« Mächtiges Ohr Tripitaka: »Euer Ehrwürden, Ihr seid der Zen-Meister einer Nation; wie könnt Ihr Euch nach West-Ssu Chuan begeben, um dem Bootsrennen zuzusehen?« Hui Chung: »Sagt mir, wo mein Geist jetzt weilt?« Mächtiges Ohr Tripitaka: »Euer Ehrwürden ist der Zen-Meister einer Nation; wie könnt Ihr Euch zur Brücke von Tien Ching begeben, um den spielenden Affen zuzusehen?«

Nach einem Augenblick des Schweigens fragte ihn Hui Chung: »Nun, wo weilt mein Geist jetzt?« Diesmal konzentrierte sich Mächtiges Ohr Tripitaka eine lange Zeit mit größter Anstrengung, aber er konnte nicht herausfinden, woran der Zen-Meister dachte, und mußte seine Niederlage einbekennen. Worauf Hui Chung erwiderte: »Du Geist eines wilden Fuchses! Wo ist deine telepathische Kraft jetzt?«

Bevor wir diesen Abschnitt über die »drei Aspekte des Geistes« abschließen, möchte ich noch einen Punkt sehr deutlich machen. Die Teilung des Geistes in »drei Aspekte« oder »Tiefenschichten« sollte nicht zu wörtlich genommen werden, weil in Wirklichkeit solche »Aspekte oder Tiefenschichten« nicht existieren. Der Geist ist ein großes Ganzes ohne Unterteilungen. Die sich manifestierende, die erleuchtende und die nicht substantielle Eigenschaft des Geistes existieren gleichzeitig und sind in ihrer Totalität nicht voneinander zu trennen. Nur um ein klareres Verständnis zu vermitteln, wurden diese »Aspekte« überhaupt eingeführt.

Vier Wesenszüge des Zen-Buddhismus

Eine große Zahl der Mißverständnisse, die im Westen über Zen entstanden sind, beziehen sich auf gewisse Wesenszüge, die im Osten als selbstverständlich gelten, aber vom Westen nicht verstanden oder falsch ausgelegt werden. Zum ersten ist es beim Zen-Studium wichtig, nicht nur die Lehre selbst zu lernen, sondern auch etwas über die Lebensweise der Schüler des Zen im Osten. Zen ist eine innere »Erfahrung« und eine »Verwirklichung« oder eine Lehre, die zu diesen Seinsständen hinführt; aber von außen gesehen, ist Zen hauptsächlich eine Überlieferung und eine Art zu leben. Um daher Zen richtig zu verstehen, sollte man nicht nur seine Lehre studieren, sondern auch seine Art und Weise zu leben. Zumindest eine vorübergehende Bekanntschaft mit dem klösterlichen Leben der Zen-Mönche würde eine höchst wertvolle Hilfe für ein beseres Verständnis des Zen bieten.

Beim Lesen von Zen-Koans stoßen wir häufig auf die Feststellung, daß ein Mönch beim Vernehmen einer bestimmten Bemerkung oder, nachdem er von seinem Zen-Meister einen Schlag erhalten hatte, unmittelbar erleuchtet worden war. So ist z. B. Chao Chou in dem Augenblick, als er Nan Chuan sagen hörte »Das Tao ist keine Angelegenheit des Wissens oder Nichtwissens. . .« jählings erleuchtet worden, oder Hung Chou, als er von Ma Tsu einen Stoß erhielt, usw. Das kann den Eindruck erwecken, wie wenn »Erleuchtung« sehr leicht zu erreichen wäre. Aber diese »kleinen« Koans, die häufig aus weniger als hundert Wörtern bestehen, sind nur ein Bruchstück des ganzen Geschehens, dessen Hintergrund von den Zen-Mönchen, die sie erstmals niedergeschrieben haben, selten mitaufgezeichnet wurde, weil die Mönche es nicht nötig fanden, diesen allgemeinen Hintergrund für Menschen zu erwähnen, die in der Zen-Tradition aufgewachsen waren und ihn genau kannten. Die Mönche waren sicher, daß niemand so ein Narr sein würde zu glauben, daß »Erleuchtung« nur durch das Hören einer einfachen Bemerkung wie »ein Stück trockenen Kotes« oder durch einen Stoß oder Schlag erlangt werden könnte, ohne vorher die »Bereitschaft« eines dazu herangereiften Geistes erlangt zu haben. Für sie war es völlig klar, daß nur, weil der Geistesstand eines Zen-Schülers seine Reife erreicht hatte, er aus dem Stoß oder Schlag oder Schrei des Meisters Nutzen ziehen konnte. Sie wußten, daß diese Reife des Geistes kein leicht zu erreichender Zustand war. Er war mit Tränen und Schweiß während vieler Jahre der Übung und harter Arbeit verdient worden. Zen-Schüler sollten wissen und sich immer daran erinnern, daß die meisten der Zen-Koans, die sie kennen, *nur die Höhepunkte eines Spieles und nicht das vollständige Drama sind.* Diese Koans berichten gleichsam vom Herabfallen reifer »Äpfel«, aber sie sind nicht die Biographien dieser Äpfel, deren Lebensbericht eine lange Folge von Annehmlichkeiten und Sorgen, Freuden und Leiden, Kämpfen und bitteren Prüfungen ist. Die Zen-Meister schütteln den Apfelbaum und die reifen Früchte fallen herunter; aber die unreifen Früchte bleiben weiter auf den schwankenden Ästen zurück.

Man sollte sich auch immer erinnern, daß die Mehrheit der Zen-Schüler im Osten Mönche sind, die ihr Leben der Arbeit am Zen gewidmet haben. Sie haben nur ein Ziel: Erleuchtung zu erlangen; sie haben nur eine Aufgabe im Leben: Zen zu üben. Das Leben, das sie führen, ist einfach und mönchisch, und es gibt nur einen Weg, auf dem sie Zen lernen, – durch das Leben und Üben mit ihren Meistern während einer sehr langen Zeit. Unter solchen Umständen sehen sie Zen, hören sie Zen, schmecken sie Zen und riechen sie Zen die ganze Zeit über. Ehe sie »eine Abschlußprüfung machen«, leben sie als »Lehrlinge« viele Jahre lang mit ihren Lehrern. Sie haben unbeschränkte Zeit und Gelegenheit, Fragen zu stellen und Anweisungen unmittelbar von ihrem Meister zu erhalten. Wie kann man Zen verfehlen, wenn man ihm sein ganzes Leben unter solch idealen Bedingungen widmet? Überdies können diese Schüler-Mönche, wenn sie wollen, reisen, um einen Meister nach dem andern zu besuchen, bis sie den einen gefunden haben, der ihnen am besten weiterzuhelfen vermag. Der berühmte Zen-Meister Chao Chou reiste noch im Alter von achtzig Jahren an verschiedene Orte, um sein Zen zu vervollkommnen! Hui Chung dagegen, der nationale Meister der Tang-Dynastie, blieb vierzig Jahre in einer Bergeinsiedelei. Chang Chin meditierte zwanzig Jahre lang und verbrauchte dabei sieben Meditationssitze! Das sind konkrete Beispiele von Personen, die wirklich ein Zen-Leben geführt haben. Diese Zen-Meister waren keine Narren; sie alle kannten den Ruf des »Hier und Jetzt«, den »gewöhnlichen Geist« und die »plötzliche Erleuchtung«. Aber sie bestanden dennoch darauf, ihr ganzes Leben lang hart an Zen weiterzuarbeiten. Warum? Weil sie aus unmittelbarer Erfahrung wußten, daß Zen einem ungeheuren Ozean gleicht, einem unerschöpflichen Schatz voll von Reichtümern und Wundern. Man mag diesen Reichtum erblicken, nach ihm greifen, auch Besitz von ihm nehmen und ihn doch nicht völlig nutzbar machen oder sich seiner zur Gänze erfreuen. Gewöhnlich braucht es geraume Zeit zu lernen, von einer ungeheuren Erbschaft weisen Gebrauch zu machen, nachdem man sie in Besitz genommen hat. Das gilt ebenso für die Arbeit am Zen. Zen beginnt erst in dem Augenblick, in dem man erstmals Satori erlangte; vorher stand man nur außerhalb und sah nur mit dem Verstand auf Zen. In einem tieferen Sinn ist Satori nur der Beginn, aber nicht das

Endziel des Zen. Das ist klar zu ersehen aus den Reden des Zen-Meisters Po Shan (S. 97 ff.) und aus der Erörterung der »Zen-Erleuchtung« (S. 171 ff.) dieses Buches.

Es gibt noch eine zweite wichtige Seite des Zen, die dem Westen noch nicht völlig klargeworden ist. Beim Zen-Studium empfiehlt es sich, mit zwei häufig von Zen-Buddhisten gebrauchten chinesischen Begriffen vertraut zu werden: *chien* und *hsing*. Als Zeitwort gebraucht, bedeutet *chien* »sehen« oder »schauen«; als Hauptwort bedeutet es »die Schau«, das »Verständnis« oder »die Beobachtung«. *Hsing* bedeutet »die Übung«, »das Tun« oder »das Werk«. Auch dieses Wort kann sowohl als Hauptwort wie als Zeitwort gebraucht werden. *Chien* in seinem weiteren Sinn umschließt das gesamte Verstehen der buddhistischen Lehre; aber im Zen bezeichnet es nicht nur das Verstehen der Zen-Grundsätze und der Zen-Wahrheit, sondern häufig auch die erwachte Schau, die dem »Wu« (Satori-) Erlebnis entspringt. *Chien* kann in diesem Sinn verstanden werden als ein »Sehen der Wirklichkeit« oder eine »Schau der Wirklichkeit«. Aber wiewohl es das Sehen der Wirklichkeit bezeichnet, bedeutet das nicht den »Besitz« oder die »Meisterung« der Wirklichkeit. Ein Zen-Sprichwort sagt: »Die Wirklichkeit (chinesisch: *li*) kann plötzlich erblickt werden, aber die Materie (chinesisch: *shih*) sollte Schritt für Schritt darin eingeübt werden.« Mit andern Worten: Nachdem man Satori erreicht hat sollte man es üben und weiterentwickeln bis zur Reife, bis es seine ganze Stärke und volle Mächtigkeit erlangt hat (chinesisch: *ta chi ta yung*)[9]. Diese Weiterentfaltung nach dem Satori, zusammen mit dem Suchen und Ringen vor dem Satori, ist das, was die Zen-Buddhisten *hsing* »die Übung« oder »das Werk« nennen. Zen-Meister Yuan Chin sagte: »Die gesamte Zen-Arbeit, die man während seines ganzen Lebens leisten muß, läßt sich in den folgenden zehn Stufen zusammenfassen, die als Maßstab benützt werden können, um die eigene Verwirklichung zu beurteilen. Die zehn aufeinanderfolgenden Stufen[10] sind:

1. Ein Zen-Schüler sollte glauben, daß es eine Lehre (Zen) gibt, die außerhalb der allgemeinen buddhistischen Lehre übermittelt wird.

2. Er soll eine genaue Kenntnis dieser Lehre besitzen.

3. Er soll verstehen, warum sowohl Lebewesen wie tote Dinge den Dharma lehren können.

4. Er sollte fähig sein, die ›Essenz‹ (Wirklichkeit) zu sehen, wie wenn er etwas Lebendiges und Leuchtendes auf seiner Handfläche erblickte, und sein Schritt sollte immer fest und sicher sein.

5. Er sollte das unterscheidende ›Dharma-Auge‹ haben.

6. Er sollte den ›Pfad der Vögel‹ und die ›Straße des Jenseits‹ (oder ›Straße der Wunder‹) beschreiten.

7. Er sollte fähig sein, sowohl die positive wie die negative Rolle [im Drama des Zen] zu spielen.

8. Er sollte alle häretischen und irreführenden Lehren unschädlich machen und auf die richtigen verweisen.

9. Er sollte große Kraft und Flexibilität erringen.

10. Er sollte selbst am Tun und der Praxis der verschiedenen Lebenswege teilnehmen.«

Somit besteht die Zen-Arbeit in zwei Hauptaspekten: der »Schau« und dem »Tun«, und beide sind unentbehrlich. Ein Zen-Sprichwort sagt: »Um Sicht zu haben, solltest du die Spitze eines Berges ersteigen und von dort aus um dich blicken; um die Reise [zum Zen] anzutreten, solltest du zum Grund des Meeres niedersteigen und von dort die Wanderung beginnen.« Obwohl das Gebäude des Zen von diesen zwei Hauptsäulen gestützt wird, der »Schau« und dem »Tun«, legt die Zen-Lehre den stärksten Nachdruck auf die erste. Das wird von dem großen Meister I Shan bezeugt, der sagt: »Deine Schau, nicht dein Tun, ist es, worum ich mich kümmere.« Darum messen die Zen-Meister dem Satori so große Bedeutung bei und konzentrieren ihre Anstrengungen darauf, ihre Schüler unmittelbar zum Satori zu bringen. Zen ist eine höchst praktische und ganz auf das Ziel gerichtete Lehre; sie läßt alle Nebensachen und alle Diskussionen beiseite, um unmittelbar auf *chien* — das Sehen oder Erblikken der Wirklichkeit — hinzuweisen. Das läßt sich an der gesamten Zen-Überlieferung ablesen. Die Betonung der »Schau« läßt sich durch unzählige Zen-Koans und Zen-Aussprüche belegen. Eines der nachdrücklichsten Zeugnisse ist vielleicht die Bemerkung Meister Pai Changs: »Wenn der Schüler eine Schau gleich der seines Meisters hat, kann er höchstens die Hälfte dessen zustande bringen, was sein Meister erreicht hat. Nur wenn der Schüler eine Schau hat, die die seines Meisters übersteigt, ist er der Instruktion würdig.«

Solange einer diese Schau in sich findet, ist er im Zen; ob er Holz trägt, Wasser holt, schläft, geht, — alle seine täglichen Tätigkeiten sind zu Wundertaten des Zen geworden. So ist der einfache und gewöhnliche Geist Buddhas Geist; »hier und jetzt« ist das Paradies der Reinen Landes. Ohne den Trikaya[11] der Buddhaheit ins Leben zu rufen, ist man Buddha gleich; denn der erwachte Zen-Buddhist hält das Wesen Gottes — das Herz Buddhas — in seiner Hand. Im Besitz dieses unschätzbaren Schatzes, wessen bedürfte er noch? Darum sagt der bedeutende Zen-Buddhist Pang Wen: »Holz tragen und Wasser holen sind Wundertaten; und ich und alle Buddhas in den Drei Zeiten atmen durch dieselben Nasenlöcher.« Diese hochgemute und kühne Schau ist wahrlich der Höhepunkt des Zen.

Der Geist sowohl wie die Überlieferung des Zen werden in dieser Betonung des *chien* gegenüber dem *hsing* deutlich sichtbar. Daher: obwohl *Satori nur der Anfang ist, ist es nichtsdestoweniger das Wesen des Zen. Es ist nicht das ganze Zen, aber es ist sein Herz.*

Schließlich hat Zen eine mystische oder übernatürliche Seite, die ein wesentlicher Teil seiner Natur ist. Ohne diese könnte es nicht die Religion sein, die es im Grunde doch ist, und ohne diese würde es seiner Stellung als des humorvollsten Mitwirkenden im buddhistischen Spiel verlustig gehen. Die fünf folgenden Erzählungen veranschaulichen, in welcher Weise im Zen Wunder geschehen, und seine zynische Art, sich darüber lustig zu machen.

A. Zen-Meister Yin Feng aus der Yuan-Ho-Periode der Tang-Dynastie pflegte im Winter auf dem Berg Heng in der Provinz Hu Nan, »in Zentral-Süd-China, zu wohnen und im Sommer auf dem Berg Ching Liang in der Provinz Shan Hsi«, in Nordchina. Eines Sommers brach eine Revolution aus, als er auf seinem Weg zum Berg Wu Tai [ein anderer Name für den Berg Ching Liang] Huai Ssu erreichte. Der aufständische General, Wu Yuan Chi, und seine Soldaten kämpften gegen die Nationalarmee. Die Kämpfe gingen weiter und keine der beiden Seiten hatte bisher die Oberhand gewonnen. Meister Yin Feng sagte zu sich selbst: »Ich glaube, ich werde mich zur Front begeben und versuchen, sie miteinander zu versöhnen.« Er warf seinen Stock in die Luft und auf ihm reitend, erreichte er das Schlachtfeld. Die Soldaten auf beiden Seiten, von Ehrfurcht ergriffen beim Anblick eines fliegenden Menschen, vergaßen weiterzukämpfen, und die Schlacht kam zu ihrem Ende.

Nachdem Yin Feng dieses Wunder vollbracht hatte, fürchtete er, daß es die Menschen in neue Mißverständnisse führen könnte. So ging er zur Diamanthöhle des Berges Wu Tai und beschloß, die Welt zu verlassen. Er sagte zu den Mönchen dort: »Bei verschiedenen Gelegenheiten habe ich Mönche liegend oder sitzend sterben gesehen; hat einer von euch einen Mönch gesehen, der aufrecht stehend gestorben ist?« Sie antworteten: »Ja, wir haben einige Menschen in dieser Weise sterben gesehen.« Yin Feng fragte dann: »Habt ihr jemals irgend jemanden auf dem Kopf stehend sterben gesehen?« Die Mönche erwiderten: »Nein. Niemals.« Yin Feng erklärte hierauf: »Dann werde ich auf dem Kopf stehend sterben.« Nachdem er dies gesagt hatte, stellte er seinen Kopf auf die Erde, hob seine Beine gegen Himmel, brachte sich, auf diese Weise kopfstehend, ins Gleichgewicht und starb. Der Leichnam stand da, steif und fest, die Kleider hafteten an ihm — nichts fiel herunter.

Die Mönche berieten sich wegen dieses lästigen Leichnams und entschieden schließlich, ihn zu verbrennen. Die Neuigkeit breitete sich wie ein Lauffeuer aus, und Menschen aus nah und fern kamen, das einzigartige Geschehnis zu sehen; alle waren voll Staunen über dieses Wunder. Aber die Frage, wie der Leichnam an den Ort der Verbrennung gebracht werden sollte, blieb ungelöst, da niemand die Leiche zu bewegen vermochte.

Mittlerweile geschah es, daß Yin Fengs Schwester, eine Nonne, vorbeikam. Sie sah den Aufsehen erregenden Vorfall, drängte sich nach vorn, näherte sich dem Leichnam und schrie: »Du nichtsnutziger Lump von einem Bruder! Als du noch lebtest, hast du dich nicht zu benehmen gewußt; jetzt willst du auch nicht anständig sterben, sondern versuchst, die Menschen mit all diesem Humbug zu verwirren!« Nachdem sie das gesagt hatte, schlug sie dem Leichnam ins Gesicht und gab dem Körper einen Stoß, so daß er zu Boden fiel. [Von da an konnte die Verbrennung ohne Störung vor sich gehen.]

B. Tao Tsung war der Lehrer des berühmten Zen-Meisters Yun Men. Er war es, der den Geist Yun Mens erschloß, als er dessen Bein verletzte. Tao Tsung kehrte später, als seine Mutter sehr alt war und jemanden brauchte, der sie erhielt, in seine Geburtsstadt Mu Chow zurück. Von da an lebte er mit seiner Mutter zusammen und erwarb den Lebensunterhalt für sie und sich selbst durch das Herstellen von Strohsandalen.

Zur selben Zeit brach eine große Rebellion aus, geführt von einem Mann namens Huang Tsao. Als sich die Armee der Aufständischen Mu Chow näherte, ging Tao Tsung zum Stadttor und hängte dort eine große Sandale auf. Als Huang Tsaos Soldaten das Tor erreichten, konnten sie nicht erzwingen, daß es geöffnet werde, so sehr sie es auch mit allen Mitteln versuchten. Huang Tsao sagte resignierend zu seinen Leuten: »Es muß ein großer Weiser in der Stadt leben. Wir täten besser, sie in Ruh zu lassen« So sagte er und führte seine Armee weg und Mu Chow blieb von Plünderung verschont.

C. Zen-Meister Pu Hua war Lin Chis Gehilfe. Eines Tages kam er zu dem Schluß, es wäre Zeit für ihn, fortzugehen. So ging er auf den Marktplatz und bat die Leute auf der Straße, ihm Kleider zu geben. Aber als ihm einige Leute einen Mantel und andere Kleidungsstücke anboten, wies er sie zurück. Andere boten ihm Decken an, aber er lehnte auch diese ab, und ging, seinen Stock in der Hand, davon. Als Lin Chi davon hörte, überredete er einige Leute, Pu Hua statt dessen einen Sarg zu geben. So wurde ihm ein Sarg übermittelt. Er lächelte darüber und sagte zu den Spendern: »Dieser Kerl von einem Lin Chi ist wahrlich ein geschwätziger Nichtsnutz.« Er nahm den Sarg an und verkündete den Leuten: »Morgen werde ich die Stadt durch das Osttor verlassen und irgendwo im östlichen Vorort sterben.« Am nächsten Tag begleiteten ihn viele Leute aus der Stadt, seinen Sarg tragend, aus dem Osttor hinaus. Aber plötzlich blieb er stehen und rief aus: »O nein, nein! Nach der Vorhersage ist heute kein günstiger Tag! Ich täte besser, morgen in der Süd-Vorstadt zu sterben.« So gingen sie am folgenden Tag alle mit ihm aus dem Südtor hinaus. Aber Pu Hua änderte seinen Plan abermals und er sagte zu den Leuten, daß er lieber am nächsten Tag in der Westvorstadt sterben würde. Am darauffolgenden Tag kamen viel weniger Leute, ihn zu begleiten; und wieder änderte Pu Hua seinen Entschluß und sagte, er würde seinen Abschied von dieser Welt noch um einen weiteren Tag verschieben und dann in der Nordvorstadt sterben. Um diese Zeit waren die Leute der ganzen Angelegenheit schon müde geworden, so daß, als der nächste Tag kam, ihn niemand mehr begleitete. Pu Hua mußte seinen Sarg selber in die Nordvorstadt tragen. Als er dort angekommen war, setzte er sich in den Koffer hinein, seinen Stock in den Händen, und wartete, bis er sah, daß sich einige Fußgänger näherten. Dann fragte er sie, ob sie wohl so gut sein würden, nachdem er gestorben wäre, den Sarg für ihn zuzunageln. Als sie ihm das zusagten, legte er sich in den Sarg und verschied. Die Fußgänger nagelten den Sarg zu, wie sie es versprochen hatten.

Die Nachricht von diesem Ereignis erreichte bald die Stadt, und die Leute kamen in ganzen Haufen zu der Stelle. Jemand schlug vor, man möge den Sarg öffnen, um einen Blick auf den Leichnam werfen zu können. Als das geschah, fand man zur allgemeinen Überraschung den Sarg leer! Ehe sich die Leute von ihrem Staunen wieder erholt hatten, hörten sie plötzlich aus dem Himmel über ihnen den Klang der kleinen Glöckchen, die an dem Stock, den Pu Hua sein Leben lang mit sich getragen hatte, zu läuten pflegten. Zuerst war das Klingeln sehr laut, wie wenn es von ganz nahe käme; dann wurde es schwächer und schwächer, bis es schließlich gänzlich verklungen war. Niemand wußte, wohin Pua Hua verschwunden sein mochte.

Diese drei Geschichten zeigen, daß es Zen nicht an »übernatürlichen« Elementen fehlt, und daß es, wie andere Religionen, seinen Anteil an »Wunder«-Berichten besitzt. Aber Zen rühmt sich dieser Taten nicht, noch preist es übernatürliche Kräfte, um seine Lehren zu verherrlichen. Im Gegenteil, die Zen-Tradition hat unmißverständlich ihre Verachtung gegenüber dem Wunderwirken gezeigt. Zen kümmert sich nicht um wunderwirkende Kräfte. Worum sich Zen kümmert, ist das Verstehen und Erkennen des *Wunders aller Wunder* — des unbeschreiblichen *Dharmakaya* —, der überall und jederzeit entdeckt und erblickt werden kann. Das wurde klar ausgedrückt von Pang Wen, als er sagte: »Wasser zu holen und Holz zu tragen sind beides wundergleiche Tätigkeiten.«

Viele Koans bezeugen die verachtungsvolle Haltung gegenüber übernatürlicher Kräften, die Zen eigen ist. Zen entmutigt nicht nur seine Anhänger, diese Kräfte zu suchen, sondern sucht sie auch zu zerstören, wenn es das kann, weil es alle diese »Kräfte«, »Visionen« und »Offenbarungen« für Verwirrungen hält, die oft vom richtigen Weg ab und in die

Irre führen. Die folgende Geschichte ist ein gutes Beispiel für diese Geisteshaltung:

D. Huang Po traf sich mit einem Mönch, um mit ihm einen Spaziergang zu machen. Als sie zu einem Fluß kamen, nahm Huang Po seinen Bambushut ab, legte seinen Stock beiseite und stand da, überlegend, wie sie ans andere Ufer kommen könnten. Der andere Mönch aber schritt über den Fluß hinüber, ohne daß seine Füße das Wasser berührten und erreichte das andere Ufer. Als Huang Po dieses Wunder sah, biß er sich auf die Lippe und sagte: »O, ich wußte nicht, daß er das kann; denn sonst hätte ich ihn auf den Grund des Flusses hinuntergestoßen!«

Trotz Spott und Widerwillen gegenüber Wundern und übernatürlichen Kräften waren die Zen-Meister keineswegs unfähig, Wunder zu tun. Sie konnten es, wenn sie es für einen Zweck, der der Mühe wert schien, als notwendig erachteten. *Diese wunderwirkenden Kräfte sind einfach die natürlichen Nebenprodukte der wahren Erleuchtung. Ein vollkommen* erleuchtetes Wesen muß sie besitzen, sonst kann seine Erleuchtung höchstens als bloß teilhaft angesehen werden.

Die letzte Geschichte dieser Reihe ist besonders kennzeichnend:

E. Chiu Feng war ein dienender Schüler von Meister Shih Shuang. Als Shih Shuang starb, hielten die Mönche in seinem Kloster eine Beratung ab und beschlossen, den leitenden Mönch zur Wahl als neuen Abt vorzuschlagen. Aber Chiu Feng erhob sich und sagte zu der Versammlung: »Wir müssen zuerst wissen, ob er wirklich die Lehre unseres verstorbenen Meisters versteht.« Darauf fragte der Mönch: »An welche Frage unter den Lehren unseres Meisters denkt Ihr?« Chiu Feng erwiderte: »Unser verstorbener Meister sagte: ›Vergiß alles, hör auf mit allem Tun und versuche, vollständig ruhig zu bleiben! Versuche, zehntausend Jahre in einem Augenblick vergehen zu lassen! Versuche, die kaltgewordene Asche und der verdorrte Baum zu sein! Versuche,

60

das Weihrauchfaß im alten Tempel zu sein! Versuche, eine Länge weißer Seide zu sein!‹ Ich frage dich nicht über den ersten Teil dieser Ermahnung, sondern nur über den letzten Satz: ›Versuche, eine Länge weißer Seide zu sein!‹ Was ist damit gemeint?« Der Mönch antwortete: »Das ist nur eine Wendung, um die Eine Form[12] zu veranschaulichen.« Chiu Feng rief daraufhin aus: »Siehst du! Ich wußte, du versteht die Lehre unseres verstorbenen Meisters überhaupt nicht!« Der Mönch fragte: »Was an meinem Verständnis könnt Ihr nicht akzeptieren? Entzündet ein Stück Weihrauch für mich. Wenn ich nicht zu sterben vermag, ehe es ausgebrannt ist, dann werde ich zugeben, daß ich nicht verstanden habe, was unser verstorbener Meister gemeint hat!« Darauf wurde Weihrauch entzündet und der Mönch nahm seinen Sitz ein und saß gerade aufgerichtet da wie ein Pfosten. Und sieh da! Ehe das Weihrauchstückchen vollständig verbraucht war, war der Mönch tatsächlich verschieden! Chiu Feng tippte auf die Schulter des Leichnams und sagte: »Du kannst dich hinsetzen und sterben, gut; aber vom Sinn der Worte unseres einstigen Meisters hast du nicht die leiseste Ahnung!«

Wenn Zen als die Quintessenz und der Gipfel des Buddhismus betrachtet werden muß, als eine Lehre, die wirklich Befreiung von den Leiden des Lebens und des Todes bringen kann und kein unnützes Geschwätz zu bloßem Zeitvertreib ist, muß es konkrete und unbestreitbare Gewißheit geben, um seine Allgültigkeit allen zu beweisen. Bloße Worte können eine Religion nicht stützen; leeres Gerede kann die Leute nicht überzeugen noch den Glauben der Gläubigen aufrechterhalten. Wenn Zen nicht durchweg »vollendete Wesen« hervorgebracht hätte, die einerseits die Innere Wahrheit verwirklichten und andererseits konkrete Beweise ihrer Erleuchtung gegeben hätten, würde es niemals alle die anderen Schulen des Buddhismus in dessen Mutterland in den Schatten gestellt haben und über tausend Jahre am Leben geblieben sein. Buddhistische Erleuchtung ist keine leere Theorie oder eine Sache des Wunschdenkens. Sie ist eine konkrete Tatsache, die geprüft und bewiesen werden kann. In der vorhergegangenen Erzählung bezeugte der Mönch, als er von Chiu Feng herausgefordert wurde, mutig sein Verständnis, indem er seine Bewußtseins-Seele von seinem physischen Leib binnen weniger Minuten befreite. Wer könnte eine so bemerkenswerte Großtat ausführen, ohne die Zen-Wahrheit in seinem Innern bis zu einem gewissen Maß verwirklicht zu haben? Überraschenderweise verfehlt auch diese hervorragende Leistung die entscheidende Forderung des Zen. Fähig zu sein, sich von Leben und Tod im buchstäblichen Sinn freizumachen, ist noch weit entfernt von dem, was die Zen-Meister lehren!

Wird Zen von diesem Standpunkt aus gesehen, wie erbärmlich müssen wir dann das leere Gerede gewisser »Experten« finden, die nichts verstehen, als über Zen zu schwätzen und in ihren »Zen«-Vorträgen und -Schriften Koans falsch zu interpretieren oder sie gänzlich auszulassen, wie wenn sie nie existiert hätten! Dem Leser dieses Buches wird daher nachdrücklich empfohlen, sorgfältig die Unterschiede im Auge zu behalten, die zwischen echtem Zen und Zen-Imitation, zwischen dem Zen, das aus dem Herzen kommt, und dem »Zen«, das nur im Mund geführt wird, zwischen dem Zen der konkreten Verwirklichung und dem der bloßen Worte, zwischen der wahren Zen-Erkenntnis und der nur vorgetäuschten, bestehen. Diese Unterschiede sind zu beachten, wenn der Leser nicht länger von falschen Propheten des Zen getäuscht oder irregeführt werden soll.

Von der obigen analytischen Methode kann mit einem gewissen Recht gesagt werden, sie laufe Gefahr, Zen zu »morden«. Aber sie ist das einzige Mittel, Zen authentisch darzustellen und es gleichzeitig für westliche Menschen verständlicher zu machen, die, mangels anderer Möglichkeiten, sich dem Gegenstand vorwiegend intellektuell nähern und einer sicheren, wenn auch langsameren Methode als im Osten folgen müssen, um die ersten Schritte auf dem Weg zur Erleuchtung machen zu können.

II

DIE PRAXIS DES ZEN

Allgemeiner Überblick

Die Praxis des Zen ist etwas, worüber Nicht-Eingeweihte niemals in kompetenter Weise sprechen können. Nur diejenigen, die das Erlebnis selbst gehabt haben, können die Zen-Praxis mit autoritativer Vertrautheit behandeln.

Es ist daher am besten, den überlieferten Ratschlägen und Anweisungen der Zen-Meister zu folgen und deren Lebensbeschreibungen zu studieren, die von den Erfahrungen, die diese Meister während ihres Ringens um Zen gemacht haben, berichten. Die Reden und Gespräche sowie die Autobiographien der Zen-Meister haben sich in den vergangenen Jahrhunderten als unschätzbare Belege und Beweisstücke für den Zen-Schüler erwiesen und sie wurden von allen Suchenden im Osten als sichere Führer und Begleiter auf dem Weg zur Erleuchtung akzeptiert und genützt.

Für diejenigen, die sich an keinen kompetenten Zen-Meister wenden können − ein heutzutage nicht ungewöhnlicher Fall −, sind diese Dokumente von einzigartigem Wert. Ich habe daher einige der populärsten und wichtigsten Ansprachen und Darlegungen, sowie Abschnitte aus den Autobiographien berühmter Zen-Meister übersetzt, um dem Leser zu zeigen, in welcher Weise diese Zen geübt und wie sie Erleuchtung erlangt haben, vor allem aber, um zu zeigen, was sie uns selbst darüber sagen können.

Um dem Leser das Verständnis zu erleichtern, werde ich zunächst einen kurzen Bericht der Geschichte des Zen geben und dabei auf einige wichtige Fakten bezüglich seiner Praxis hinweisen.

Ch'an (Zen) wurde erstmals durch den indischen Mönch Bodhidharma (470–543) zu Beginn des sechsten Jahrhunderts aus Indien nach China gebracht und vom Sechsten Patriarchen, Hui Neng (638–713), zu Beginn des achten Jahrhunderts endgültig etabliert. Hui Neng hatte einige berühmte Schüler; zwei von ihnen, Huai Jang (?–740) und Hsing Ssu (?–775), waren von außerordentlichem Einfluß. Jeder von ihnen hatte einen hervorragenden Schüler, der eine Ma Tsu (?–788), der andere Shih Tou (700–790), und diese hatten ihrerseits bedeutende Schüler, die direkt oder indirekt die fünf wichtigsten Zen-Sekten, die zu jener Zeit existierten, begründeten: Lin Chi, Tsao Tung, I Yang, Yun Men und Fa Yen. Im Lauf der Zeit verschmolzen diese fünf Sekten entweder zu der Tsao-Tung- (japanisch: *Soto-*) oder der Lin-Chi- (japanisch: *Rinzai-*) Sekte. Die Tsao-Tung- und die Lin-Chi-Sekte sind somit die einzigen Sekten des Zen-Buddhismus, die heute noch bestehen.

Nach der Zeit Hui Nengs breitete sich Zen über ganz China aus und wurde schrittweise zur populärsten Schule des Buddhismus in diesem Land. Es wurde von Mönchen wie Laien aller Stände anerkannt und geübt. Dank der Bemühungen Hui Nengs und seiner Schüler entwickelten sich Stil und Überlieferung des Zen in jener Einzigartigkeit, die ich im vorhergegangenen Kapitel kurz dargestellt habe.

In den ersten zweihundert Jahren des Zen folgten einander sechs Patriarchen – Bodhidharma war der erste und Hui Neng der sechste. Während dieser Zeit behielt Zen seinen klaren und einfachen, seinem Ursprung nach indischen Stil bei, ohne irgendwelche drastischen oder bizarren Elemente, wie sie in der späteren Zeit der Zen-Geschichte zu finden sind. In dieser frühen Periode war Zen verständlich, von klarer Offenheit und sachlich nüchtern. Da eine Dokumentation der Zen-Praxis in dieser frühen Periode fehlt, kennen wir die Art, in der damals Zen praktisch geübt wurde, nicht genau. Wir können nur mit Sicherheit sagen, daß es keine Koan-Übungen gab und keinerlei Dinge, wie Schreien,

Stoßen, Rufen oder Schlagen, wie sie heute anzutreffen sind. Aber irgend etwas mußte getan worden sein. Zunächst müssen bestimmte Instruktionen für die Zen-Praxis mündlich weitergegeben worden sein. Zweitens müssen diese Instruktionen aus brauchbaren, praktischen und anwendbaren Belehrungen bestanden haben, die sich in ihrer Art wesentlich von den unverständlichen Koan-Übungen der späteren Zeit unterschieden. Drittens muß die Zen-Praxis hauptsächlich der indischen Tradition gefolgt sein, die weitgehend identisch ist mit der *Mahamudra*-Lehre[1], die von Indien aus in Tibet eingeführt worden war und in diesem Land seit dem neunten Jahrhundert in weiten Kreisen geübt wurde. Gegenwärtig ist die Tsao-Tung- (japanisch: *Soto*-) Schule die einzige Zen-Sekte, in deren Lehre sich noch einige indische Elemente erhalten haben; sie ist wahrscheinlich die einzige Quelle, aus der wir einiges über die ursprüngliche Zen-Praxis erfahren können.

Es herrscht ein empfindlicher Mangel an schriftlichen Aufzeichnungen der praktischen Instruktionen, die von den Tsao-Tung-Meistern gegeben worden sind. Einer der Gründe für das Fehlen von schriftlichem Material ist die »geheime Überlieferung« der Tsao-Tung-Sekte, durch die ihre Anhänger entmutigt wurden, die in Worten empfangenen Instruktionen niederzuschreiben. So hat die Zeit alle Spuren vieler solcher mündlicher Lehren ausgelöscht.

Viele Zen-Meister der Tsao-Tung-Sekte in den alten Zeiten lehrten ihre Schüler auf eine völlig geheime Weise. Die Phrase »In das Zimmer des Meisters eintreten und die geheime Instruktion (chinesisch: *ju shih mi shou*) empfangen« wurde allgemein gebraucht. Diese Praxis wurde von den Anhängern der Lin-Chi-Sekte, besonders von Meister Tsung Kao (1089–1163), heftig kritisiert.

Viele Generationen lang sind die Tsao-Tung- und die Lin-Chi-Schule die beiden »rivalisierenden« Zen-Sekten gewesen, von denen jede in gewisser Hinsicht eine andere Methode der Zen-Praxis angeboten hat. Dank dieser verschiedenen Methoden kann der einzelne diejenige wählen, die ihm am besten zusagt und die ihm am meisten hilft. Ob die einfache, handfeste, »explizite« indische Zen-Methode, wie sie von der Tsao-Tung-Sekte befürwortet wurde, der verwirrenden, unverständlichen und »esoterischen« chinesischen Ch'an-Methode der Lin-Chi-Sekte überlegen ist und daher vorzuziehen wäre, ist immer ein Gegenstand der Auseinandersetzung gewesen. Sachlich betrachtet besitzen beide Lehrweisen ihre Verdienste und ihre Mängel, ihre Vorzüge wie ihre Nachteile. Wenn man die dunkel abstrusen und kryptischen Zen-Elemente umgehen und lieber direkt einfache und handfeste Instruktionen erhalten will, die wirklich praktisch geübt werden können, dann ist die Tsao-Tung-Methode wahrscheinlich die geeignetere. Aber wenn man tiefer in das Wesen des Zen einzudringen wünscht und willens ist, die anfänglichen Schwierigkeiten und Enttäuschungen zu akzeptieren, ist die Methode der Lin-Chi-Sekte — der in China wie im heutigen Japan meistverbreiteten und populärsten — wahrscheinlich vorzuziehen. Ich persönlich glaube nicht, daß die Tsao-Tung-Methode gering zu achten ist, obwohl sie auf den Anfangsstufen zu keiner so tiefen und so »befreienden« Verwirklichung führen mag wie die Lin-Chi-Methode. Gleichwohl ist die einfache, handfeste Tsao-Tung-Lehrweise für Menschen des Zwanzigsten Jahrhunderts geeigneter. Hauptsächlich deshalb, weil die Koan-Übung — die Hauptstütze, wenn nicht die einzige Stütze der Lin-Chi-Praxis — zu schwierig und dem modernen Geist allzu entgegen ist. Außerdem muß man, wenn man Zen nach dem Koan-Verfahren übt, sich von Anfang bis Ende auf einen kompetenten Zen-Meister stützen; ein weiteres schwieriges Problem. Ein dritter Einwand gegen die Koan-Übung ist der ständige Druck, den sie auf den Geist ausübt und durch den die zerstörerischen inneren Spannungen, unter denen viele Menschen unseres Zeitalters leiden, nicht nur nicht gelöst, sondern nur noch verstärkt und intensiviert werden. Nichtsdestoweniger aber, wenn man der ständigen Führung durch einen kompetenten Zen-Meister sicher ist und in entsprechend günstiger Umgebung lebt, kann die Koan-Übung sich zuletzt als die bessere Methode erweisen.

Heute denkt man, wenn von Zen-Praxis die Rede ist, sofort an die Koan- (oder Hua-Tou-) Übung, als ob es keinen anderen Weg gäbe, Zen zu üben. Nichts könnte irriger sein. Die Hua-Tou-Übung besaß bis in die Spätzeit der Sung-Dynastie im 11. Jahrhundert keinerlei Popularität. Von Bodhidharma zu Hui Neng und weiter über Lin Chi und Tung Shan — eine Periode von annähernd vierhundert Jahren — kann kein festes System von Hua-Tou-Übungen nachgewiesen werden. Die bedeutenden Zen-Meister dieser Zeit waren große »Künstler«; sie waren sehr vielseitig und anpassungsfähig in ihrer Lehre und beschränkten sich niemals auf irgendein einzelnes Verfahren. Die Hua-Tou-Übung wurde hauptsächlich durch den wortgewandten Meister Tsung Kao (1089—1163) zur populärsten, wenn auch nicht einzigen Methode, nach der die Zen-Schüler während der letzten acht Jahrhunderte geübt haben. Die interessanteste Frage aber bleibt: Wie haben die Anhänger des Zen in den alten Zeiten vor der Normierung und Popularisierung der Koan-Übung Zen tatsächlich praktiziert? Wie haben so große Gestalten wie Hui Neng, Ma Tsu, Huang Po und Lin Chi ihrerseits Zen geübt? Wir haben genügende Gründe zu glauben, daß in jenen Tagen die Meditationsform des »heiter gelassenen (Wider-) Spiegelns«, wie sie in der Lehre der Tsao-Tung-Sekte gefunden werden kann, vermutlich die Hauptstütze der Meditationstechniken des Zen gewesen ist.

Was aber nun sind die Lehren der beiden Sekten genau und wie unterscheidet sich die Tsao-Tung-Methode tatsächlich von der des Lin Chi? Um diese Fragen so knapp wie möglich zu beantworten: die Tsao-Tung-Methode besteht darin, den Schüler zu lehren, *seinen eigenen Geist in gelassener Ruhe zu betrachten*. Die Lin-Chi-Methode andrerseits besteht darin, *den Geist des Schülers an der »Lösung« eines*

*unlösbaren Problems, Koan oder Hua Tou genannt, arbeiten
zu lassen.* Die erste Lehrweise kann als offen oder exoterisch, die letzte als verschlossen und esoterisch bezeichnet
werden. Wenn der Schüler zu Beginn von einem guten
Lehrer richtig geführt wird, ist das erste Verfahren nicht
allzu schwierig. Wer von einem erfahrenen Zen-Meister
»mündliche Instruktionen« erhält, wird bald lernen, »den
Geist in heiterer Gelassenheit zu betrachten« oder – in der
Sprache des Zen – die Meditationsform des »heiter gelassenen Wider-Spiegelns«[2] zu praktizieren.

Im Gegensatz zu dieser Praxis des »heiter gelassenen
Wider-Spiegelns« liegt die Lin-Chi-Methode der Koan-Übung vollständig außerhalb der Fassungskraft eines Anfängers. Dieser wird vorsätzlich in absolute Dunkelheit gestoßen, bis unerwartet das Licht über ihn hereinbricht.

Bevor wir Koans im einzelnen besprechen, soll die Tsao-Tung-Technik (»den eigenen Geist in heiterer Gelassenheit
zu betrachen«) näher erläutert werden. Sie ist die ursprüngliche und »orthodoxere« Zen-Praxis, die – zu Gunsten der
Koan-Übungen, denen man überwiegend Aufmerksamkeit
schenkte – so lange vernachlässigt worden ist.

Die Zen-Übung: den eigenen Geist in heiter-gelassener Ruhe betrachten

Die Zen-Praxis der Tsao-Tung-Schule kann in zwei Begriffen zusammengefaßt werden: »heitere Gelassenheit« und
»Spiegeln« oder Widerspiegeln (chinesisch: *mo chao*). Das
wird besonders deutlich in dem folgenden Gedicht, das den
Anmerkungen über das heiter gelassene Widerspiegeln des
berühmten Zen-Meisters der Tsao-Tung-Schule, Hung
Chih (Wanshi), 1091–1157, entnommen ist.

»Schweigend und in heiterer Gelassenheit sind alle Worte
vergessen;

Leuchtend klar und voll Leben erscheint ES vor dir.
Wenn man es gewahr wird, ist es unermeßlich und ohne
Anfang oder Ende;
In seinem wesenhaften Licht wird man alles erst wirklich
gewahr.
Ein einzigartiger Spiegel ist dieses strahlende Bewußtsein.
Voll von Wundern ist dieses reine, lautere Widerspiegeln.
Der Tau und der Mond,
Die Sterne und die Flüsse,
Der Schnee auf den Föhren,
Und die Wolken, die über den Berggipfeln schweben —
Aus Finsternis wandeln sie sich alle in strahlende Helle;
Aus Dunkelheit werden sie alle zu gleißendem Licht.
Unendliche Wunder warten und weben in dieser heiteren
Gelassenheit;
In diesem Spiegeln endet alle Anstrengung des Willens.
Heiterkeit ist das letzte Wort [jeder Lehre];
Widerspiegeln ist die Antwort auf alles [Erscheinende].
Mühelosigkeit
Ist die Antwort, natürlich und spontan.
Widerstreit hebt sich statt Eintracht,
Wenn der Spiegelung die Heiterkeit fehlt.
Aller Wille ist verschwendet und wertlos,
Wenn die Heiterkeit ohne Spiegelung bleibt.
Die Wahrheit des heiter gelassenen Widerspiegelns
Ist Vollkommenheit und Vollendung.
O sieh! Alle die ungezählten Flüsse münden,
Niederstürzend und weiterrollend,
In den ungeheuren Ozean!«

Ohne einige Erklärungen und Kommentare zu diesem
Gedicht mag die tiefere Bedeutung des heiteren Widerspiegelns für viele Leser rätselhaft bleiben. Das chinesische Wort
mo bedeutet »schweigend« oder »heiter gelassen«; *chao*
bedeutet »spiegeln« oder »betrachten«. *Mo chao* kann also
mit »heiterem Widerspiegeln« oder »gelassenem Betrachten«

übersetzt werden. Aber beide Begriffe, das »heiter Gelassene« wie das »Widerspiegeln« haben hier ihren besonderen Sinn und sollten nicht in ihrer gewöhnlichen Bedeutung verstanden werden. Der Sinn von »heiter gelassen« geht viel tiefer als »Ruhe« oder »Befriedung«; er deutet etwas an, das über alle Worte und Gedanken hinausgeht, einen Zustand des »Darüberhinaus«, eines durchgehenden Friedens. Und die Bedeutung von »Widerspiegeln« geht gleicherweise tiefer als der gewöhnliche Sinn, tiefer als etwa das Überdenken eines Problems oder einer Vorstellung. Es hat keinerlei Beigeschmack von verstandesmäßiger Aktivität oder von überlegend abwägendem Denken, sondern ist reines Gewahrsein wie in einem Spiegel, erleuchtend und strahlend in seiner lauteren Selbst-Erfahrung. Genauer gesagt: »Heiter gelassen« meint die Ruhe des Nicht-Denkens (chinesisch: *wu nien*) und »Widerspiegelung« ein lebendiges und hellwaches Gewahrsein. Somit ist das heiter gelassene Widerspiegeln *das erleuchtende Gewahrsein in der Ruhe des Nicht-Denkens.* Dies meint das Diamant-Sutra mit der Wendung: »Bei keinem Gegenstand verweilen, jedoch den Geist erwecken.«

Das entscheidende Problem bleibt: Wie kann man seinen Geist in einen solchen Seinsstand bringen? Dazu bedarf es der mündlichen Instruktionen und der besonderen Übungen unter Aufsicht eines Lehrers. Zuerst muß das »Weisheits-Auge« des Schülers geöffnet werden, andernfalls wird er niemals wissen, wie er seinen Geist in den Zustand des heiter gelassenen Widerspiegelns bringen kann. Wer aber einmal erkannt hat, wie diese Meditation zu praktizieren ist, der hat bereits einiges im Zen zustande gebracht. Der Nicht-Initiierte wird nie wissen, wie er vorzugehen hat. Die Meditation des heiter gelassenen Widerspiegelns der Tsao-Tung-Sekte ist daher keine gewöhnliche Übung zur Beruhigung und zum Stillwerden des Gemüts. Sie ist vielmehr die Zen-Meditation des Prajnaparamita. Bei genauerem Studium des obigen Gedichts werden die intuitiven und transzendenten

»Zen-Elemente«, die nicht zu übersehen sind, immer deutlicher zu Tage treten.

Der beste Weg, diese Meditation zu erlernen, ist, unter einem kompetenten Zen-Meister zu üben. Wenn es jedoch nicht möglich ist, einen solchen zu finden, dann sollte man versuchen, nach den folgenden »Zehn Ratschlägen« vorzugehen. Sie sind die Quintessenz aller Instruktionen zur Zen-Praxis, wie sie der Verfasser nach Überwindung vieler Schwierigkeiten und nach langen Jahren des Zen-Studiums erkannt und erfahren hat. Er hofft aufrichtig, daß sie von den ernstzunehmenden Schülern des Zen im Westen in ihrem Wert richtig erkannt, befolgt und geübt werden.

Zehn Ratschläge für die Zen-Praxis

1. Blicke nach innen auf den Zustand deines Geistes, ehe irgendein Gedanke aufsteigt.

2. Sobald ein Gedanke aufsteigt, schneide ihn sofort ab und stelle den ursprünglichen Zustand wieder her.

3. Versuche, ständig auf den Geist zu blicken.

4. Versuche, dieses »Blick-Gefühl« in den täglichen Aktivitäten zu erinnern.

5. Versuche, deinen Geist in einen Zustand zu bringen, wie wenn du soeben geschockt worden wärest.

6. Meditiere so häufig wie möglich.

7. Übe mit deinen Zen-Freunden die Kreis-Lauf-Übung des Meisters Hsu Yun. (Siehe Kap. II, S. 75 u. 78)

8. Inmitten der lärmendsten Aktivitäten halte ein und blicke einen Augenblick auf den Geist.

9. Meditiere kurze Zeit mit weit offenen Augen.

10. Lies immer wieder und so oft wie möglich die Prajna-paramita-Sutras, wie etwa das Diamant- und das Herz-Sutra, das Prajna der Achttausend Verse, das Mahaprajnaparamita usw.

Ausdauernde Arbeit gemäß diesen zehn Ratschlägen sollte

jeden befähigen, für sich herauszufinden, was »heiter gelassenes Widerspiegeln« bedeutet.

Die Zen-Praxis der Koan-Übung

Was ist die Koan-Übung? Koan ist die japanische Aussprache des chinesischen *kung-an;* die ursprüngliche Bedeutung von *kung-an* ist »Dokument einer Amtshandlung«. Aber der Begriff wird von den Zen-Buddhisten zur Bezeichnung eines bestimmten Dialogs oder Geschehens zwischen Zen-Meister und Schüler benützt, z. B.: »Ein Mönch fragte Meister Tung-Shan: ›Wer ist Buddha?‹ Worauf der Meister erwiderte: ›Drei Chin (das ist eine Maßangabe) Flachs!‹« Oder: »Ein Mönch fragte den Meister Chao Chou: ›Mit welcher Botschaft ist Bodhidharma aus dem Westen zu uns gekommen?‹ Antwort: ›Die Zypresse im Hof.‹« Alle Zen-Geschichten, ob kurz oder lang, die in dem vorhergegangenen Kapitel erzählt wurden, sind Koans. Kurz: *Koan bedeutet eine Zen-Geschichte, eine Zen-Situation oder ein Zen-Problem.* Gewöhnlich geht es bei der Koan-Übung um das Arbeiten an der Lösung eines Zen-Problems wie etwa: »Wer ruft immer wieder Buddha an?« Oder: »Alle Dinge sind auf das Eine zurückzuführen; worauf ist das Eine rückführbar?« Oder es geht um das Wort *Wu* (das »Nein« oder »Nichts« bedeutet) usw. Da das Wort »Koan« zu einem ziemlich allgemein gebrauchten Begriff im Westen geworden ist, scheint es unnötig, an seiner Statt immer den ursprünglichen chinesischen Begriff *Hua Tou* zu benützen. »Koan« und »Hua Tou« werden daher hier beide sowohl in der allgemeinen wie in der besonderen Bedeutung verwendet. In China gebrauchen die Zen-Buddhisten selten den Ausdruck »Koan-Übung«; sie sagen statt dessen »Hua-Tou-Übung« oder *tsen Hua Tou,* was »an einem Hua Tou arbeiten« heißt. Was ist dieses *Hua Tou? Hua* bedeutet »Reden«, »Bemerkung« oder »Sentenz«; *tou* bedeutet »die [beiden] Enden«, sowohl im Sinn von Anfang wie als Ende von Etwas. *Hua Tou* bedeutet also »die Enden einer Sentenz«. Zum Beispiel ist »Wer spricht immer wieder von Buddha?« »eine Sentenz, deren erstes »Ende« das einzelne Wort »Wer« ist. Seinen Geist auf dieses eine Wort »Wer« zu richten und zu versuchen, die Antwort auf diese Frage zu finden, ist ein Beispiel der Hua-Tou-Übung. Das Wort »Koan« wird in einem viel weiteren Sinn all das Wort »Hua Tou« gebraucht und auf die ganze Situation oder das ganze Geschehen bezogen, während »Hua Tou« einfach die Enden meint oder genauer die kritischen Worte oder den entscheidenden Punkt der Frage. Um ein anderes Beispiel zu geben: »Ein Mönch fragte Meister Chao Chou: ›Hat ein Hund die Buddha-Natur?‹ Chao Chou antwortete: ›Wu!‹[3] (was ›nein!‹ bedeutet).« Dieser Dialog wird ein Koan genannt, aber der Zen-Schüler, der an diesem Koan arbeitet, sollte weder an die Frage noch an die Antwort denken, statt dessen sollte er seinen ganzen Geist auf das Wort »Wu«[3] konzentrieren. Dieses eine Wort »Wu« ist das »Hua Tou«. Es gibt auch andere Interpretationen für die Bedeutung von »Hua Tou«. Aber diese genügt für unsere Zwecke.

Wie wird die Koan-Übung praktiziert? Was muß vermieden werden und woran kann man sich halten, wenn man an ihr arbeitet? Welche Erfahrung wird man haben und was wird man dadurch erreichen? Die Antwort hierauf wird in den folgenden Reden und Lebensbeschreibungen der Zen-Meister zu finden sein. Sie wurden aus vielen primären Quellen des Zen wohlüberlegt ausgewählt.

Reden und Abhandlungen
von vier Zen-Meistern

Meister Hsu Yun (1840 bis 1959)

Meister Hsu Yun war zu seiner Zeit der berühmteste Zen-Lehrer Chinas. Er wurde 119 Jahre alt und war bis zuletzt hellwachen Geistes. Er hat Tausende von Schülern unterwiesen und in verschiedenen Teilen Chinas Klöster errichtet. Seine Lebensgeschichte ist voll von interessanten Einzelheiten, und er wurde als die höchste Autorität in Sachen Zen betrachtet. Die folgenden Ansprachen hielt er einige Jahre vor seinem Tod, als er eine Anzahl von Zen-Schülern in die Praxis der üblichen »Sieben-Tage-Meditation«[4] im Jade-Buddha-Kloster einführte.

Der erste Tag der Ersten Periode
9. Januar, 7 Uhr abends[5]

Nachdem die beaufsichtigenden Mönche Seiner Ehrwürden Hsu Yun ihre Ehrerbietung erwiesen hatten, luden sie ihn ein, in die Meditationshalle des Klosters zu kommen. Er blieb in der Mitte der Halle stehen, während die Aufseher — einer von ihnen hielt einen Schlagstock in der Hand — in zwei Reihen zu jeder Seite des Meisters standen. Die Schüler, die zu dieser Sieben-Tage-Meditation aus allen Teilen des Landes gekommen waren, standen in einem großen Kreis um ihn. Der Meister hob seinen eigenen Schlagstock und wandte sich wie folgt an die Versammlung: »Wir haben den ersten Monat des neuen Jahres und sind glücklich, uns zu dieser Sieben-Tage-Meditation zusammenzufinden. Dies ist der Ort, die Lehre des Nicht-Tuns (*Wu Wei*) zu lernen.

›Nicht-Tun‹ heißt: Es gibt absolut nichts, das getan oder gelernt werden müßte. Alles, was ich über ›Nichtsheit‹ sagen könnte, würde das Entscheidende verfehlen. O meine Freunde und Schüler, wenn ihr euch nicht selber mit eurem Geist an die Zehntausend Dinge klammert, werdet ihr entdecken, daß der Lebensfunken *aus allem und jedem hervorleuchtet.*

Heute ist der erste Tag unserer Meditation. Freunde, was sagt ihr? Ah – h – h!«

Nach einem langen Schweigen rief der Meister: »Geht!« Auf diesen Ruf hin liefen alle Schüler in einem großen Kreis. Nachdem sie eine Anzahl von Runden gelaufen waren, gab einer der Aufseher das Haltesignal, indem er mit dem Stock plötzlich auf den Tisch schlug. Augenblicklich hielten alle Laufenden an und standen still. Nach einer Pause setzte sich jeder mit gekreuzten Beinen auf seinen Sitz nieder. Dann trat Stille ein. Nicht das geringste Geräusch war zu hören und alles verharrte in schweigender Meditation länger als eine Stunde. Dann erhoben sich alle von ihrem Sitz und die Kreislaufübung begann von neuem. Als das Zeichen mit dem Schlagholz gegeben wurde, standen alle wieder sofort still.

Dann wandte sich der Meister mit folgenden Worten an die Versammelten: »Der Abt dieses Klosters ist voll Güte und Mitleid. Seinem Bemühen ist es zu danken, daß diese Sieben-Tage-Meditation ermöglicht wurde. Alle Mönche dieses Klosters und ihr Laien und Förderer seid eifrig in der Arbeit am Tao. Ich wurde gebeten, diese Sieben-Tage-Meditation zu leiten. Ich fühle mich außerordentlich geehrt und bin glücklich über diese wunderbare Gelegenheit. Aber ich fühle mich nicht allzu wohl; daher kann ich nicht sehr lange sprechen.

Buddha predigte den Dharma mehr als vierzig Jahre lang, manchmal predigte er ihn mit Worten, manchmal schweigend durch sein Tun. Seine Lehren sind gesammelt in den Drei Großen Kanonischen Sammlungen. Was hätte es für einen Sinn, noch weitere Worte zu machen? Das einzige, was ich tun kann, und das Beste ist, die Worte Buddhas und der Patriarchen zu wiederholen. Auf jeden Fall sollten wir wissen, daß die Zen-Lehre außerhalb der regulären buddhistischen Lehre übermittelt wird. Das wird durch das erste Zen-Koan am deutlichsten veranschaulicht. Als Buddha eine Blume in seiner Hand emporhielt und sie seinen Schülern zeigte, verstand keiner der Versammelten den Hinweis außer Mahakasyapa, der zum Zeichen, daß er verstanden habe, was Buddha meinte, lächelte. Buddha sagte darauf: ›Ich habe den Schatz der richtigen Lehre und den wunderbaren Nirvana-Geist — die wahre Form ohne jede Form. Nun übermittle ich ihn euch.‹ Deshalb sollte man verstehen, daß Zen eine Lehre ist, die außerhalb der regulären Wege buddhistischer Lehre weitergegeben wird, ohne Worte oder Erklärungen. Zen ist die höchste und unmittelbarste Lehre, die zu augenblicklicher Erleuchtung führt, unter der Voraussetzung, daß einer fähig ist, sie sofort zu erfassen. Einige haben irrtümlich geglaubt, daß die zwanzig Ch'ans (Dhyanas), von denen das Mahaprajnaparamita, das Sutra von der Großen Vollkommenen Weisheit, spricht, das ganze Ch'an [Zen] umschließen. Das ist falsch. Diese Dhyanas sind nicht die höchsten. Die Arbeit an unserem ›Ch'an‹ kennt kein schrittweises Fortschreiten oder aufeinanderfolgende Stufen. Dieses Ch'an ist das höchste Ch'an, das Ch'an des unmittelbaren Blickens in die eigene Buddhanatur. Aber wenn dem so ist, warum soll man sich plagen, die sogenannte Sieben-Tage-Meditation zu üben? [Wir müssen verstehen, daß] die Fähigkeit der Menschen, den Dharma zu üben, immer wieder schwächer wird. Heutzutage haben die Menschen zuviele ablenkende Gedanken in ihrem Kopf. Die Patriarchen haben daher besondere Methoden und Techniken ersonnen, wie die Sieben-Tage-Meditation, die Koan-Übungen, die Kreislaufübungen usw., mit diesem Umstand fertig zu werden und den Menschen geringerer Begabung zu helfen. Von der Zeit Mahakasyapas bis heute umspannt Zen

etwa sechzig bis siebzig Generationen. Während der Tang-
und Sung-Periode breitete sich Zen im ganzen Land aus.
Wie groß und glanzvoll war Zen in jenen Tagen! Verglichen
mit dem erbärmlichen Zustand, zu dem es jetzt herabgesun-
ken ist! Nur das Chin-Shan-[Goldener-Berg-]Kloster,
das Kao-Ming-[Hoher-Himmel-]Kloster, das Pao-Kuang-
[Kostbares-Licht-]Kloster und einige andere halten noch die
Überlieferung des Zen aufrecht. Deshalb können nicht viele
hervorragende Gestalten in den Zen-Schulen von heute
gefunden werden.

Der Siebente Patriarch, Shen Hui, fragte einmal den Sech-
sten Patriarchen Hui Neng: ›Welcher Übung soll man fol-
gen, um nicht in eine Einseitigkeit zu fallen?‹ Der Sechste
Patriarch stellte die Gegenfrage: ›Was habt Ihr bisher
geübt?‹ Shen Hui antwortete: ›Ich habe nicht einmal die
Heilige Wahrheit geübt.‹ ›Zu welcher Einseitigkeit gehört
Ihr in diesem Fall?‹ ›Selbst die Heilige Wahrheit existiert
nicht, wie kann es irgendeine Einseitigkeit geben?‹ Als der
Sechste Patriarch diese Antwort hörte, war er von Shen Huis
Verständnis beeindruckt.

Sie und ich, die wir nicht so hoch begabt sind wie die
Patriarchen, sind verpflichtet, nach Methoden vorzugehen
wie etwa der Hua-Tou-Übung, die uns lehrt, an einem
besonders ausgewählten Koan-Problem, das sich in einem
einzigen Satz oder Hua Tou kristallisiert hat, zu arbeiten.
Nach der Sung-Dynastie wurde die Reine-Land-Schule
immer populärer und das Wiederholen des Namens Buddha
Amida wurde zu einer weitverbreiteten Übung unter den
Buddhisten. Unter diesen Umständen drängten die großen
Zen-Meister die Menschen, an dem folgenden Hua Tou zu
arbeiten: »Wer ruft immer wieder Buddha an?« Dieses Hua
Tou wurde dann eines der populärsten von allen und ist es
geblieben. Aber es gibt noch viele Menschen, die nicht
wissen, wie man üben muß. Einige sind so unvernünftig,
den Satz selbst immer zu wiederholen! Die Hua-Tou-
Übung besteht aber nicht im Wiederholen eines Satzes oder

in der Konzentration auf ihn. Es gilt, den wahren Sinn des Satzes zu ts'an zu erfahren. Ts'an bedeutet, in etwas durchdringend hineinschauen und es so betrachten. Im Meditationsraum jedes Klosters finden wir gewöhnlich die folgende Mahnung an den Wänden angebracht: ›Blick auf dein Hua Tou und dringe in es ein.‹ Hier heißt *blicken* auf etwas in anderer Weise als nur von außen schauen, das heißt: nach innen blicken; und ›hineinschauen (eindringen)‹ bedeutet: den Geist in durchdringender Weise in das Hua Tou hineinzuversenken. Unser Geist ist gewohnt, sich nach außen zu wenden und die Dinge in der Außenwelt wahrzunehmen. *Ts'an* kehrt diese Gewohnheit um und blickt nach innen. ›Wer ruft immer wieder Buddha an?‹ ist das *hua,* der Satz. Aber ehe der Gedanke dieses Satzes ersteht, haben wir das *tou* (das Ende). Dieses Hua Tou zu *ts'an* heißt, in das wirkliche ›Wer?‹ hineinzuschauen, in den Zustand einzudringen, ehe der Gedanke aufsteigt, und zu erfahren, wie dieser Zustand ist. Es gilt zu sehen, woher der Gedanke ›Wer?‹ kommt, zu erkennen, worum es bei ihm geht, und auf subtile Weise und voll Hingabe darin einzudringen.

Während der Kreislaufübung sollte man den Hals gerade halten, so daß er den Kragen berührt, und dem vor einem Laufenden dicht folgen. Halten Sie den Geist ruhig und still. Drehn Sie den Kopf nicht, um herumzuschauen, sondern sammeln Sie Ihren Geist auf das Hua Tou. Wenn Sie in Meditation sitzen, heben Sie Ihren Brustkorb nicht zu weit nach oben, indem Sie ihn künstlich größer machen. Beim Atmen halten Sie die Luft nicht an, noch drücken Sie sie hinunter. Lassen Sie Ihren Atem kommen und gehen in seinem natürlichen Rhythmus. Sammeln Sie alle Ihre sechs Sinne und räumen Sie alles beiseite, was in Ihrem Geist sein mag. Denken Sie nichts, sondern schauen Sie auf Ihr Hua Tou. Vergessen Sie nie Ihr Hua Tou. Ihr Geist sollte niemals heftig oder ungestüm sein, andernfalls wird er wandern und nicht zur Ruhe kommen; aber ebensowenig sollten Sie Ihrem Geist erlauben, stumpf und träg zu werden, denn dann werden sie schläfrig und als Folge davon in die Falle der ›toten Leere‹ fallen.

Wenn Sie immer an Ihrem Hua Tou festzuhalten vermögen, werden Sie die Arbeit natürlich und leicht meistern. Alle Ihre gewohnten Gedanken werden automatisch gebändigt sein. Es ist keine leichte Arbeit für Anfänger, gut an dem Hua Tou zu arbeiten, aber Sie sollten niemals ängstlich oder entmutigt sein. Ebenso sollten Sie sich nicht an den Gedanken festklammern, daß Sie Erleuchtung erreichen werden, weil Sie jetzt gerade die Sieben-Tage-Meditation üben, deren Zweck ja ist, Erleuchtung herbeizuführen. Jeder zusätzliche Gedanke an die Herbeiführung der Erleuchtung ist so unnötig und so unsinnig, wie wenn man zu dem Kopf, den man schon hat, noch einen zweiten hinzufügen wollte!

Sie sollten sich nicht darüber beunruhigen, wenn Sie zunächst nicht gut in der Arbeit an Ihrem Hua Tou vorankommen; was Sie tun sollen ist, es immer in Erinnerung zu halten und beständig anzuschauen. Wenn ablenkende Gedanken auftauchen, folgen Sie Ihnen nicht, sondern erkennen Sie sie als das, was sie sind. Das Sprichwort ist richtig:

›Beunruhige Dich nicht,
wenn ablenkende Gedanken aufsteigen,
aber hüte Dich, sie zu spät zu erkennen!‹

Zu Beginn spürt jeder die Ablenkung durch beständig aufsteigende Gedanken, und er vermag das Hua Tou nicht gut in Erinnerung zu halten; aber mit der Zeit wird es Ihnen leichter fallen, das Hua Tou festzuhalten. Wenn die Zeit gekommen ist, vermögen Sie es bequem festzuhalten und es wird Ihnen während der ganzen Stunde nicht entgleiten. Dann werden Sie die Arbeit nicht so schwierig finden.

Ich habe heute eine Menge Nonsens geredet! Alle hätten besser getan, an ihrem Hua Tou zu arbeiten.«

Der zweite Tag der Ersten Periode
10. Januar

Der Meister wandte sich mit den folgenden Worten an die Versammelten: Die Sieben-Tage-Meditation ist die beste Art, innerhalb eines bestimmten, vorher festgesetzten Zeitraums Erleuchtung zu erlangen. In den alten Zeiten, als die Menschen noch besser dafür begabt waren, schenkten viele Zen-Buddhisten dieser Methode keine besondere Aufmerksamkeit. Aber während der Sung-Dynastie begann sie, populär zu werden. Besonders dank der Förderung durch Kaiser Yung Cheng während der Ching-Dynastie breitete sich die Methode über ganz China aus. Kaiser Yung Cheng war ein sehr fortgeschrittener Zen-Buddhist, der die Zen-Lehre außerordentlich schätzte und bewunderte. In seinem Palast wurde die Sieben-Tage-Meditation häufig abgehalten. Unter seiner Leitung erlangten etwa zehn Personen die Erleuchtung. So kam z. B. der Tien-Hui-Zen-Meister des Hohen-Himmel-Klosters zu Yang Chow, dank seiner Belehrungen, zur Erleuchtung. Dieser Kaiser reformierte die Systeme und Vorschriften der Zen-Klöster und ebenso die praktischen Zen-Übungen. Durch ihn erfuhr Zen eine gewaltige Neubelebung und viele hervorragende Meister wirkten während seiner Zeit.

Nun arbeiten wir am Ch'an. Was ist Ch'an? Im Sanskrit wird es Dhyana genannt — die Übung der tiefen Konzentration oder Kontemplation. Es gibt viele unterschiedliche Arten davon, wie Hinayana- und Mahayana-Ch'an, Ch'an mit der (Erscheinungs-) Form und ohne Form usw. Aber das Ch'an der Ch'an-Schule [Chinas] ist das höchste, das oberste Ch'an, verschieden von allen andern.

Dieser Saal, in dem wir jetzt sitzen, wird Prajna-Saal genannt oder die Kampfstätte der Erleuchtung. Hier sollten Sie in das »Gefühl des Zweifels« eindringen und die Wurzel der Wiederkehr durchschneiden. Nur in diesem Saal wird die Lehre des Nicht-Seins und der Dharma des Nicht-Tuns studiert. Es gibt [in Wirklichkeit] nichts, das zu tun ist, und nichts, das zu erlangen wäre; alles, was von einem Tun abhinge, wäre damit auch dem »Entstehen« und »Verlöschen« unterworfen. Alles, was erlangt werden könnte, könnte auch verloren werden. Alle anderen Dharma-Übungen, wie Sich-Niederwerfen, die Sutras hersagen usw., sind alle mit einem Tun verbunden, sie sind daher alle relative Mittel und ergänzende Lehren.

Zen aber lehrt uns, [die Sache] gerade in diesem Augenblick, ohne überhaupt Worte zu gebrauchen, zu pakken. Ein Mönch fragte Nan Chuan: »Was ist Tao?« Nan Chuan antwortete: »Der gewöhnliche Geist ist Tao.« Hört! Versteht Ihr das alle? Wir sind in Wirklichkeit immer im Tao – wenn wir essen, gehen, uns ankleiden oder was immer wir tun. Keine unserer Tätigkeiten findet getrennt vom Tao statt. Unser Fehler ist, daß wir uns ständig an die Dinge anklammern, so daß wir nicht zu erkennen vermögen, daß der Selbst-Geist Buddha ist.

Ein Schüler, Ta Mei, fragte Ma Tsu: »Was ist Buddha?« Ma Tsu erwiderte: »Der Geist ist Buddha.« Als Ta Mei diese Antwort vernahm, wurde er erleuchtet. Er verbeugte sich tief vor Ma Tsu, dankte ihm und verließ ihn. Später ließ sich Ta Mei in einer Einsiedelei irgendwo in der Provinz Che Chiang nieder und hatte viele Schüler. Sein Ruf gelangte auch zu den Ohren Ma Tsus. Um sich der Echtheit seines Verständnisses zu versichern, sandte Ma Tsu einen Mönch zu seiner Einsiedelei, um ihn zu befragen. Dieser Mönch sollte mit dem Koan »Weder Geist noch Buddha« Ta Mei prüfen. Als der Mönch in der Einsiedelei eintraf, fragte ihn Ta Mei: »Woher kommt Ihr, ehrwürdiger Mönch?«

»Ich komme von dem großen Meister Ma.«

»Welche Art von Buddhismus lehrt er jetzt?«

»Oh er hat letzthin seinen Buddhismus vollständig gewandelt.«

»Wie hat er ihn gewandelt?«

»Früher sagte der große Meister Ma immer: der wahre

Geist ist Buddha selbst, aber jetzt sagt er, es ist weder der Geist noch der Buddha.«

Ta Mei biß sich auf die Lippen und sagte: »Dieser alte Schurke versucht die Leute zu verwirren. Laßt ihm sein ›weder Geist noch Buddha‹. Ich sage weiter: der Geist ist Buddha.«

Diese Geschichte zeigt uns, was für ein entschiedenes und unerschütterliches Verständnis die Zenisten in den alten Zeiten hatten und wie einfach und unmittelbar sie zu ihrer Verwirklichung kamen!

Sie und ich, wir sind sehr, sehr gering begabte Menschen. Herumirrende Gedanken füllen unsern Geist bis an den Rand. In ihrer Verzweiflung erfanden die großen Patriarchen die Hua-Tou-Übung für uns, nicht weil sie das Hua Tou an sich so wundervoll fanden, sondern einfach, weil die Patriarchen keinen andern Weg sahen, uns zu helfen, als durch diese handfeste Methode.

Meister Kao Feng sagte: »Wenn man Zen übt, sollte es sein, wie wenn man einen Ziegel in einen tiefen Teich wirft; er sinkt und sinkt, bis er den Boden erreicht hat.« Mit andern Worten, in unserer Ts'an-Zen-Übung müssen wir bis auf den Grund des Hua Tou schauen, bis wir vollständig hindurchgebrochen sind. Kao Feng ging weiter und beteuerte: »Wenn jemand ein Hua Tou festhält, ohne daß ein zweiter Gedanke in sieben Tagen auftaucht und er Erleuchtung erlangt, will ich für immer in die tiefste Hölle stürzen.«

Wenn Anfänger erstmals Zen üben, haben sie stets Schwierigkeiten damit, ihre immer weiterfließenden, herumirrenden Gedanken zu bezähmen, und sie haben Schmerzen in den Beinen. Sie wissen nicht, was sie tun sollen. Das Wichtigste ist, das Hua Tou ständig festzuhalten — beim Gehen, Liegen oder Stehen — es vom Morgen bis in die Nacht lebendig und klar vor sich zu haben, bis es in unserm Geist dem Herbstmond gleicht, der sich klar in stehendem Wasser spiegelt. Wenn Sie auf diese Weise üben, können Sie sicher sein, daß Sie den Stand der Erleuchtung erreichen werden. Wenn Sie sich während der Meditation schläfrig fühlen werden, öffnen Sie Ihre Augen weit und machen Sie Ihren Rücken gerade; Sie werden sich dann frischer und belebter fühlen als zuvor.

Wenn Sie am Hua Tou arbeiten, sollten Sie weder zu zaghaft noch zu nachlässig sein. Wenn Sie zu zaghaft vorgehen, werden Sie sich ruhig und bequem fühlen, aber Gefahr laufen, das Hua Tou zu verlieren. Die Folge wird dann sein, daß Sie in die »tote Leere« fallen werden. Gerade im Zustand heiterer Gelöstheit, wenn Sie das Hua Tou nicht verlieren, werden Sie fähig sein, über die Spitze der hundert Fuß hohen Stange, die Sie erklettert haben, weiter vorzuschreiten. Wenn Sie zu nachlässig sind, werden Ihnen zu viele herumirrende Gedanken entgegentreten. Sie werden es schwer haben, sie zu bändigen. Kurz, der Zen-Praktiker sollte darauf achten, daß er weder zu straff noch zu locker hält. Im Lockeren sollte er noch straff sein und im Straffen noch gelockert. Wenn Sie in dieser Weise üben, werden Sie Vollkommenheit erlangen, und Ruhe und Bewegung in ein Ganzes verschmelzen.

Ich erinnere mich, als ich in den alten Zeiten die Kreislauf-Übung praktizierte im Goldnen-Berg-Kloster und andernorts, ließen uns die Mönche, die die Aufsicht hatten, rennen gleich fliegenden Vögeln! O, wir Mönche konnten wirklich laufen! Aber wenn plötzlich der Schlag ertönte, der das Haltesignal gab, blieb jeder stehen und stand still wie eine leblose Stange! Wie hätten unter diesen Umständen Schläfrigkeit und zerstreuende Gedanken entstehen können?

Wenn Sie sitzend meditieren, sollten Sie das Hua Tou niemals zu hoch emporbringen; wenn Sie es zu hoch emporbringen, werden Sie Kopfweh bekommen. Noch auch sollten Sie das Hua Tou in Ihrer Brust plazieren; wenn Sie das tun, werden Sie sich bedrückt fühlen und dort Schmerz empfinden. Ebensowenig sollten Sie das Hua Tou zu sehr hinunterpressen; wenn Sie es tun, werden Sie mit Ihrem Bauch Schwierigkeiten bekommen und trügerische Erscheinungen haben. Was Sie tun sollen, ist, sich auf das Wort »Wer« ruhig und gelassen sammeln mit einem friedlich gewordenen Geist und einem gleichmäßigen Atem, wie eine Henne, die auf ihrem Ei brütet, oder eine Katze, die einer Maus auflauert. Wenn Sie das tun, werden Sie an einem dieser Tage entdecken, daß die Wurzel der Wiederkehr plötzlich und jäh abgebrochen ist!

Der vierte Tag der Ersten Periode
12. Januar

Drei Tage von den sieben sind schon vergangen. Ich freue mich, daß Sie alle so hart arbeiten. Einige von Ihnen haben mir Gedichte und Strophen gebracht, die sie verfaßt haben, und baten mich, diese zu kommentieren. Einige von Ihnen sagen, daß sie die Leere und das Licht gesehen haben, usw. Gut, das ist nichts Schlechtes. Aber danach zu urteilen, müssen Sie alles vergessen haben, was ich Ihnen an den ersten zwei Tagen gesagt habe. Gestern abend sagte ich Ihnen, daß Tao zu üben, nicht mehr heißt, als dem Weg zu folgen, den Weg zu erkennen. Was ist der Weg? In das Hua Tou zu schauen, das dem Schwert eines Königs gleicht. Mit ihm töten sie den Buddha, wenn Buddha kommt; mit ihm schlagen sie den Teufel, wenn der Teufel kommt. Unter diesem Schwert darf kein einziger Begriff zurückbleiben und ist es keinem einzigen Ding gestattet zu existieren. Wie ist es also möglich, so viele zerstreuende Gedanken zu haben, daß Sie Gedichte und Strophen formen und Erscheinungen von Licht und Leere haben? Wenn Sie mit derartigen Dingen beginnen, werden Sie mit der Zeit Ihr Hua Tou vollständig vergessen haben. An dem Hua Tou zu arbeiten heißt, unausgesetzt in es hineinblicken, ohne einen Augenblick der Unterbrechung. Wie ein Fluß immer weiter fließt, so sollte der Geist immer hell und gewahr sein. Alle Vorstellungen und Begriffe sollten ausgelöscht, vernichtet sein! Wie der große Zen-Meister Huang Po sagte:

»Das Tao zu üben
Heißt: den verbotenen Königspalast gegen Invasion
  verteidigen.
Beschütze ihn unter Einsatz deines Lebens
Und kämpfe für ihn mit all deiner Kraft!
Wenn die eisige Kälte
Nicht bis ins Innerste deiner Gebeine vorgedrungen wäre,
Wie könntest du
Den frischen Duft der Pflaumenblüte riechen?«

Alle Lebewesen haben das grundlegende Ur-Bewußtsein
oder das sogenannte Achte Bewußtsein, das der König aller
Bewußtseinsformen ist. Dieser König ist umgeben von dem
Siebenten, dem Sechsten und all den andern fünf Bewußt-
seinsmöglichkeiten: dem Sehen, Hören, Riechen, Schmek-
ken und Tasten. Das sind die fünf äußeren Diebe. Das
Sechste Bewußtsein ist der Verstand, der innere Dieb. Das
Siebente klammert sich an die Wissens- und Denkfähigkeit
des Haupt- oder Achten Bewußtseins als dessen eignes
großes Ego. Unter seiner Führung verbinden sich das Sechste und die andern fünf Bewußtseinsformen den Farben,
Tönen, Ertastungen usw., und so wird das Hauptbewußt-
sein von ihnen derart eng umstrickt, daß ihm keine Möglichkeit bleibt, auch nur seinen Kopf zu drehen. Das Hua Tou,
an dem wir arbeiten, ist das scharfe Schwert, mit dem wir all
diese lästigen Diebe niederschlagen und das Achte Bewußtsein in die Weisheit des Großen Spiegels verwandeln, das
Siebente in die Weisheit der Gleichmütigkeit, das Sechste in
die Weisheit des Betrachtens und die fünf Sinne in die
Weisheit der sachlichen Leistung. Aber das Wichtigste ist zu
allererst die Verwandlung des Sechsten und des Siebenten
Bewußtseins, weil diese zwei Bewußtseinsfähigkeiten die
Führung haben und den übrigen ihr Wesen aufprägen. Ihre
Funktion ist es, zu unterscheiden, zu verbegrifflichen, zu
erdichten. Die Gedichte und Strophen, die Sie verfaßt
haben, und das Licht und die Leere, die Sie wahrgenommen

haben, waren alles Erdichtungen dieser zwei Bewußtseinsformen. Sie sollten alle diese Dinge vergessen und sich
fest an Ihr Hua Tou halten. Auch sollten Sie wissen, daß es
noch eine andere Falle gibt, in die ein Zen-Übender leicht
fallen kann, nämlich Trägheit beim Meditieren und seinen
Geist gefühlstot zu machen in äußerster Stumpfheit. Das ist
der schlimmste Irrtum von allen. Lassen Sie mich Ihnen ein
Koan erzählen:

Der Meister, der das Shi-Tan-Kloster errichtete, studierte
Zen unter vielen, sehr unterschiedlichen Meistern, indem er
von Ort zu Ort reiste. Er war ein sehr eifriger Mensch, der
ständig an seinem Zen arbeitete. Eines Nachts in einem
Gasthof hörte er in einem benachbarten Raum ein Mädchen,
das mit dem Backen von Bohnenkuchen beschäftigt war, das
folgende Lied singen:

»O, Bohnenkuchen-Chang
Und Bohnenkuchen-Lee[6].
Nachts, wenn sie ihr Haupt auf das Kissen legen,
Mögen tausend Gedanken in ihrem Geist aufsteigen;
Aber wenn sie am Morgen erwachen,
Fahren sie fort, Bohnenkuchen zu backen.«

Der Zen-Meister war in die Meditation versunken, als das
Mädchen dieses Lied sang. Als er es hörte, erwachte er
plötzlich zur Verwirklichung. Dieser Geschichte können
wir entnehmen, daß die Zen-Übung nicht im Tempel oder in
einem Meditationsraum durchgeführt werden muß. Überall,
wo auch immer, kann Erleuchtung erlangt werden, wenn
man seinen Geist darauf konzentrieren kann, ohne von
andern Dingen abgelenkt zu werden.

Der letzte Tag der Zweiten Periode
23. Januar

Der Meister wandte sich an die versammelten Schüler wie folgt: Dies ist der letzte Tag unserer zwei Perioden der Sieben-Tage-Meditation. Ich beglückwünsche Sie alle, daß Sie Ihr Vorhaben durchgeführt haben. Heute will ich Ihre Zen-Arbeit prüfen und sehen, ob Sie Verwirklichung erlangt oder Fortschritte gemacht haben. Sie sollen aufstehen und in klaren und offenen Worten allen Ihr Verständnis und Ihre Erfahrungen mitteilen. Wer erleuchtet wurde, stehe bitte auf und sage etwas!

Eine geraume Zeit verging und es stand niemand auf. Der Meister sagte nichts und verließ den Raum.

Meister Tsung Kao (1089 bis 1163)

An Lee Hsien Chen

... Buddha sagt: »Wer das Reich Buddhas erkennen will, der muß seinen Geist reinigen, indem er ihn zu einem leeren Raum macht.« ... Ihr müßt wissen, daß dieses Reich nicht durch irgendeine exaltierte religiöse Praxis erreicht wird. Was man tun muß, ist, sich von dem Schmutz, der in den Tiefen unseres Geistes seit urdenklichen Zeiten verborgen liegt, den Leidenschaften und wahnhafte Einbildungen angehäuft haben, zu reinigen. Der Geist sollte grenzenlos und unermeßlich sein, gleich dem Weltall selbst, frei von bloß gedanklichen Vorstellungen. Alle die plötzlich auftauchenden und ablenkenden Gedanken sind trügerisch, unwirklich und der Leere gleich. Wenn Ihr in dieser Weise übt, wird das Wunder des mühelosen Geistes ohne jede Behinderung natürlich und spontan auf alle Umstände antworten.

An Huang Po Cheng

Der sogenannte Nicht-Geist (chinesisch: *Wu hsin*) ist nicht wie Lehm oder Holz oder Stein, das heißt vollkommen ohne Bewußtsein; noch ist damit gemeint, daß der Geist ohne jede Reaktion stillhält, wenn er mit den Dingen der Welt in Berührung kommt. Aber er hält an nichts fest, sondern ist jederzeit und unter allen Umständen natürlich und spontan. Nichts Unreines ist in ihm; noch bliebe er in einem Zustand der Unreinheit. Wenn man Körper und Geist betrachtet, sind sie wie magische Schatten oder wie ein Traum. Aber man bleibt nicht in diesem magischen oder traumhaften Zustand . . . Wer diesen Punkt erreicht hat, von dem kann gesagt werden, daß er den wahren Seinsstand des Nicht-Geistes erlangt hat.

An Hsu Tun Li

Verbegrifflichung ist ein tödliches Hindernis für den Zen-Yogi, gefährlicher als Giftschlangen oder wilde Tiere . . .[7] Menschen von starkem Intellekt sind immer wie besessen von dem Wunsch, alles in gedankliche Begriffe umzusetzen; sie können in allen ihren Tätigkeiten sich niemals ganz davon frei machen. Monate und Jahre vergehen und dieses ihr Verlangen wird nur immer stärker. Ohne es zu wissen, werden der Geist und die Verbegrifflichung schrittweise zu einer Einheit. Wer sich davon freimachen will, entdeckt, daß es unmöglich ist. Deshalb sage ich, Giftschlangen und wilde Tiere kann man meiden, aber es gibt kein Mittel, der verstandesmäßigen Verbegrifflichung zu entgehen. Intellektuelle Menschen wollen den niemals faß- und ergreifbaren Dharma immer mit einem »besitzergreifenden Geist« erfassen und festhalten. Was ist das für ein Geist, der ergreifen und festhalten will? Es ist der Geist, der befähigt ist, zu denken und abzuwägen, die Verstandesseite des Intellekts.

Und was ist der nicht faß- und ergreifbare Dharma? Der nicht faß- und ergreifbare Dharma kann weder gedacht, noch gemessen oder verstandesmäßig erfaßt werden ... Yung Chia sagt: »Die wirkliche Wesensnatur hinter der Blindheit ist die wirkliche Wesensnatur Buddhas. Dieser trügerische [physische] Körper ist der Dharmakaya selbst. Wenn man den Dharmakaya verwirklicht, sieht man, daß nichts existiert. Das wird ›die ursprüngliche primäre Buddhaheit‹ genannt.«

Wenn man das begreift und seinen Geist jählings in die unergründliche Tiefe entsinken läßt, die Verstand und Denken niemals zu erreichen vermögen, wird man den absoluten, leeren Dharmakaya schauen. So befreit man sich selbst vom Sangsara ...

Die Menschen sind immer in eine Höhle des Denkens und des Intellekts eingeschlossen. Wenn sie mich sagen hören: »Macht euch frei vom Denken!«, sind sie verwirrt und verloren und wissen nicht, was sie tun sollen. Sie sollten sich klar darüber sein, daß eben dieser Augenblick, in dem sie das Gefühl haben, verloren und verwirrt zu sein, die beste Zeit für sie ist, Verwirklichung zu erlangen.

Als Antwort an Lu Shun Yuan

Es gibt keinen Maßstab, an dem man die Kräfte von Dharma und Karma messen könnte. Das Entscheidende ist zu sehen, ob man bei allen Tätigkeiten jederzeit seiner Geist-Essenz gewahr sein kann. Die Macht des Karma und die Macht des Dharma sind beide illusionär. Wenn ein Mensch darauf besteht, sich vom Karma zu befreien und das Dharma zu erlangen, dann würde ich sagen, daß dieser Mensch den Buddhismus nicht versteht. Wenn einer das Karma wirklich zu zerstören vermag, sieht er, daß auch das Dharma unreal ist. Gewöhnliche Menschen haben wenig Mut und keinen Weitblick; sie meinen immer, daß diese Übung leicht und jene andere schwierig ist. Sie wissen nicht, daß der unterscheidende Geist, der glaubt, daß die Dinge leicht oder schwierig sind, und der sich an die Dinge klammert oder sich von ihnen loslöst, zugleich der Geist ist, der uns ins Sangsara zwingt. Wenn es nicht gelingt, diesen Geist auszumerzen, wird keine Befreiung möglich sein.

An Tseng Tien Yu

Eurem Brief konnte ich entnehmen, daß Ihr während aller täglichen Aktivitäten Zen zu üben vermögt, ohne dadurch unterbrochen oder abgelenkt zu werden. Obwohl Ihr ununterbrochen mit einer gewaltigen Menge weltlicher Angelegenheiten befaßt seid, bleibt Ihr immer fähig, das Geistbewußtsein lebendig zu erhalten. Das ist höchst anerkennenswert. Ich freue mich sehr über Euer kraftvolles Bemühen und Euer wachsendes Verlangen nach Tao. Aber Ihr müßt erkennen, daß der Tumult des Sangsara, gleich einem gewaltigen Meteor, kein Ende findet. Darum dürft Ihr gerade dann, wenn Ihr mit den turbulentesten Tätigkeiten befaßt seid, nicht auf die Strohsitze und die Bambusstühle[8] (die Meditationserfahrung) vergessen. Jenes höchste Tun, das Ihr so eifrig in der Stille geübt habt, sollt Ihr anwenden, wenn Ihr in den Tumult des täglichen Lebens verstrickt seid. Wenn Ihr das schwierig findet, bedeutet das, daß Ihr noch nicht genügend aus der Arbeit in der Stille gewonnen habt. Wenn Ihr überzeugt seid, daß das Meditieren in der Stille besser ist als das Meditieren während der Tätigkeit, seid Ihr in die Falle gegangen, nach Wirklichkeit zu suchen, indem Ihr die Manifestationen zerstört, oder Ihr habt die Ursache Eurer Verwirrung verkannt. Wenn Ihr Euch nach Ruhe sehnt und den Wirbel und Lärm verabscheut, ist es an der Zeit, Eure ganze Kraft ins Werk zu setzen. Plötzlich wird die Verwirklichung, nach der Ihr so hart in Euren stillen Meditationen gerungen habt, inmitten allen Lärms Euch zuteil werden. Diese Kraft, die sich nach dem Hindurchbrechen schenkt, ist tausend- und millionenmal stärker als alles, was in der stillen Meditation auf dem Strohsitz oder Bambusstuhl gewonnen werden kann.

An Huang Po Cheng

Es ist für einen Zen-Yogi leicht, die [äußeren] Dinge leer zu machen, aber es ist schwierig für ihn, seinen Geist leer zu halten. Wenn man nur die Dinge leer machen kann und nicht den Geist, beweist das, daß der Geist noch unter der Herrschaft der Dinge steht. Wenn man seinen Geist leer machen kann, werden die Dinge automatisch leer. Wenn einer glaubt, daß er seinen Geist leer gemacht hat, ihm aber dann der Gedanke kommt, noch die Dinge leer zu machen, beweist dies eindeutig, daß sein Geist nicht wirklich leer geworden ist; er steht noch unter der Herrschaft der äußeren Dinge. Wenn der Geist selbst entleert ist, welche Dinge könnten dann noch außerhalb seiner existieren?

Erst nachdem man endgültig und vollkommen durchgebrochen ist, darf man sagen: »Das Begehren der Leidenschaft ist Erleuchtung und die Verblendung ist die Große Weisheit.«

Der ursprüngliche, unermeßliche, heiter gelassene und aller Wunder volle Geist ist vollkommen unbefleckbar, selbsterleuchtend und schließt alles ein. Nichts vermag ihn zu behindern; er ist leer wie das wolkenlose Firmament. Selbst der Name »Buddha« vermag ihn nicht zu umfassen. Wie könnte es Leidenschaftsbegierden oder Irrtümer in ihm geben, die im Gegensatz zur Vorstellung »Buddha« stünden?

Er ist wie die Sonne, die aus einem blauen Himmel herniederscheint, hell und klar, unbewegt und unveränderlich, weder zunehmend noch abnehmend. In allen täglichen Aktivitäten erhellt er alles und leuchtet aus allen Dingen hervor. *Wenn Ihr ihn ergreifen wollt, läuft er Euch davon; aber wenn Ihr ihn wegwerft, bleibt er alle Zeit bei Euch.*

Man sollte sich in die Arbeit am Zen mit seinem ganzen Geist und seinem ganzen Herzen versenken. Ob Ihr froh oder traurig seid, in angesehener oder bescheidener Umgebung, beim Teetrinken oder Essen, zu Haus mit Eurer Frau und den Kindern, im Zusammensein mit Gästen, bei den beruflichen Verpflichtungen, in einfacher Gesellschaft oder auf einer Hochzeitsfeier [oder was immer Ihr tut]: Ihr müßt ständig wach und an der Arbeit am Zen sein, weil alle diese Anlässe hervorragende Gelegenheiten zum Erwachen sind. Der ehemalige Hochkommissär Lee Wen Hoo erlangte die Erleuchtung während der Ausübung seiner hohen Funktion in der Regierung. Wen Kung kam zum Zen-Erwachen, während er am Königlichen Institut der Studien arbeitete. Chang Wu Yuen erreichte sein Ziel, während er das Amt eines Transportkommissars in der Chiang-Hsi-Provinz innehatte. Diese drei bedeutenden Männer haben uns ein Beispiel gegeben, wie die Wahrheit verwirklicht werden kann, ohne der Welt zu entsagen. Für sie existierte die Frage gar nicht, ob sie, um Erleuchtung zu erlangen, ihre Frauen meiden, ihre Ämter und Stellungen aufgeben, vegetarisch essen, Askese oder Mäßigkeit üben, alle Störungen vermeiden und Ruhe und Einsamkeit suchen sollten.

[Der Unterschied zwischen der Arbeit am Zen bei einem Laien und bei einem Mönch ist, daß] der Mönch von außen nach innen durchzubrechen strebt, während der Laie von innen nach außen durchbrechen muß. Der Durchbruch von außen fordert geringe, aber der von innen große Kraft. Der Laie braucht weit mehr Kraft, um das Entscheidende zu vollbringen, weil er unter ungünstigen Bedingungen arbeiten muß ... Die große Kraft, die ihm aus diesem schwierigen Ringen zuwächst, befähigt ihn, zu einer viel gründlicheren und mächtigeren Umkehr als den Mönch; der Mönch dagegen macht nur eine kleinere Wandlung durch, weil ihm, unter günstigeren Bedingungen, weniger Kraft zuwächst.

An Hsu Shou Yuan

Den Selbst-Geist mit dem Intellekt und mit Begriffen erfassen zu wollen, ist vergebens und führt zu nichts. Wenn das Bewußtsein gänzlich von allen Gedanken, welcher Art auch immer, frei und zur vollen Ruhe gelangt ist, aber in lebendiger Regsamkeit verharrt, wird das die »richtige Verwirklichung« genannt. Wenn einer diese korrekte Verwirklichung erreicht hat, dann ist er fähig, jederzeit und in allen Aktivitäten natürliche Ruhe zu bewahren — im Gehen oder Sitzen, im Stehen oder Schlafen, im Reden oder Schweigen. Er wird niemals und unter keinen Umständen zu verwirren sein. Sein Denken wie sein Nichtdenken sind beide lauter und rein.

Ach, ich erkläre Euch [diese Sache] in Worten, einfach weil ich mir keinen andern Rat weiß! Aber wenn ich sage, daß etwas getan werden muß, ist das eigentlich falsch!

Als Antwort an Lu Lung Li

Dringt bis auf den Grund Eures Geistes vor und fragt: »Woher kommt dieses Verlangen nach Reichtum und Ruhm? Wohin wird der, der dies dachte, einmal gehen?« Ihr werdet finden, daß Ihr keine dieser zwei Fragen beantworten könnt. Ihr werdet verwirrt sein. Das ist der Augenblick, sich das Hua Tou »trockener Dung!« anzusehen. Denkt an nichts anderes. Haltet nur dieses Hua Tou fest... Dann werdet Ihr plötzlich alle Eure Verstandeshilfen fallen lassen und erwachen.

Das Schlimmste ist, die Schriften zu zitieren und Erklärungen oder Darlegungen zu geben, um Euer »Verständnis« zu beweisen. Gleichgültig, wie gut Ihr das auch anstellen mögt, Ihr seid wie einer, der unter Gespenstern ein Lebewesen sucht! Wer das »Gefühl des Zweifels« nicht zu durchbrechen vermag, der bleibt an Leben und Tod gebunden;

wenn er aber hindurchbrechen kann, wird sein Sangsarischer Geist ein Ende haben. Hat sich auf diese Weise sein Sangsarischer Geist erschöpft, werden auch die Vorstellungen Buddha und Dharma ein Ende haben. Wenn selbst die Ideen Buddha und Dharma nicht mehr bestehen, woher sollten die Gedanken an Leidenschaften aufsteigen?

An Yung Mao Shih

Wenn Ihr Euch entschlossen habt, Zen zu üben, ist das Erste und Wichtigste: *Keine Hast!* Wenn Ihr vorwärts drängt, um schneller ans Ziel zu kommen, werdet Ihr alles nur verzögern und Eure Zeit vergeuden. Aber Ihr solltet auch nicht zu lax sein, denn dann würdet Ihr träge werden. Ihr müßt handeln wie ein Musiker, der die Saiten seiner Harfe spannt — weder zu straff noch zu lose.

Was Ihr tun solltet, ist: Blickt auf DAS in Euch, das versteht und die Entscheidungen und Urteile fällt. Blickt ES während Eurer täglichen Verrichtungen ständig an. Mit fester Entschlossenheit im Herzen versucht herauszufinden, woher alle diese geistigen Aktivitäten kommen. *Wenn Ihr in dieser Weise zu blicken lernt, dann werden die Dinge, an die Ihr gewöhnt seid und die Ihr wie selbstverständlich tut, Euch allmählich ferner rücken; und die Dinge, die Ihr nicht gewohnt seid zu tun* [die Arbeit am Zen z.B.], *werden Euch allmählich zur Gewohnheit werden. Sobald Ihr findet, daß auch die Arbeit am Zen richtig getan wurde, werdet Ihr fühlen, daß sie Euch leicht gefallen ist.* Eine entscheidende Stufe ist damit erreicht.

An Tseng Tien Yu

Das, was unterscheidet, urteilt und Entscheidungen trifft, ist das empfindende Bewußtsein. Es ist das, was immer im Sangsara umherirrt. Weil sie nicht wissen, daß dieses Empfindungs-Bewußtsein eine gefährliche Fallgrube ist, klammern sich viele Schüler des Zen daran und glauben, es sei das Tao. Sie steigen und fallen gleich einem Stück Treibholz im Meer. Erst wenn einer jählings alles wegzuwerfen vermag, ledig aller Gedanken und Überlegungen, dann fühlt er plötzlich, daß er einem Irrtum erlegen war und sich erst jetzt selbst begegnet ist. Augenblicklich erkennt er, daß dieses empfindende Bewußtsein jetzt die wahre, leere, wundervolle Weisheit selber ist. Keine andere Weisheit als diese kann erreicht werden . . . Es ist, wie wenn ein Mann in seiner Verwirrung den Osten für den Westen gehalten hätte. Aber wenn er erwacht, erkennt er, daß der »Westen« der Osten ist. Es gibt keinen anderen Osten. Diese wahre, leere, wundervolle Weisheit ist ewig, gleich dem Weltraum. Habt Ihr jemals etwas gesehen, das den Weltraum behindern konnte? Selber durch nichts behindert, hindert er auch nichts anderes daran, von ihm umschlossen, sich weiterzuentfalten.

An Hsieh Kuo Jan

Wenn einer die Wahrheit der Nichtexistenz augenblicklich zu verwirklichen vermag — ohne die Begierde, den Haß und die Unwissenheit zu zerstören —, dann kann er die Waffen des Königs der Dämonen ergreifen und gegen ihn gebrauchen. Er kann diese üblen Kerle in Engel verkehren, die den Dharma beschützen. Das geschieht nicht in unnatürlicher oder erzwungener Weise. Es ist das Wesen des Dharma selbst.

An Hsiung Hsu Ya

Wenn Ihr in allen Euren täglichen Aktivitäten und Kontakten Euer Gewahrsein festhalten oder das, was »nicht gewahr« ist, loswerden könnt, wird Euer Geist im Laufe der Zeit auf natürliche Weise befriedet und zu einem beständigen Ganzen werden. Was meine ich mit »Kontakten«? Ich meine damit das Folgende: Gleichgültig, ob Ihr traurig oder fröhlich seid, Euren Amtsgeschäften nachgeht, Eure Gäste unterhaltet, mit Frau und Kindern beisammensitzt, gute oder böse Dinge überdenkt, alle diese Ereignisse sind gute Gelegenheiten, den »plötzlichen Durchbruch« hervorzurufen. Das ist von äußerster Wichtigkeit; haltet das fest in Eurem Geist.

An Hsieh Kuo Jan

Unsere Vorgänger sagten: »Sammle deinen ganzen Geist darauf und ringe ohne Unterlaß. Der Dharma wird dich niemals im Stich lassen.«

An Chen Chi Jen

Wenn Ihr in Wirrnisse und gefährliche Spannungen hineingezogen werdet ohne Möglichkeit, sie zu vermeiden, müßt Ihr wissen, daß dies die beste Zeit ist, an Zen zu arbeiten. Wenn Ihr statt dessen Euch bemüht, Eure Gedanken zu unterdrücken oder sie zu korrigieren, entfernt Ihr Euch immer weiter vom Zen. Das Schlimmste, was einer unter unabwendbaren Umständen tun kann, ist zu versuchen, seine Gedanken zu korrigieren oder zu unterdrücken. Die alten Meister haben gesagt:

> »Was auch immer geschieht, es macht keinen
>   Unterschied:
> Nur die erleuchtende Leere
> Spiegelt alle Erscheinungen in einem selbst wider.«

Haltet das fest in Eurem Geist, haltet das fest in Eurem Geist!

Wenn Ihr das kleinste Bißchen Anstrengung macht, die Erleuchtung zu erlangen, wird sie Euch niemals zuteil werden. Wenn Ihr eine solche Anstrengung unternehmt, ist es, als wolltet Ihr versuchen, den Weltraum mit Euren Händen zu ergreifen. Eine sinnlose Verschwendung Eurer Zeit!

Meister Po Shan (1575 bis 1630)

1. Bei der Arbeit am Zen ist das Wichtigste, I ching[9] [das Gefühl des Zweifels] hervorzurufen. Was ist dieses Zweifels-Gefühl? Zum Beispiel: Woher kam ich, wo war ich vor meiner Geburt und wohin werde ich nach meinem Tod gehen? Da man diese beiden Fragen nicht zu beantworten vermag, entwickelt sich ein starkes Gefühl des »Zweifels« in unserm Geist. Steckt diesen »Klumpen Zweifel« unter Eure Stirn [und haltet ihn dort] ständig fest, bis es soweit ist, daß Ihr ihn weder verjagen noch zum Schweigen bringen könnt, selbst wenn Ihr es wolltet. Dann werdet Ihr plötzlich entdecken, daß Ihr den Klumpen zerquetscht habt, daß er in Stücke gebrochen ist. Die alten Meister sagten:

»Je größer der Zweifel, desto größer das Erwachen;
Je kleiner der Zweifel, desto kleiner das Erwachen.
Kein Zweifel, kein Erwachen.«

2. Bei der Arbeit am Zen ist das Schlimmste, wenn man sich an die Ruhe klammert, weil das unweigerlich zu dem führt, was tödliche Stille genannt wird. Es entwickelt sich eine übermäßige Vorliebe für Ruhe und gleichzeitig ein Widerwillen gegen Tätigkeit jeder Art. Diejenigen, die inmitten des Lärms und der Rastlosigkeit der Welt gelebt haben, genießen die Freude der Ruhe und verlangen nach ihr gleich einem erschöpften Reisenden, der ein stilles Zimmer sucht, um darin zu schlafen. Wie können solche Menschen ihr Gewahrsein festhalten?

3. Bei der Arbeit am Zen sieht man weder den Himmel, wenn man den Kopf hebt, noch die Erde, wenn man ihn

senkt. Für den Zen-Übenden ist ein Berg kein Berg und Wasser kein Wasser. Ob er geht oder sitzt, er ist dessen nicht gewahr. Obwohl er sich unter hunderttausend Menschen befindet, sieht er keinen. Für seinen Körper wie seinen Geist existiert nichts als das Gewicht seines Zweifel-Gefühls. Es ist ein Gefühl, wie wenn »die ganze Welt in einen schmutzig trüben Wirbel verwandelt würde«.

Ein Zen-Yogi sollte fest entschlossen sein, seine Arbeit nicht eher einzustellen, bis dieser Klumpen Zweifel zerbrochen ist. Das ist der entscheidende Punkt.

Was bedeutet es, »die ganze Welt in einen schmutzig trüben Wirbel verwandelt zu sehen?« Das bezieht sich auf die Ur-Wahrheit, die seit anfangslosen Zeiten besteht, verborgen und ungenutzt, nicht ans Tageslicht gebracht. Ein Zen-Yogi sollte in ihr sein, um Himmel und Erde kreisen und alle Gewässer fließen zu machen, in mächtigem Einklang mit den rollenden Wogen und den stürzenden Wellen.

4. Bei der Arbeit am Zen sollte man sich keine Sorgen darüber machen, ob man fähig sein wird, nach dem [mystischen Zen-]Tod wieder ins Leben zurückzukehren[10]; worüber man sich Sorgen machen sollte, ist, ob man aus dem Seinsstand »Leben« hinauszusterben vermag! Wenn man wirklich ganz in I ching aufgehen kann, wird der Bereich der Erscheinung überwunden ohne irgendeine darauf gerichtete Anstrengung und die eigenen Gedanken werden sich spontan und ohne eigentliches Bemühen klären. Auf vollkommen natürliche Weise wird man fühlen, wie die eignen sechs Sinne sich weiten und leeren. [Sobald einer diesen Seinsstand erreicht,] wird er jeden Hauch weckend verspüren und auf den leisesten Anruf antworten. Warum sollte man sich Sorgen darüber machen, ob man fähig sein wird, wieder ins Leben zurückzukehren?

5. Bei der Arbeit am Zen sollte man sich nur auf e i n Koan konzentrieren und nicht versuchen, alle zu verstehen oder

zu lösen. Auch wenn man dazu fähig wäre, würde das nur ein intellektuelles Verstehen und keine wahre Verwirklichung bringen. Das Lotus-Sutra sagt: »Dieser Dharma ist nicht durch Denken und Verstandestätigkeit zu begreifen.« *Das Sutra von der vollkommenen Erleuchtung* [Yuan Chiao Chin] erklärt: »Das Reich der Erleuchtung des Thatagata mit dem denkenden Verstand erkennen zu wollen, ist, wie wenn man den Berg Sumeru mit dem Licht eines Leuchtkäfers in Flammen zu setzen versuchte. Es wird niemals gelingen.«

6. Bei der Arbeit am Zen wird, wer mit ganzer Hingabe arbeitet, das Gefühl haben, er hätte eine Last von tausend Pfund zu heben. Aber auch wenn er sie niederstellen wollte, könnte er das nicht.

7. In den alten Zeiten konnten die Menschen in Dhyana versinken, während sie das Land bestellten, Pfirsiche pflückten oder sonst mit irgend etwas beschäftigt waren. Niemals ging es darum, längere Zeit untätig zu sitzen und sich damit zu beschäftigen, die eignen Gedanken gewaltsam zu unterdrücken. Bedeutet Dhyana das Anhalten der eigenen Gedanken? Wenn dem so wäre, würde das ein verfälschtes Dhyana sein, nicht das Dhyana des Zen.

8. Bei der Arbeit am Zen ist nichts so zerstörerisch wie der Versuch, das Tao rational erklären zu wollen, es zu verbegrifflichen und zu intellektualisieren. Wer das tut, wird das Tao niemals erreichen.

9. Bei der Arbeit am Zen weiß man nicht, ob man geht oder sitzt. Nichts ist im Geist anwesend als das Hua Tou. Ehe man den Zweifel durchbricht, verliert man jedes Gefühl für seinen Körper oder seinen Geist, geschweige denn dafür, ob man geht oder sitzt.

10. Bei der Arbeit am Zen sollte man der Erleuchtung nicht mit erwartungsgespanntem Geist auflauern. Das wäre, wie wenn einer auf einer Reise müßig am Straßenrand säße und erwartete, daß sein Haus zu ihm kommt. Auf diese Weise wird er niemals nach Haus kommen; dazu muß er weitergehen. Ebenso wird man beim Zen niemals die Erleuchtung erlangen, nur indem man auf sie wartet. Er muß mit seinem ganzen Geist vorwärtsdrängen, die Erleuchtung zu erringen. Das Erreichen der großen Erleuchtung gleicht dem plötzlichen Aufblühen der Lotosblume oder dem plötzlichen Erwachen eines Träumers. Man kann nicht aus dem Traum erwachen, indem man darauf wartet, sondern das geschieht von selbst, wenn die Zeit des Schlafs vorüber ist. Blumen können nicht durch Warten zum Blühen gebracht werden; aber sie erblühen von selbst, wenn ihre Zeit gekommen ist. Das Gleiche gilt für die Erleuchtung: sie kommt aus eigenem, wenn die Bedingungen dafür erfüllt sind. Mit andern Worten, man sollte all seine Kraft nützen, um das Hua Tou zu ergründen, seinen Geist bis zum äußersten vorwärtsdrängen, um Verwirklichung zu erlangen. Mißversteht nicht, was ich gesagt habe, und wartet nicht einfach, daß das Erwachen kommt. Im Augenblick des Erwachens schwinden die Wolken, und der klare Himmel erstrahlt in unermeßlicher Weite und Leere; nichts vermag ihn zu verdunkeln. In diesem Augenblick dreht sich der Himmel um sich selbst und die Erde schlägt Purzelbäume. Ein gänzlich anderer Seinsbereich ist erschienen.

11. Die alten Meister sagten: »Das Tao schließt alles ein, gleich der ungeheuern Leere. Es fehlt nichts und nichts bleibt darin zurück.« Wenn einer den Seinsstand der alles verschmelzenden Raumhaftigkeit[11] erreicht hat, sieht er keine Welt mehr draußen und weder Leib noch Geist innen. Nur dann kann er als einer angesehen werden, der dem Eingang [zum Tao] nahe ist.

12. Bei der Arbeit am Zen sollte man die folgenden vier wichtigen Punkte kennen: Man muß in absoluter Losgelöstheit und vollständiger Freiheit daran arbeiten, voll Fleiß, Unmittelbarkeit und Kontinuität sowie im Erleben der verschmelzenden Raumhaftigkeit.

Ohne Unmittelbarkeit ist aller Fleiß verschwendet, und ohne Fleiß ist alle Unmittelbarkeit nutzlos, weil diese allein niemals an das Tor [zum Tao] bringen kann. Ist das Tor einmal erreicht, sollte man an einer ununterbrochenen Kontinuität festhalten, um einen der Erleuchtung konformen Seinsstand zu erlangen. Ist dieser einmal erreicht, sollte man bestrebt sein, die alles umschließende und verschmelzende Leere zu erleben. Nur dann kann man den Zustand der wunderbaren Befreiung[12] erreichen.

13. In den alten Zeiten zogen die Menschen oft [auf dem Boden] Kreise um sich, um damit ihren Entschluß auszudrücken, niemals diesen Kreis zu verlassen, ehe sie die letzte Wahrheit verwirklicht hätten. Heutzutage ziehen die Menschen solche Kreise leichtfertig in mutwilliger Torheit, um vorzutäuschen, sie besäßen einen freien und zum Leben erwachten Geist. Wie lächerlich!

14. Wenn Ihr während der Arbeit am Zen angenehme oder freudige Gefühle erlebt oder zu einem gewissen Verständnis und Aufschluß gelangt, dürft Ihr nicht annehmen, daß diese Dinge schon die wahre »Verwirklichung« sind. Vor einiger Zeit arbeitete ich, Po Shan, an dem Koan des Mönches, der die Fähre bedient: »Keine Spur zurücklassen.« Eines Tages, als ich in dem Buch *Die Überlieferung der Leuchte* las, kam ich zu der Erzählung, in der Chao Chou einem Mönch sagt: »Du mußt jemanden dreitausend Meilen weit weg treffen, um es [das Tao] zu erfassen.« Plötzlich fühlte ich, wie wenn eine tausend Pfund schwere Last abgefallen wäre, und ich glaubte, daß ich die große »Verwirklichung« erreicht hätte. Aber als ich Meister Pao Fang traf, sah ich bald, wie

unwissend ich war, und ich schämte mich sehr. Drum sollt Ihr wissen, daß, selbst nachdem man Wu (Satori) erlangt hat und sich sicher und gelöst fühlt, man die Arbeit noch nicht als vollendet betrachten darf, bis ein großer Lehrer geurteilt hat.

15. Die Arbeit am Zen besteht nicht im bloßen Wiederholen eines Koans. Was sollte es für einen Sinn haben, einen Satz immer wieder zu wiederholen? Das Entscheidende ist, daß das »Gefühl des Zweifels« aufsteigt, gleichgültig an welchem Koan man arbeitet.

16. Bei der Arbeit am Zen ist es wichtig, nicht das richtige Denken aufzugeben. Es handelt sich um ein Denken im Sinn von *ts'an*, »sich in etwas verbohren«[13]. Wenn man das *ts'an*-Denken aufgibt, ist man schon in die Irre gegangen. Manche Zen-Yogis versenken sich in die Ruhe-Meditation und klammern sich an das Gefühl der Ruhe und der Reinheit. Sie betrachten dieses Erlebnis der absoluten Reinheit, frei von den kleinsten Flecken, als Buddhismus. Aber gerade das meine ich mit dem Aufgeben des richtigen Denkens und mit dem Abirren in bloße Klarheit. Manche Zen-Yogis betrachten die Bewußtseins-Seele, die liest, redet, sitzt und handelt, als das oberste Interesse des Buddhismus. Auch das heißt, in die Irre gehen. Einige unterdrücken das ablenkende Denken, verhindern sein Entstehen und betrachten das als Buddhismus. Auch sie gehen in die Irre, indem sie trügerisches Denken benützen, um trügerisches Denken zu unterdrücken. Das ist, wie wenn man das wachsende Gras mit einem Stück Stein niederdrücken oder die Blätter eines Baumes einzeln abreißen wollte — man käme nie damit zu Ende. Manche geben sich der Vorstellung des Geist-Körpers als Raum hin oder bringen die auftauchenden Gedanken völlig zum Stillstand, wie vor einer Mauer. Aber auch das heißt, in die Irre gehen.

17. Bei der Arbeit am Zen genügt es nicht, bloß das »Zweifel-Gefühl« anzufachen. Man muß richtig durch es hindurchbrechen. Wenn das nicht zu gelingen scheint, muß man alle seine Kraft zusammennehmen, jeden Nerv anspannen und es immer wieder versuchen.

18. Chao Chou sagte: »In den vergangenen dreißig Jahren habe ich meinen Geist niemals davon abgewendet, außer beim Essen oder Ankleiden.« Er sagte auch: »Wenn Ihr Euren Geist auf den Urgrund richtet und zwanzig oder dreißig Jahre lang in ihn hineinblickt und wenn Ihr dann noch nicht versteht, kommt und schlagt mir den Kopf ab!«

19. Yun Men sagte: »Es gibt zwei Arten von Krankheit, die verhindern, daß das ›Licht‹ in voller Freiheit aufstrahlt. Erstens glaubt der Yogi, daß es nicht allenorts und jederzeit leuchtet und daß irgend etwas sich ständig davor stellt. Zweitens, wiewohl er meint, zur Leere aller Dharmas durchgedrungen zu sein, scheint doch noch etwas übrig, das, wenn auch schwach und schemenhaft, existiert. Auch dies ist ein Zeichen, daß das Licht noch nicht befreit worden ist.
Ebenso gibt es zwei Krankheiten des Dharmakaya: Erstens, wenn einer, der den Dharmakaya erreicht zu haben glaubt, sich immer noch nicht davon freimachen kann, sich an Dinge zu klammern, und dem Ich-Denken verhaftet bleibt, dann ist er an der Oberfläche des Dharmakaya stecken geblieben. Zweitens, wenn einer in den Dharmakaya eingedrungen ist, ihn aber nicht mehr loszulassen vermag, der sollte besonders vorsichtig sein und seine Verwirklichung genau überprüfen. Wenn die geringste Spur des Schattens (eines Objektes) zurückbleibt, ist auch das eine Krankheit.«
Mein Kommentar dazu: Der Fehler entsteht dadurch, daß der Mensch das Objekt als Wirklichkeit ansieht. Er hat sich noch nicht vollkommen vom »Ding selbst« gelöst oder es durchdrungen und daher sich auch noch nicht »umgewendet

und ausgeatmet«.[14] Wenn einer, der diesen Seinsstand erreicht hat, ablenkende Gedanken zuläßt, ist er allen Verwirrungen offen, und der eitle Versuch, auf sein Wissen zurückzugreifen, wird mehr Böses als Gutes bewirken.

20. Hsuan Sha sagte: »Manche Menschen behaupten, daß das Wesen der Weisheit dem einen reinen Bewußtsein innewohnt; daß das, was sich des Sehens und Hörens bewußt ist, die Weisheit selbst sei. Sie betrachten die fünf Skandhas (die Bewußtseinsgruppen) als den Meister. Solche Lehrer führen die Menschen nur in die Irre! Es sind Verführer! Erlaubt mir eine Frage: Wenn Ihr dieses reine Bewußtsein als das wahre Sein betrachtet, warum verliert Ihr dann dieses reine Bewußtsein während des Schlafes? Versteht Ihr jetzt? Man nennt diesen Irrtum auch, ›den Dieb als seinen eigenen Sohn ausgeben‹. Dieser Irrtum ist der wahre Ursprung des Sangsara, der alles gewohnheitsgeprägte Denken hervorbringt und der alle trügerischen Vorstellungen am Leben erhält.«

Schließlich sagte Hsuan Sha noch: ». . . manche Menschen beginnen ihre Gedanken anzuhalten, ihren Geist zu unterdrücken und alle Dinge in der Leere zu verschmelzen. Sobald ablenkende Gedanken auftauchen, werden sie verscheucht. Selbst die schwächsten gedanklichen Regungen werden sofort unterdrückt. Diese Art der Übung und des Verstehens stellt die größte Falle dar, in die Häretiker tappen können: die Falle der toten Leere. Solche Menschen sind lebendige Tote. Sie werden abgestumpft, teilnahmslos, gefühllos und träge. Sie gleichen einfältigen Dieben, die versuchen, eine Glocke zu stehlen, indem sie sich die Ohren verstopfen!«

Anweisungen für alle jene, die das »Gefühl des Zweifels«
nicht hervorrufen können

1. Bei der Arbeit am Zen beginnen manche Menschen,
aufgrund ihrer Unfähigkeit, das »Gefühl des Zweifels« hervorzurufen, in Büchern und Texten zu forschen. Sie versuchen, die Aussprüche und Belehrungen der Buddhas und
Patriarchen zu rationalisieren, so daß sie mit deren Hilfe
Auslegungen der Koans produzieren können. Sie trachten,
die Koans für den Verstand zu erklären, anstatt sich in sie
»hineinzubohren« (tsen). Sie ärgern sich, wenn sie nach
Koans gefragt werden, deren Lösung für sie zu schwierig ist.
Solche Menschen müssen gute Lehrer finden, sonst sind sie
rettungslos verloren.

2. Bei der Arbeit am Zen beginnen manche Menschen aufgrund ihrer Unfähigkeit, das »Gefühl des Zweifels« hervorzurufen, die auftauchenden Gedanken zu unterdrücken.
Sobald alle Gedanken unterdrückt sind, erleben diese Menschen einen hellen und reinen Zustand heiterer Ruhe, durch
und durch licht und klar und ohne den geringsten Makel.
Dies alles aber hat seine Wurzeln in jenem Bewußtsein, das
sie nicht zu durchbrechen vermögen, das Bewußtsein im
Bereich von Leben und Tod (Sangsara). Es ist nicht Zen.
Der Fehler liegt darin, daß die Menschen zu Beginn ihrer
Zen-Praxis nicht intensiv genug am Hua Tou gearbeitet
haben; so konnte das Gefühl des Zweifels nicht entstehen.
Diese Menschen unterdrücken entweder das Denken und
geraten in die tote Leere oder sie stürzen sich in selbstgefäl-
lige Illusionen, führen Unwissende in die Irre und täuschen
sie, indem sie ihr Vertrauen mißbrauchen und sie hindern,
auf dem Weg zur Erleuchtung weiterzuschreiten.

3. Bei der Arbeit am Zen beginnen manche Menschen,
aufgrund ihrer Unfähigkeit, das »Gefühl des Zweifels« hervorzurufen, sich allerhand Freiheiten zu erlauben. Sie geben

vor, als »ungebundene und befreite« Menschen zu leben und zu handeln. Wenn sie anderen begegnen, beginnen sie zu singen und zu tanzen, zu lachen und sich aufzuspielen. Sie verfassen am Flußufer Verse und singen in den Wäldern Lieder. Sie plaudern gern und erzählen Späße. Manche von ihnen bevölkern die Geschäfte und Marktplätze und verkünden von sich, daß sie die »Vollendung« erlangt haben. Wenn sie sehen, wie ein menschenfreundlicher Meister einen Tempel erbaut, einen Orden gründet, meditiert, betet oder andere gute Werke vollbringt, klatschen sie in die Hände, lachen und machen sich darüber lustig. In ihrem Stolz, ihrer Eitelkeit und ihrer Verblendung machen sie sich über die Rechtschaffenen lustig. Unfähig, selbst das Tao zu üben, schaffen sie auch ihren Mitmenschen nur Hindernisse. Unfähig, die Sutras darzulegen und sich Andachtsübungen zu widmen, erschweren sie es auch anderen, es zu tun. Sie selbst können das tsen-Zen (sich in das Zen bohren) nicht, aber sie behindern andere bei ihrer tsen-Zen-Arbeit. Obwohl sie selber keine Tempel gründen oder den Dharma verkünden, sind sie dagegen, daß andere es tun. Wenn gute Meister öffentliche Vorträge halten, dann schieben sie sich in den Vordergrund und bestürmen sie mit verwickelten Fragen, machen sich in der Öffentlichkeit wichtig, indem sie noch eine letzte Frage stellen und noch eine letzte Antwort verlangen, indem sie in die Hände klatschen oder dumme Bemerkungen machen. Weise Meister blicken auf dieses Getue, als würden sie irgendeinem Geisterspuk zuschauen. Wenn der Meister ihrem unsinnigen Treiben keine Beachtung schenkt, dann erzählen diese Zen-Irren einem jeden, daß er ein Ignorant sei. Welche Schande! Wie traurig! Und all dies geschieht nur, weil diese Leute seit langer Zeit von ihren sangsarischen Gedanken überrannt worden sind. Da sie sich auf dem Weg verirrt haben, begehen sie ungezählte Fehler. Wenn ihr früheres gutes Karma erschöpft ist, werden sie geradewegs zur Hölle gehen. Was für eine jämmerliche Angelegenheit!

Warnung an alle jene, die das »Zweifels-Gefühl« hervorbringen können

1. Wenn jemand bei der Arbeit am Zen das »Gefühl des Zweifels« hervorzurufen vermag, dann befindet er sich im Einklang mit dem Prinzip des Dharmakaya. Er sieht die ganze Erde hell erleuchtet und ohne die geringste Behinderung. Aber wenn er glaubt, das sei das Tao, und nicht bereit ist, es loszulassen, dann hat er den Dharmakaya verfehlt und ist nicht in der Lage, die Wurzel von Leben und Tod zu durchtrennen. Er glaubt, daß es am Dharmakaya noch etwas zu verstehen gibt, etwas, daran er sich festhalten und das er genießen kann. Er erkennt nicht, daß solche Gedanken unreif sind. Da er die Lebenswurzel (die Ursache des Sangsara) noch nicht durchtrennt hat, ist er durch und durch krank. Das ist nicht Zen. Wenn jemand in diesen Zustand geraten ist, dann sollte er Körper und Geist einsetzen, um sich harter Weiterarbeit zu widmen, wohl wissend, daß niemand ihm diese Aufgabe abzunehmen vermag. Die alten Meister sagten:

»Mutig loslassen
Am Rande der Klippe.
Wirf dich selbst in den Abgrund
Voll Entschlossenheit und Vertrauen.
Erst nach dem Tod beginnen wir zu leben.
Das allein ist die Wahrheit!«

2. Wenn jemand bei der Arbeit am Zen das »Gefühl des Zweifels« hervorzurufen vermag, dann befindet er sich im Einklang mit dem Prinzip des Dharmakaya und die ganze Welt verwandelt sich in einen einzigen Wirbel vielfältigen Lebens. Umströmt von den tosenden Wellen und brandenden Wogen wird er in dieser Erfahrung voll Freude verweilen. Wenn der Zen-Yogi diesen Zustand erreicht hat, gerät er in Gefahr, dieses wunderbare Erlebnis, in das er entsun-

ken ist, festhalten zu wollen. Dann aber wird er keine Fortschritte machen, selbst wenn man ihn vorwärts stößt; und er wird auch nicht umkehren, selbst wenn man ihn noch so sehr zurückzwingen will. Er wird unfähig sein, Körper und Geist ganz einzusetzen. Er gleicht einem Mann, der einen Berg aus Gold entdeckt hat. Er weiß, daß er aus Gold ist, aber er kann ihn nicht wegtragen oder frei über ihn verfügen. Diesen Zustand nannten die alten Lehrmeister »den Schatz bewachen«. Ein solcher Mensch ist durch und durch krank. Das ist nicht Zen. Wenn jemand in diesen Zustand geraten ist, muß er allen Gefahren und selbst dem Tod gegenüber gleichgültig werden; nur dann wird er im Einklang mit dem Dharma sein.

Meister Tien Tung hat einmal gesagt: »Das ganze Universum gleicht (dann) einer Schüssel Reis. Man kann seine Nase hineinstecken und essen, soviel man will.« Wenn einer also auf dieser Stufe das nicht kann, dann gleicht er jemandem, der neben der Reisschüssel sitzt und doch keinen Reis zu essen vermag. Er wird bis zu seinem Tod hungrig bleiben. Wozu soll das gut sein? Daher das Sprichwort: »Nach der Erleuchtung sollte man die Zen-Meister aufsuchen.« Die Weisen der Vergangenheit haben die Wahrheit dieses Satzes bewiesen, indem sie nach ihrer Erleuchtung die Zen-Meister aufgesucht und dadurch große Fortschritte erzielt haben. Wer sich an seine Erleuchtung festklammert und nicht bereit ist, die Meister aufzusuchen, die ihn aus der Sackgasse, in die er geraten ist, wieder auf den richtigen Weg führen, der betrügt sich selbst.

3. Wenn jemand bei der Arbeit am Zen das »Gefühl des Zweifels« im Einklang mit dem Prinzip des Dharmakaya hervorzurufen vermag, dann sieht er, daß die Berge keine Berge und die Flüsse keine Flüsse sind. Die ganze Welt wird plötzlich vollkommen und nichts fehlt mehr. Aber, wenn plötzlich in seinem Geist ein unterscheidender Gedanke auftaucht, senkt sich genauso schnell wieder ein Vorhang,

der Körper und Geist verhüllt. Sobald er die Verwirklichung des Dharmakaya wieder aufnehmen will, weigert sich diese, zu ihm zurückzukehren. Er versucht durchzubrechen, aber es gelingt nicht: Manchmal, wenn er sie zu fassen glaubt, scheint sie da zu sein, aber sobald er losläßt, löst sich alles in nichts auf. Einen solchen Menschen nenne ich »jemand, der seinen Mund nicht öffnen und nicht ausatmen kann«. Im Augenblick kann er nichts für sich tun. Wenn jemand in diesen Zustand geraten ist, dann ist er schwer erkrankt. Das ist nicht Zen. In früheren Zeiten haben die Menschen Zen in einer sehr zielbewußten Art und Weise geübt. Ihre geistige Konzentration war echt und tief. Wenn sie das »Gefühl des Zweifels« hervorgerufen hatten, dann sahen sie, daß die Berge keine Berge und die Flüsse keine Flüsse waren; aber sie stellten keine unterscheidenden Überlegungen an und ließen keine neuen Gedankenketten entstehen. Hartnäckig und unbeugsam drangen sie vorwärts. Und dann, plötzlich, wurde das »Gefühl des Zweifels« durchbrochen und ihr Körper war ein einziges Auge. Dann sahen sie, daß die Berge wieder Berge und die Flüsse wieder Flüsse waren. Keinerlei Spur von Leere war zu finden. Woher kamen all diese Berge und Flüsse und die große Erde selbst? In Wirklichkeit gibt es nichts, das je existiert hätte. Wenn jemand diesen Seinsstand erreicht hat, dann braucht er die Zen-Meister, sonst wird er wieder in die Irre gehen. Denn der falsche Weg, unterhalb der »Klippe mit den sterbenden Bäumen« kennt Abzweigungen, die vom Ziel wegführen. Wenn aber jemand diesen Zustand erreicht hat und immer noch entschlossen vorwärtsdrängt und nicht über die toten Bäume stolpert, dann will ich, Po Shan, mit ihm als meinem Gefährten und Freund gerne am Zen weiterarbeiten.

4. Wenn jemand bei der Arbeit am Zen das »Gefühl des Zweifels« hervorzurufen vermag, dann befindet er sich im Einklang mit dem Prinzip des Dharmakaya. Trotzdem scheint es manchmal noch etwas wie Nebel vor ihm zu

geben, wie wenn eine gewisse körperhafte Gegenständlichkeit noch existieren würde. Während er sich an diese nebelhafte Erscheinung klammert, schwankend und zweifelnd, redet er sich schließlich ein, die Wahrheit des Dharmakaya verstanden und das Wesen des Universums erkannt zu haben. Er weiß nicht, daß es nur Trugbilder seiner unscharfen, halbblinden Augen sind. Er ist durch und durch krank. Der wirklich in die Wahrheit entsinkt, sollte sich so fühlen:

Wieweit auch die Welt sich erstrecken mag,
Sie ganz zu enthalten:
Wächst der alte Spiegel mit.
Furchtlos gegen das ganze Universum gestellt,
Gibt es weder die sechs Sinne noch die Dinge oder die
    große Erde.

Da in diesem Seinsstand die Sinnesorgane, die Sinne, die Dinge und sogar Himmel und Erde leer werden und nichts mehr existiert, wo könnten sich da noch Spuren von Körpern, Objekten, Substanzen und jene nebelhaften Erscheinungen finden lassen? Darauf hat schon Meister Yun Men eindeutig hingewiesen. Wenn jemand diesen entscheidenden Irrtum zu klären vermag, dann schwinden alle anderen Hindernisse von selbst. Ich warne alle meine Schüler immer wieder vor den Erkrankungen, die im Bereich des Dharmakaya möglich sind. Dabei ist es am wichtigsten, die tödlichste dieser Krankheiten einmal durchlitten zu haben. Nur dann wird man ihre wahre Wurzel zu erkennen vermögen. Wenn alle Lebewesen dieser Erde Zen praktizierten, keines würde gegen die Krankheit des Dharmakaya immun sein. Ausgenommen Menschen, die blind und beschränkt sind.

5. Wenn jemand bei der Arbeit am Zen das »Gefühl des Zweifels« hervorzurufen vermag, dann befindet er sich im Einklang mit dem Prinzip des Dharmakaya. Er erinnert sich, was die alten Meister gesagt haben:

»Die ganze Erde ist nur eines meiner Augen,
Nur ein Funke meines alles erleuchtenden Lichtes;
Die ganze Erde lebt in diesem kleinen Funken in mir.«

Dann beginnt er die Dinge mit dem Intellekt zu ergründen und Stellen aus den Sutras zu zitieren wie etwa: »Alle Wahrheiten der unendlichen Universen sind in einem winzigen Staubkörnchen enthalten.« Mit solchen Aussprüchen versucht er, die Wahrheit in Begriffe zu fassen, und ist nicht bereit, sich zu bemühen, weitere Forschritte zu machen. Er ist in einer Situation gefangen, in der er weder sterben noch leben kann. Obwohl er mit seinem rein rationalen Verständnis sich für erleuchtet hält, ist er in Wirklichkeit von Krankheit befallen. Zen hat er nicht erreicht. Sein Erleben mag im Einklang mit dem Prinzip (Li) stehen, aber wenn er diese Art des Erlebens nicht völlig zu zerstören und zunichte zu machen vermag, so verdient sein ganzes Verständnis keinen besseren Namen als »Verhinderung des Li« (der Wahrheit). Er ist ganz knapp vor Erreichen des Dharmakaya zu Fall gekommen. Da er primär von seinem in Begriffen denkenden Intellekt beherrscht wird, kann er niemals in die Tiefe von Li vordringen. Wenn es ihm nicht gelingt, diesen lächerlichen unbeholfenen Affen, genannt Intellekt, zu erdrosseln, wie soll er da den Tod überwinden und zu wahrem Leben gelangen? Ein Zen-Schüler sollte von Anfang an wissen, daß er das »Gefühl des Zweifels« in Übereinstimmung mit dem Li bringen muß. Hat er diese Übereinstimmung erreicht, dann sollte er versuchen, immer tiefer darin vorzudringen. Ist er ganz in der Tiefe angelangt, sollte er sich von einer achttausend Meter hohen Klippe hinunterstürzen, niedertauchen bis zum Grund und dann winkend aus dem Jang-Fluß springen. So und nicht anders arbeitet ein wirklich Großer am Zen.

6. Wenn jemand bei der Arbeit am Zen das »Gefühl des Zweifels« hervorzurufen vermag, dann befindet er sich im

Einklang mit dem Prinzip des Dharmakaya. Ob er geht, steht, sitzt oder schläft, er fühlt sich stets von Sonnenlicht umflutet oder als lebe er im warmen Schein einer Lampe. Aber manchmal wird diese ganze Erfahrung stumpf und schal. Dann läßt er alles fallen und meditiert, bis er einen Zustand erreicht, so durchsichtig wie Wasser, so leuchtend wie eine Perle, so rein wie der Wind und so hell wie der Mond. Zu diesem Zeitpunkt fühlt er Körper und Geist, Himmel und Erde zu einem einzigen Ganzen verschmelzen – rein, voll Leben und hellwach. Das, denkt er, muß die wahre Erleuchtung sein. In Wirklichkeit vermag er nicht »sich umzudrehen und auszuatmen«. Er ist auch nicht bereit, die Zen-Meister aufzusuchen, um ihr Urteil oder ihren Rat zu hören. Er macht sich auch seltsame Vorstellungen von der Erleuchtenden Reinheit und nennt seine Erfahrung die wahre Erleuchtung. In Wahrheit riecht man seine Krankheit. Zen hat er noch nicht erreicht.

7. Wenn jemand bei der Arbeit am Zen das »Gefühl des Zweifels« hervorzurufen vermag, dann befindet er sich im Einklang mit dem Prinzip des Dharmakaya. Es kann dann sein, daß er den Dharmakaya als etwas Übernatürliches betrachtet. Mit dieser Vorstellung im Kopf beginnt er Lichterscheinungen zu sehen. Er sieht die Aura und verschiedene Visionen. Er hält sie für Offenbarungen und beginnt voller Stolz, den Leuten davon zu erzählen. Er behauptet, die große Erleuchtung errungen zu haben. In Wirklichkeit aber ist er durch und durch krank. Zen ist das nicht. Eigentlich müßte er gewußt haben, daß alle diese Visionen nur das Produkt seiner eigenen trügerischen Gedanken gewesen sind oder daß es sich um die Aktivitäten von Dämonen handelte, die sich die Gelegenheit zu Nutze machten, oder daß sie von himmlischen Wesen oder Göttern, wie etwa Indra, geschickt wurden, um ihn zu prüfen. Die Meditationsübungen der Reinen-Land-Schule sind ein gutes Beispiel für die erste Kategorie, d. h. für das Entstehen von Visionen durch

Konzentration auf trügerische Gedanken. Die Anhänger der Reinen-Land-Schule verwenden als Meditationsobjekte die Bilder der Buddhas. Sie konzentrieren sich solange darauf, bis sie Erscheinungen von Buddhas und Bodhisattvas haben, so wie es in den Sutras der Sechzehn Betrachtungen geschrieben steht. Alle diese Erfahrungen, die im Einklang mit den Lehren der Reinen-Land-Schule stehen, sind gut — aber sie sind nicht Zen.

Die zweite Kategorie, wenn Dämonen die Gelegenheit benützen, in den Geist des Meditierenden einzudringen, um ihn durch trügerische Visionen zu verwirren, wird im Surangama-Sutra beschrieben: »Wenn sich der Geist des Yogis, obwohl er die Leere der fünf Aggregate (Skandhas) verwirklicht hat, noch immer an etwas klammert, dann werden die Dämonen verschiedene trügerische Bilder vor seinen Augen entstehen lassen.«

Ein Beispiel aus der dritten Kategorie ist der Gott Indra, der furchterregende Visionen heraufbeschworen hatte, um Gautamo Buddha zu erschrecken, ehe dieser die Erleuchtung erlangte. Als aber der Buddha nicht erschrak, ließ Indra schöne Frauengestalten entstehen, um ihn zu verführen. Aber Buddha hatte kein Verlangen nach ihnen. Da erschien Indra in seiner wahren Gestalt, verbeugte sich vor Buddha und sprach: »Die Berge können versetzt werden, das Meer kann man trockenlegen, aber nichts vermag deinen Geist zu erschüttern.« Auch ein Zen-Ausspruch lautet:

»Die Macht der Dämonen erschöpft sich,
Nicht aber der Geist eines alten Mannes.
Denn, wie könnte er ihn erschöpfen,
Wenn er nichts sieht und nichts hört?«

Jemand, der wirklich ernsthaft am Zen arbeitet, hat keine Zeit für Visionen oder lange Überlegungen gleich einem, dem man ein Messer an die Kehle setzt. Wenn seine Erfahrung wirklich mit der Wahrheit eins ist, dann weiß er, daß es außerhalb des eigenen Geistes nichts gibt. Kann etwas erscheinen, getrennt vom Geist, der es spiegelt?

8. Wenn jemand bei der Arbeit am Zen das »Gefühl des Zweifels« hervorzurufen vermag, dann befindet er sich im Einklang mit dem Prinzip des Dharmakaya. Er wird dann ständig ein Gefühl der Leichtigkeit und des körperlichen und geistigen Wohlbefindens haben. Er fühlt sich vollkommen frei und durch nichts in seinen Aktivitäten und Wirksamkeiten behindert. Das ist jedoch nur ein Kennzeichen für das Anfangsstadium in der Begegnung mit dem Tao. Es ist einfach der Ausdruck des harmonischen Zusammenspiels zwischen den vier Grundelementen und dem stofflichen Körper. Und es ist ein vorübergehender und bedingter, keinesfalls aber ein absoluter oder dauernder Zustand. Wenn unwissende Menschen diesen Zustand erreichen, dann halten sie ihn für die große Erleuchtung, und sie machen keine weiteren Anstrengungen, um in ihrer Zen-Arbeit vorwärts zu kommen. Obwohl sie bis zu einem gewissen Grad in die Wahrheit (Li) eingedrungen sind, erkennen sie nicht, daß die Wurzel von Leben und Tod immer noch nicht durchschnitten ist. Daher liegt alles, was sie erlangt haben, noch immer innerhalb des Bereiches und der Wirkung jenes Bewußtseins, das sich auf Beweise und Schlußfolgerungen stützt. Sie sind durch und durch krank. Zen haben sie noch nicht erreicht. Es ist ihnen nicht gelungen, gleich am Anfang in eine entsprechende Tiefenschicht der »Wahrheit« zu gelangen; sie sind zu früh umgekehrt. Auch wenn sie über ein tiefes Verständnis verfügen, können sie es nicht anwenden; auch wenn sie scheinbar eine »lebenshaltige Ausprägung« (chinesisch: *huo chu)*[15] erreicht haben, sollten sie, um diese weiter zu kultivieren und zu erhalten, sich an einen Fluß oder in die Einsamkeit der Wälder zurückziehen. Sie sollten keinesfalls danach streben, selbst Zen-Meister zu werden, und sich davor hüten, eitel und stolz zu sein.

Das Kennzeichen der Anfangsphase ist nämlich, daß das

»Gefühl des Zweifels« zu einer festen undurchdringlichen Masse erstarrt. In dieser entscheidenden Situation ist das Wichtigste, diese Zweifel-Masse von selbst wieder aufbrechen zu lassen. Nur so läßt sich Gewinn daraus ziehen. Wenn dagegen einer, der nur zu einem Teilverständnis des Li-Prinzips gelangt ist, diese Zweifel-Masse sofort verdrängt und verwirft, dann wird er unfähig sein, den vollkommenen Tod und einen wirklichen Durchbruch durch das »Zweifel-Gefühl« (I-ching) zu erleben. So wird Zen nicht praktiziert. So jemand mag sich wohl einen Zen-Buddhisten nennen, wird aber nur sein Leben vergeuden. Das einzig Richtige wäre, einen der großen Zen-Meister aufzusuchen. Sie sind die großen Heilkundigen des Zen und nur sie sind in der Lage, die schweren Krankheiten der Zen-Schüler zu heilen. Sie sind auch die großzügigen und klugen Helfer, die alle Wünsche zu erfüllen vermögen. In dieser Phase sollte sich niemand aus Selbstzufriedenheit oder Eitelkeit davon abhalten lassen, einen Zen-Lehrer aufzusuchen. Er sollte wissen, daß mangelnde Bereitschaft dazu, der Krankheit des Egoismus entspringt. Unter allen Zen-Krankheiten ist keine schlimmer als diese.

Meister Han Shan (1546 bis 1623)

Jeder besitzt das Tao. Es ist in jedem von Euch. Aber dieses ursprüngliche Erleuchtetsein wird von den Leidenschaften, den ewig strömenden Gedanken, dem Fluß des ständig Begriffe fabrizierenden Verstandes und den tiefverwurzelten Denkgewohnheiten überdeckt. Deshalb vermögen wir den wahren Tatbestand nicht zu sehen und zu verwirklichen, sondern wandern statt dessen im Schatten trügerischer Gedanken von Geist, Körper und Welt; wir wandern im Sangsara.

Die Buddhas und Patriarchen übermittelten uns entweder die Lehre oder Zen[16], indem sie sich Tausender von Worten und der verschiedensten Methoden bedienten. All ihre Lehren waren nichts als Hilfsmittel, um das gewohnheitsmäßige »Sich-an-etwas-festzuhalten« außer Kraft zu setzen, das das menschliche Denken verdorben hat. Es gibt keinen Dharma im Sinn von etwas Realem oder Konkretem, das sie uns überliefert hätten. Die sogenannte Übung oder Arbeit ist nur eine Methode, um uns von den Schatten unseres gewohnheitsmäßigen Denkens und den ewig fortfließenden Gedanken zu reinigen. Alle unsere Anstrengungen, uns auf dieses Ziel zu konzentrieren, ist die eigentliche Arbeit. Wenn plötzlich die aufsteigenden Gedanken ein Ende haben, erkennt man eindeutig, daß der Geist an sich, der Selbstgeist, ursprünglich rein, lauter, unermeßlich, erleuchtend, vollkommen und frei von allen erscheinenden Gegenständen ist. Das ist »Wu« (japanisch: *Satori*). Es gibt nichts außerhalb des Geistes, nichts, an dem etwas bewirkt werden könnte, und nichts, das zu erleuchten wäre ... Aber die egoistischen Leidenschaften, die sich seit langem in uns angesammelt und tief eingewurzelt haben, sind schwer völlig zu zerstören.

Glücklicherweise hat die Prajna-Saat in Euch in dieser Inkarnation die große Chance, sich dank der Hilfe und der Instruktionen tüchtiger Lehrer zu entfalten. Eure religiösen Sehnsüchte sind geweckt worden. Aber Ihr müßt erkennen, daß es nicht leicht ist, all die Keime des Sangsara, die seit undenklichen Zeiten in Euch eingewurzelt sind, gänzlich zunichte zu machen. Das ist keine einfache Aufgabe! Nur Menschen voll Willenskraft, stark genug, eine solche Arbeit auf sich zu nehmen und ohne das geringste Zögern ständig voranzutreiben, werden imstande sein, in das Tao einzugehen. Für alle andern ist die Chance sehr, sehr gering. Ein altes Wort sagt: »Es ist wie Einer gegen Zehntausend.« Wie wahr das ist! In der heutigen Zeit, da der Buddhismus im Niedergang[17] ist, gibt es viele Yogis, die das Tao üben, aber wenige von ihnen vermögen zur tatsächlichen Verwirklichung zu kommen. Solche, die im dunkeln herumtappen, gibt es viele, und auch viele, die ernsthaft arbeiten; aber es sind wenige, die auch den Weg finden. Warum? Weil die meisten Yogis nicht wissen, wie sie zu Werke gehen und wie sie an die Aufgabe von Anfang an herangehen müssen. Sie füllen ihren Geist mit Worten und Begriffen an, die sie sich aufgrund von Denkvorgängen gebildet haben, oder sie beurteilen die Dinge mittels des unterscheidenden Verstandes oder sie unterdrücken den Gedankenstrom oder gehen auf andre Weise in die Irre. Einige haben sich vollgestopft mit den Worten der alten Meister und behandeln diese Instruktionen und Erkenntnisse, als wären es ihre eigenen. Sie wissen nicht, daß das alles nutzlos ist. Das ist mit dem Ausspruch gemeint: »Das Tao bei anderen zu suchen, heißt, das Tor zur eigenen Erleuchtung zuzuschlagen.« Der erste Schritt, den man bei der Arbeit am Zen tun muß, ist, alles, was man »verstanden« hat, und alles »Wissen« zu vergessen und sich auf einen Gedanken zu konzentrieren (chinesisch: *i nien*). Ihr müßt absolut gewiß sein, daß der Geist an sich, der Selbst-Geist, ursprünglich rein und klar ist, ohne die geringste Spur irgendeines Existenzhaften − hell, vollkommen und allgegenwärtig überall im ganzen Universum. Im Anfang gab es keinen Körper, keinen Verstand, keine Welt, noch Gedanken oder Leidenschaften. Auch in diesem Augenblick ist dieser eine Geist in Wirklichkeit frei von aller existenzhaften Erscheinung. Denn die Manifestationen vor meinen Augen sind Täuschungen, leer jeder Substanz. Sie sind nur Schatten innerhalb des Geistes.

Mit dieser endgültigen Gewißheit muß man in der folgenden Weise an die Arbeit gehen: *Sucht herauszufinden, woher Eure Gedanken entstehen und wohin sie gehen. Erkennt, wie ein Gedanke sich erhebt und wie er vergeht.* Haltet dieses Kommen und Gehen in Eurem Geist fest und versucht, durch es hindurchzubrechen; versucht, es mit aller Macht zu vernichten! Wenn Ihr es zunichte machen könnt, wird sich alles lösen und rasch schwinden. Aber man darf dieser Augenblickserfahrung weder nachgehen noch versu-

chen, sie festzuhalten. Meister Yung Chia mahnte einmal:
»Die ständig sich fortsetzende Folge von Gedanken muß
jählings unterbrochen werden.« Diese immer weiterfließenden Gedanken sind ohne festen Boden und unwirklich.
Niemals darf man diese Gedankenfolgen als etwas Konkretes behandeln. Sobald sie aufsteigen: sie wahrnehmen, sofort
unterbrechen und Schnitt! Aber niemals versuchen, sie zu
unterdrücken. Geschehen lassen und betrachten wie einen
Kürbis, der einen Fluß hinunterschwimmt.

Was Ihr tun sollt, ist, dieses Gewahrsein ergreifen wie ein
Schwert. Gleichgültig, ob Buddha kommt oder der Teufel,
durchschneidet den Gedankenstrom wie ein Gewirr von
verfitzten Seidenfäden. Benützt Eure ganze Aufmerksamkeit und Kraft in unbegrenzter Geduld, Euren Geist in die
Ausweglosigkeit des Nicht-Denkens zu stoßen; stoßt ihn
immer wieder dorthin.

Diejenigen, die entschlossen sind, den Dharma zu üben,
sollten unerschütterlich an die Nur-Geist-Lehre glauben.
Buddha sagte: »Alle die drei Königreiche[18] sind der Geist,
alle die zehntausend Dharmas sind das Bewußtsein.« Der
ganze Buddhismus ist nichts als eine Darstellung dieses
Satzes. Unwissenheit oder Erleuchtung, Tugend oder Bos-
heit, Ursache oder Wirkung sind nichts als unser eigener
Geist. Nicht ein Jota von irgend etwas existiert außerhalb
des Geistes. Der Zen-Yogi sollte sein früheres Wissen und
Verstehen vollständig aufgeben. Gelehrtheit oder Klugheit
helfen hier nichts. Er sollte auf die ganze Welt wie auf eine
Sinnestäuschung blicken. Was er sieht, sind Luftspiegelun-
gen, Bilder, gleich dem Mond, der sich im Wasser spiegelt.
Die Töne, die er hört, sind Lieder des Windes, der durch die
Bäume bläst. Er sollte alle Erscheinungen wie Wolken
sehen, die am Himmel vorüberziehen – vergänglich und
unwirklich. Nicht nur die äußere Welt, sondern alle
gewohnten Gedanken, die Leidenschaften, alle Wirrnisse
und Begierden unseres Geistes sind gleichermaßen ohne
Substanz, nicht konkret, sondern wurzellos und fließend.

Wann immer ein Gedanke aufsteigt, solltet Ihr versuchen, seinen Ursprung zu finden; niemals laßt ihn unbezweifelt seinen Lauf nehmen oder Euch von ihm irreführen. Wenn Ihr in dieser Weise zu üben vermögt, werdet Ihr eine gediegene Arbeit leisten.

Es gibt viele Koans, die zu helfen vermögen, in all den weltlichen Aktivitäten am Tao weiterzuarbeiten, etwa dieses: »Wer ruft immer wieder Buddha an?« Dieses Koan ist äußerst hilfreich, aber trotzdem sollte man wissen, daß es nur ein Stein ist, um an die Tür zu klopfen; sobald die Tür geöffnet wurde, wird der Stein weggeworfen. Um an dem Koan zu arbeiten, muß man Festigkeit besitzen, unerschütterliche Entschlossenheit und zuverlässige Ausdauer. Ihr solltet nicht das geringste Zögern kennen, nicht die leiseste Unentschlossenheit, noch solltet Ihr das eine Koan heute und ein anderes morgen üben. Ihr dürft keinerlei Zweifel haben, daß die Erleuchtung zu erreichen ist, oder glauben, daß das Koan zu tief und zu rätselhaft wäre. Alle derartigen Gedanken sind Hindernisse. Ich verweise auf sie, damit Ihr sie später erkennt, wenn sie zutage treten. Wenn Ihr richtig gearbeitet habt, werden die Dinge in der äußeren Welt Euch nicht sehr beunruhigen. Aber in der inneren Welt, in Eurem Geist, werden Hindernisse ohne offenbaren Grund wie ein Fieber auftauchen. Begierden werden aufflammen; zuzeiten wird eine unbeschreibliche Rastlosigkeit hervorbrechen. Auch zahlreiche andere Hindernisse werden erscheinen. Alle diese Schwierigkeiten werden Euch geistig und physisch erschöpfen, so daß Ihr nicht wissen werdet, was Ihr tun sollt. Ihr müßt Euch dann im klaren darüber sein, daß alle diese quälenden Erfahrungen durch Eure Bemühungen in der Meditation hervorgerufen wurden, durch die alle seit undenklichen Zeiten in Eurem Vorrats- (Alaya-) Bewußtsein verborgen gelegenen Samen und Keime zur Aktivität angeregt wurden. Auf dieser entscheidenden Stufe müßt Ihr sie klar erkennen und durch sie hindurchbrechen. Nehmt sie niemals als real; unterwerft Euch niemals ihrer Kontrolle und ihren trügerischen Vorspiegelungen. Was Ihr tun solltet, ist, Euren Geist erneuern. Seid auf der Hut und mit wachem Geist blickt genau auf die Stelle, wo die verwirrenden Gedanken entstehen. Durchschaut sie bis auf den letzten Grund; drängt Euren Geist immer weiter vorwärts bis an die äußerste Grenze! Sagt Euch: »Das gibt es nicht in mir; woher kommt das? Ich will das in letzter Klarheit sehen!« In dieser Weise bemüht Euren Geist bis zum äußersten verfolgt den Weg Eurer Gedanken und tötet sie. Wenn Ihr in dieser Weise arbeitet, werdet Ihr gut vorankommen. Wenn Ihr e i n e n Gedanken in Stücke brechen könnt, werden augenblicklich alle Gedanken verschwunden sein. Es wird sein wie das Sichtbarwerden eines Weihers, von dem der Nebel sich gehoben hat. Nach dieser Stufe werdet Ihr Euch befreit und unendlich leicht fühlen, erfüllt von grenzenloser Freude. Aber Ihr steht erst am Anfang der Erfahrung, wie man arbeiten muß; es ist nichts Außergewöhnliches daran. Frohlockt nicht über dieses beglückende Erlebnis und schwelgt nicht in ihm; wenn Ihr es tut, wird der Teufel des Genusses von Euch Besitz ergreifen.

Diejenigen, deren Behinderungen zu groß sind, deren Leidenschaftssaaten zu stark und deren Denkgewohnheiten in ihrem Vorrats-Bewußtsein besonders tief eingewurzelt sind, und die nicht wissen, wie sie ihren Geist zu überwachen und wie an den Koans zu arbeiten haben, sollten Buddha ihre demütige Hingabe bezeigen, die heiligen Sutras lesen und ihre Fehler bekennen. Sie sollten auch Mantrams zur Hilfe rufen (Formeln und Sinnsprüche). Dank der unerschöpflichen Symbole der Buddhas können alle Hindernisse überwunden werden. Alle die heiligen Mantrams sind Vajra, Herz-Symbole der Buddhas. Sie sind Blitzstrahlen oder Donnerkeile in unseren Händen, mit denen wir alle Hindernisse zunichte machen können. Die Essenz der esoterischen Instruktion der Buddhas und Patriarchen ist in den Mantrams festgehalten. *Ein Unterschied besteht nur darin, daß der Buddha die Sache direkt ausspricht, während die*

Zen-Meister sie geheimhalten und nicht darüber reden. Die Zen-Meister verhalten sich deshalb so, weil sie befürchten, die Menschen könnten sich an die Mantram-Praxis festklammern oder sie mißverstehen, aber nicht, weil sie nicht selber Mantrams benützten. Wenn man Mantrams benützt, muß man es regelmäßig tun. Nach einer entsprechenden Zeit wird man sie als eine mächtige Hilfe empfinden; aber man darf niemals eine übernatürliche oder wunderwirkende Reaktion der Buddhas erwarten.

Es ist wichtig zu wissen, daß es zwei Arten von [Zen-] Yogis gibt: diejenigen, die »Wu« [Satori] zuerst erlangen und dann üben, und diejenigen, die zuerst üben und dann »Wu« erreichen. Es gibt auch zwei Arten von »Wu«: das »Verstandes-Wu« (chinesisch: *chieh wu*) und das »Verwirklichungs-Wu« (chinesisch *cheng wu*). Das »Verstandes-Wu« bedeutet, daß man, aufgrund der Lehren und Worte der Buddhas und Patriarchen, zur Erkenntnis des Geistes gekommen ist. Aber die meisten Menschen setzen dabei sofort alles in rationale Begriffe und rein verstandeshafte Denktätigkeit um und vermögen so noch nicht, sich in den Aktivitäten und Konflikten des Lebens frei zu fühlen. Ihr Geist und die äußeren Objekte (chinesisch: *chin*) sind noch voneinander getrennt, haben einander noch nicht gegenseitig durchdrungen, sind noch nicht verschmolzen; so sehen sich diese Menschen ständig Gegenständen, Widerständen gegenüber. Dieses »Wu« wird auch das »Ähnlichkeits-Wu« genannt und ist nicht das wirkliche »Wu«. Das »Realisierungs- oder Verwirklichungs-Wu« ist das Ergebnis einer soliden und ausdauernden Arbeit an einem Koan-Problem. Diejenigen, die ihren Geist gleichsam in eine ausweglose Sackgasse zu treiben vermögen, werden plötzlich spüren, daß ihre Gedanken jählings ausgesetzt haben. In diesem Moment erblicken sie ihren Selbst-Geist, und es ist, wie wenn der verlorene Sohn an einer Kreuzung des Bazars seiner Mutter begegnet wäre. Wie einer, der trinkt, weiß, ob das Wasser kalt oder warm ist, genauso weiß jetzt der Zen-

Yogi, ohne daß der geringste Zweifel möglich wäre; auch wenn es ihm unmöglich ist, das, was er weiß, und dieses Gefühl der absoluten Gewißheit jemand anderem mitzuteilen. Das ist das wirkliche »Wu«. Wer dieses »Wu«-Erleben besitzt, dessen Geist verschmilzt mit allen Situationen des Daseins und ist von allen karmischen Befleckungen und allen Leidenschaften und Begierden befreit. Selbst alle Zweifel und Einbildungen sind in dem einen wirklichen Geist aufgegangen. *Aber dieses »Realisierungs-Wu« hat verschiedene Grade des Tiefgangs.* Wenn einer fähig ist, an diesem Grund- und Urprinzip zu arbeiten und durch alle Schlupfwinkel der Acht Bewußtseinsformen hindurchzubrechen und mit einem gewaltigen Sprung ans andere Ufer zu gelangen, dann gibt es für ihn nichts mehr, das zu erreichen wäre. Er verdient, als ein mit höchsten Gaben ausgestatteter Mensch angesehen zu werden. Seine Verwirklichung hat den tiefsten Grad erreicht. Viele von denen, die in ihrer Praxis stufenweise vorwärtsschreiten, erlangen oft nur eine oberflächliche Verwirklichung ohne Tiefe. Das Schlimmste aber ist, mit solch einer kleinen und an der Oberfläche bleibenden Realisation zufrieden zu sein. Erlaubt Eurer Phantasie niemals, Euch mit Trugbildern zu täuschen. Wenn Ihr die Acht Bewußtseinsformen nicht zu durchbrechen vermögt, kommt alles, was Ihr seht oder tut, noch aus dem [sangsarischen] Bewußtsein und dem Bereich der Sinne [chinesisch: *shin, sheng].* Wenn man all diese Erscheinungen als wirklich behandelt, wäre das, als wollte man einen Dieb als seinen Sohn ausgeben. Unsere Vorfahren sagten klar und deutlich:

»Unwissende Yogis, die die Wahrheit nicht kennen, klammern sich an eine eingebildete ›absolute Geisthaftigkeit‹, die die Hauptursache ist, daß sie im Sangsara wandern. Nur Narren können diese [durch ihr Sichdaranklammern bedingte] ›absolute Geisthaftigkeit‹ für das ›uranfängliche Sein‹ halten!« Das ist das wichtigste Tor, das durchbrochen werden muß.

Die sogenannte *plötzliche Erleuchtung* und die *schritt-*

weise Praxis beziehen sich auf jemanden, der bereits das »Wu« in einer entscheidenden Weise erlangt hat, aber sich noch nicht gänzlich von den früheren Denkgewohnheiten reinigen konnte. So jemand sollte daran arbeiten, seine »Wu«-Verwirklichung mit allem, was ihm in der Alltagstätigkeit begegnet, zu identifizieren und sollte sein Verständnis bei allen Geschehnissen zur Anwendung bringen. Sobald ein Teil des objekthaft Erscheinenden mit der »Wu«-Verwirklichung in Einklang gebracht worden ist, wird sich ein Teil des Dharmakaya entfalten, und sobald ein Teil des falschen Denkens aussetzt, wird ein Teil der Weisheit (Prajna) ans Licht treten.

Das Entscheidende an dieser Praxis sind Beständigkeit und Ausdauer.

Autobiographien von fünf
Zen-Meistern

Auszug aus der Autobiographie des
Zen-Meisters Han Shan

Ich wurde in Chuan Chiao im Kreis Nanking geboren.
Meine Mutter, eine fromme Buddhistin, ist ihr Leben lang
eine Verehrerin der gnadenvollen Kwan Yin gewesen. Eines
Tages träumte sie, daß die gnadenvolle Mutter ein Kind in
das Haus brachte, das sie mit Umarmungen empfing. Sie
wurde schwanger, und am 12. Oktober 1545[19] wurde ich
geboren.

1546, als ich zwölf Monate alt war, brachte mich eine
schwere Krankheit an den Rand des Todes. Meine Mutter
flehte zur Gnadenvollen und gelobte, wenn ich wieder
gesund würde, mich dem Kloster zu übergeben, damit ich
ein Mönch werde. Als ich meine Gesundheit wiedererlangt
hatte, ließ sie meinen Namen ordnungsgemäß in das Kloster
der Langlebigkeit eintragen.

Als ich drei Jahre alt war, liebte ich es, allein zu sein, statt
mit den andern Kindern zu spielen. Mein Großvater sagte
immer: »Dieses Kind ist ein Holzklotz!«

Als ich sieben Jahre alt war, sandte mich meine Mutter zur
Schule. Zu dieser Zeit hatte ich einen Onkel, der mich sehr
liebte. Eines Tages, gerade ehe ich von der Schule nach Haus
kam, starb er. Als ich ihn so still auf dem Bett liegen sah,
versuchte meine Mutter, mich über seinen Tod zu täuschen
und sagte: »Dein Onkel schläft. Du kannst ihn aufwecken.«
Daraufhin rief ich meinen Onkel ein paarmal, aber er antwortete mir nicht. Meine Tante rief schmerzerfüllt aus: »O
Himmel! Wohin bist du gegangen?« Sehr verwirrt sagte ich

zu meiner Mutter: »Der Körper meines Onkels liegt doch hier. Warum sagt meine Tante, daß er weggegangen ist?« Darauf erwiderte meine Mutter: »Dein Onkel ist tot.« »Wenn man stirbt, wohin geht man da?«, fragte ich sie, und von da an blieb diese Frage meinem Geist tief eingeprägt.

Nach einiger Zeit gebar meine Tante ein Kind. Als meine Mutter mich mitnahm, das neugeborene Kind erstmals zu sehen, fragte ich: »Wie kam dieses Kind in den Bauch meiner Tante?« Meine Mutter tätschelte mich und sagte: »Dummes Ding! Wie kamst du in meinen Bauch!«

Von diesem Tag an beherrschte die große Frage von Leben und Tod mein Denken. Sie stak in meinem Geist und lag wie Blei auf meinem Herzen.

Als ich acht Jahre alt war, wurde ich in das Heim von Verwandten jenseits des Flusses in Kost gegeben, so daß ich näher zu meiner Schule hatte. Meine Mutter verbot mir, öfter als einmal im Monat nach Haus zu kommen. Eines Tages weigerte ich mich, nach meinem monatlichen freien Tag zur Schule zurückzukehren. Als ich meiner Mutter erzählte, daß ich es nicht ertragen könne, sie zu verlassen, wurde sie böse. Sie schlug mich und jagte mich zum Fluß- ufer hinunter. Aber ich wollte sie nicht verlassen, um an Bord des Fährbootes zu gehen. In ihrem Zorn packte mich meine Mutter bei den Haaren, warf mich in den Fluß und wandte sich heimwärts, ohne sich noch einmal umzublik- ken. Meine Großmutter, die in der Nähe war, rief um Hilfe, und ich wurde gerettet. Als ich schließlich unser Heim erreichte, rief meine Mutter aus: »Was hat es für einen Sinn, diesen Taugenichts am Leben zu erhalten! Es wäre besser gewesen, wenn er ertrunken wäre!« Danach schlug sie mich und versuchte, mich wegzujagen. Da kam ich zu dem Schluß, daß meine Mutter zu streng und grausam sei und daß ich daher nicht mehr heimgehen würde.

Ich hörte dann später, daß meine Mutter viele Male allein weinend am Flußufer stand. Als meine Großmutter sie entdeckte, machte sie ihr Vorwürfe. Während die Tränen ihr die Wangen herabflossen, antwortete sie: »Ich muß erreichen, daß er seine zu liebevolle Natur überwindet, so daß er ernsthaft zu studieren vermag.«

Als ich neun Jahre alt war, trat ich in das Kloster ein, um zu studieren. Eines Tages hörte ich einen Mönche das Sutra der Gnadenvollen rezitieren. So erfuhr ich, daß Kwan Yin uns von allen Leiden dieser Welt zu erlösen vermag. Diese Erkenntnis bewegte mich tief und ich borgte mir das Sutra, so daß ich es lesen und studieren konnte.

Bei einer späteren Gelegenheit sagte ich zu meiner Mutter, während sie Räucherwerk entzündete und der Kwan Yin ihre Huldigung darbrachte: »Kennst du das Sutra der Bodhisattva Kwan Yin?«

Meine Mutter antwortete »Nein!«, worauf ich sofort das Sutra für sie rezitierte. Das gefiel ihr sehr und sie fragte »Wer lehrte dich das?«, denn Art und Stimme, in der ich das Sutra rezitierte, glich genau der des alten Mönches.

Im Jahr 1555 war ich zehn. Meine Mutter drängte mich so sehr zu studieren, daß ich darüber unglücklich war.

»Warum soll ich studieren?«, fragte ich sie.

»Um eine Stellung in der Regierung zu erhalten«,[20] erwiderte sie.

»Und was für eine Stellung könnte ich in der Regierung erhalten?«, fragte ich.

Mutter sagte: »Du kannst in einer niedrigen Stellung beginnen, aber du könntest bis zum Premierminister aufsteigen.«

»Und wenn ich Premierminister bin«, fragte ich, »was dann?«

»So weit jedenfalls kannst du es bringen.«

»Was hat es für einen Sinn, ein hoher Regierungsbeamter zu werden? Sich sein ganzes Leben lang zu plagen und nichts als Sinnloses zu tun. Ich möchte etwas von ewigem Wert erringen.«

Meine Mutter schrie: »Ein nichtsnutziger Kerl wie du kann nichts werden als ein wandernder Mönch!«

Ich fragte: »Was hat es für einen Sinn, ein Mönch zu werden?«

»Ein Mönch«, sagte sie, »ist ein Schüler Buddhas und kann überall in der Welt hingehen. Er ist ein Mann von wahrer Freiheit. Überall bringen ihm die Menschen ihre Gaben dar und ehren ihn.«

»Das scheint mir das Richtige für mich. Ich möchte gerne ein Mönch sein.«

»Ich fürchte«, erwiderte meine Mutter, »daß du nicht die entsprechenden Eigenschaften besitzt.«

Als ich darüber erstaunt war, fügte meine Mutter hinzu: »Es hat schon viele Chuang Yuan[21] (bedeutende Gelehrte) auf der Welt gegeben, aber die Buddhas und Patriarchen sind nicht so zahlreich.«

»Ich habe die Fähigkeit dazu«, betonte ich, »aber ich befürchte, Ihr werdet es mir nicht erlauben.«

»Wenn du die Fähigkeit dazu besitzt, werde ich dir erlauben, diesen Weg einzuschlagen«, erwiderte meine Mutter.

Dieses Versprechen bewahrte ich in meinem Herzen.

Eines Tages im Jahr 1556, als ich elf Jahre alt war, näherten sich unserem Haus einige Männer mit Regenhüten auf dem Kopf, die Balken auf ihren Schultern trugen. Sofort fragte ich meine Mutter: »Wer sind diese fremden Männer?«

»Das sind wandernde Mönche«, erwiderte sie. Ich war sehr erfreut darüber und beobachtete sie aufmerksam. Als sie unser Haus fast erreicht hatten, stellten sie ihre Balken ab und rasteten unter einem Baum in der Nähe. Sie fragten uns, wo sie etwas zum Essen bekommen könnten. Meine Mutter forderte sie auf, etwas zu warten, und begann sofort, ein Essen für sie zu bereiten, und behandelte und bediente sie mit großem Respekt und voller Verehrung. Nach dem Essen standen die Mönche auf und schulterten ihre Balken, hoben aber nur eine Hand, um ihren Dank auszudrücken. Meine Mutter winkte ab und sagte: »Bitte, dankt mir nicht.« Die Mönche gingen, ohne weiter ein Wort zu sagen. Ich bemerkte zu meiner Mutter: »Warum waren diese Mönche so unhöflich? Sie sagten nicht einmal Danke, sondern gingen einfach!« »Wenn sie mir gedankt hätten«, erklärte mir meine Mutter, »würde ich mit meiner guten Tat weniger Verdienst erworben haben.« Und ich dachte bei mir, daß dieses Verhalten die Bedeutung der Priesterschaft zeige. Diese Begegnung bestärkte mich in meinem Entschluß, ein Mönch zu werden.

Im Jahr 1557 war ich zwölf Jahre alt. Ich mengte mich nicht gern unter die Menschen und nahm nicht gern an ihren Angelegenheiten teil. Als mein Vater eine Ehe für mich zu arrangieren versuchte, hinderte ich ihn sogleich daran. Eines Tages hörte ich einen Mönch aus der Hauptstadt sagen, daß im Kloster von Pao En ein bedeutender Meister namens Hsi Lin lebe. Sofort hatte ich den Wunsch, ihn aufzusuchen. Ich bat meinen Vater, es mir zu erlauben, aber er weigerte sich. Dann bat ich meine Mutter, sich für mich zu verwenden. Sie kam zu dem Schluß: »Es ist besser, unserm Sohn zu erlauben, seinem Wunsch zu folgen, und ihm bei dessen Erfüllung behilflich zu sein.« Im Oktober wurde ich in das Kloster geschickt. Sobald mich der Großmeister sah, sagte er voll Freude: »Dieser Knabe ist nichts Gewöhnliches. Es wäre ein bedauerlicher Verlust, wenn er ein gewöhnlicher Mönch würde.« Um diese Zeit sprach Meister Wu Chi im Kloster über ein Sutra. Der Großmeister nahm mich zu diesen Vorträgen mit. Als Meister Ta Chou Chai mich sah, rief er voll Freude: »Dieses Kind wird ein Meister der Menschen und des Himmels[22] werden.« Er streichelte mich und fragte: »Würdest du lieber ein hoher Beamter in der Regierung sein oder ein Buddha?« Ich antwortete: »Ein Buddha natürlich.« Dann wandte er sich zu den andern und sagte: »Wir dürfen dieses Kind nicht verkennen. Der Knabe sollte gut erzogen werden.«

Obwohl ich, während ich dem Vortrag lauschte, kein Wort verstand, wurde mein Herz von Eifer und Inbrunst erfüllt, wie wenn ich etwas erkannt hätte, das ich nur nicht in Worten auszudrücken vermöchte.

Im Jahr 1564, als ich neunzehn Jahre alt war, errangen viele meiner Freunde Ehre beim Ablegen der amtlichen Prüfung[23]. Meine Freunde drängten mich, ebenfalls die Prüfung abzulegen. Als Meister Yun Ku davon hörte, wurde er von Sorge erfüllt, ich könnte mich überreden lassen, eine weltliche Laufbahn anzutreten; er ermutigte mich daher in meiner religiösen Praxis und in meinem Streben nach Zen. Er berichtete mir viele Geschichten vergangener Meister und zeigte mir das Buch *Die Biographien großer Mönche*. Ehe ich das *Leben des Chung Feng* zu Ende gelesen hatte, war ich so bewegt und begeistert, daß ich seufzend zu mir selber sagte: »O, das ist es, was ich gerne tun würde!« Daraufhin entschloß ich mich, mein Leben dem Buddhismus zu widmen. Dann bat ich den Großmeister, mich zu ordinieren.

Ich ließ alle weltlichen Angelegenheiten fallen und widmete mich dem Studium des Zen, aber ich konnte nicht weiterkommen. Ich konzentrierte mich darauf, den Namen Buddha Amida Tag und Nacht ohne Unterbrechung vor mich herzusagen. Binnen kurzem erschien mir Buddha Amida im Traum, hoch am Himmel sitzend in Richtung der untergehenden Sonne. Als ich sein gütiges Antlitz sah und seine voll Mitleid strahlenden Augen, warf ich mich zu seinen Füßen nieder in einem Gefühl von Liebe, Kummer und Glück. Ich sagte zu mir selbst: »Wo sind die Bodhisattvas Kwan Yin und Ta Shih Chih? Ich möchte sie sehen.« Sofort wurden die Bodhisattvas Kwan Yin und Ta Shih Chih mit der oberen Hälfte ihres Körpers sichtbar. So sah ich die drei Heiligen deutlich vor mir und war überzeugt, daß ich in meinen Anstrengungen erfolgreich sein würde.

In diesem Winter hatte unser Kloster Meister Wu Chi eingeladen, über die Hua-Yen-Philosophie zu sprechen. Als er in seinem Vortrag zur Aufzählung der »Zehn geheimnisvollen Tore«[24] zum Ewigen Bereich des Meeres-Siegels kam, erlebte ich plötzlich die unendliche und alles umschließende Totalität des Universums. Ich war so tief beeindruckt und so von Bewunderung für Ching Liang [den Gründer der Hua-

Yen-Sekte] erfüllt, daß ich einen seiner Namen annahm und mich fortan Ching Yin nannte. Dann unterbreitete ich, was ich verstanden hatte, Meister Wu Chi. Er sagte zu mir: »Du willst also dem Weg des Hua Yen folgen! Gut! Aber weißt du auch, warum er sich Ching Liang (rein und kühl) nannte? Er tat es, weil er auf dem Ching-Liang-Berg lebte, der im Sommer kühl und im Winter mit Eis bedeckt ist.« Von diesem Augenblick an sah ich im Gehen wie im Stehen eine phantastische Landschaft aus Eis und Schnee vor mir. Ich beschloß, auf diesen Berg zu gehen; nichts auf der Welt übte eine größere Anziehungskraft auf mich aus. Meine Sehnsucht, der Welt zu entsagen, wurde immer stärker.

Am 16. Januar 1565, als ich zwanzig Jahre alt war, starb mein Großmeister. Ein paar Tage vor seinem Tod rief er alle Mönche des Klosters zu sich und sagte: »Ich bin dreiundachtzig Jahre alt. Ich werde diese Welt bald verlassen. Ich habe über achtzig Schüler, aber der, der meine Arbeit fortführen wird, ist Han Shan. Nach meinem Tod sollt Ihr seine Anordnungen befolgen und trotz seiner Jugend auf ihn hören.« Am siebenten Tag des neuen Jahres rief mein Großmeister, festlich gekleidet, jeden Mönch zu sich in sein Zimmer, um sich von ihm zu verabschieden. Wir waren alle sehr überrascht. Drei Tage später regelte er seine Angelegenheiten und verfaßte sein Testament. Zu diesem Zeitpunkt schien er nur eine leichte Krankheit zu haben. Wir brachten ihm Arzneimittel, aber er lehnte sie ab und sagte: »Ich gehe fort. Wozu soll ich da noch Medikamente nehmen?« Dann rief er alle Mönche des Klosters zu sich und bat sie, für ihn Buddha Amida anzuflehen. Wir beteten fünf Tage und fünf Nächte für ihn. Er starb friedlich mit dem Rosenkranz in der Hand, in Meditationshaltung und den Namen Buddha Amida auf den Lippen. Kurze Zeit später wurde das Zimmer, in dem er dreißig Jahre lang gelebt hatte, durch Feuer zerstört; es war wie ein Omen für seine Schüler.

Im Oktober desselben Jahres veranstaltete Meister Yun Ku eine »Meditationsversammlung« (chinesisch: *Ch'an*

Chi). Er rief dreiundfünfzig, im ganzen Land bekannte Persönlichkeiten zu sich, um ihnen das Wesen der Meditation in der praktischen Anwendung zu vermitteln. Auf die Empfehlung des Meisters Yun Ku wurde auch mir die Teilnahme gestattet.

Am Anfang wußte ich nicht, wie ich arbeiten (meditieren) sollte, und ich war von meiner Unwissenheit stark beunruhigt. Nachdem ich Räucherwerk entzündet und dem Meister dargebracht hatte, bat ich ihn um Unterweisung. Zuerst lehrte er mich, meinen Geist auf das Koan »Wer ruft immer wieder Buddha Amida an?« zu sammeln. Ich arbeitete die nächsten drei Monate mit voller Konzentration an diesem Koan, ohne mich im geringsten ablenken zu lassen. Es war, als wäre ich in einen Traum entsunken. Während dieser ganzen Zeit waren mir die andern Mitglieder der Versammlung und die Geschehnisse um mich herum überhaupt nicht bewußt. Aber ich war in den ersten Tagen meiner wilden Entschlossenheit viel zu unruhig angespannt und ungeduldig. Diese meine Ungeduld führte dazu, daß sich auf meinem Rücken ein Abszeß bildete, der sehr groß und stark entzündet war. Mein Meister hatte tiefes Mitgefühl mit mir. Ich wickelte meinen Rücken in ein Tuch und betete demütig und in großer Hingegebenheit vor der Statue des Bodhisattva Vatou (einer der Wächter des Dharmas) und legte folgendes Gelübde ab: »Diese Heimsuchung, verursacht durch eine karmische Schuld aus einer früheren Inkarnation, die ich in diesem Leben sühnen muß, verschiebt sie, bitte ich, auf einen späteren Zeitpunkt, damit ich diese Meditationsperiode zu Ende führen kann. Vor Euch als Zeugen verspreche ich, diese Schuld nach Beendigung der Meditationsperiode zu begleichen, und ich verspreche auch, zum Zeichen meiner Dankbarkeit, das Hua-Yen (Avatamsaka-) Sutra zehnmal zu rezitieren.« Da ich sehr müde war, ging ich an diesem Abend gleich zu Bett und wurde nicht einmal wach, als die Meditationszeit zu Ende war. Am nächsten Tag fragte mich der Meister: »Wie geht es deinem kranken

Rücken?« Ich antwortete: »Ich fühle keinerlei Schmerzen mehr.« Als er meinen Rücken untersuchte, sah er, daß das Geschwür verheilt war. Alle waren verwundert und erstaunt. Ich aber konnte die Meditationsübungen zu Ende führen.

Als die Meditationsversammlung vorüber war, fühlte ich mich immer noch, als würde ich ständig meditieren, selbst wenn ich über den Markt oder eine belebte Straße ging.

Im Jahre 1566 wurde ich einundzwanzig. In diesem Winter besuchte ich die Vorträge, die Meister Wu Chi über das Fa-Hua-Sutra hielt. Ich hatte mich entschlossen fortzugehen, um längere Zeit zu meditieren, und war auf der Suche nach einem geeigneten Gefährten; aber bisher ohne Erfolg. Eines Tages begegnete ich jedoch einem wandernden Mönch namens Miao Feng, der mir ein ungewöhnlicher und aufrichtiger Mensch zu sein schien. Einige Tage später verließ er jedoch das Kloster, ohne daß ich es wußte. Er hatte wahrscheinlich Angst bekommen, ein zu enger Kontakt mit mir könnte seine Freiheit einschränken.

Im Jahre 1571 war ich sechsundzwanzig Jahre alt. In diesem Jahr gab es sehr heftige Schneefälle, und als ich in Yang Chow ankam, war ich ziemlich krank. Da die Krankheit längere Zeit anhielt, mußte ich auf der Straße um Nahrung betteln. Aber niemand gab mir etwas. Ich dachte darüber nach und fragte mich: »Warum will mir niemand etwas zu essen geben?« Plötzlich fiel mir ein, daß ich noch Silbergeld in der Tasche hatte. Ich rief alle buddhistischen und taoistischen Mönche zusammen, die im Schnee keine Nahrung hatten auftreiben können, und gab mein ganzes Geld für ein gemeinsames Essen in einem Speisehaus aus. Als ich am nächsten Morgen zum Markt ging, hatte ich keine Schwierigkeiten, mir Nahrung zu erbetteln. Ich war so erfreut darüber, daß ich ausrief: »Jetzt bin ich stark genug, um eine Last von hundert Tonnen zu heben!«

Im Jahre 1574 wurde ich neunundzwanzig. In der Hauptstadt war ich Miao Feng wiederbegegnet. Im September zogen wir gemeinsam nach Ho Tung. Chen, der dortige Präfekt, wurde unser Gönner. Er spendete Geld zur Herstellung eines Blockdruckes des Buches des Shao Lun. Ich betreute die Ausgabe für ihn.

Ich hatte immer Schwierigkeiten gehabt, Shaos These »Über die Unveränderlichkeit« zu verstehen, besonders die Metapher vom Wirbelwind und dem Stillstehenden Berg, die mich immer mit Zweifeln erfüllt hatte. Aber als ich diesmal zu der Stelle kam, wo der uralte Brahmane nach einem langen Leben als Priester nach Hause zurückkommt und hört, wie seine Nachbarn ausrufen: »Schaut doch, der Mann, der einst hier gewohnt hat, lebt noch!«, worauf er zur Antwort gibt: »O nein, ich schau diesem alten Mann vielleicht ähnlich, aber ich bin es nicht!«, da erwachte ich plötzlich. Ich sprach zu mir: »In Wirklichkeit kennen die Dharmas kein Kommen und kein Gehen! O wie wahr, wie wahr das ist!« Ich sprang von meinem Meditationssitz auf, verbeugte mich tief vor Buddha und fühlte in eindeutiger Gewißheit: »Nichts vergeht und nichts entsteht.« Dann schob ich den Türvorhang zur Seite und trat ins Freie. Ein plötzlicher Windstoß fegte durch die Bäume im Hof und wirbelte die Blätter empor. Und obwohl ich sah, wie die Blätter flogen, hatte ich doch nicht das Gefühl, daß sich irgend etwas bewege. »Dies«, dachte ich, »ist die Bedeutung des Wirbelwindes und des Stillstehenden Berges. Jetzt versteh ich es!« Später hatte ich selbst beim Urinieren nicht das Gefühl, daß etwas fließe. Ich sagte zu mir: »Das ist also gemeint, wenn es heißt, der Fluß fließe den ganzen Tag, und dennoch fließe nichts.« Von diesem Zeitpunkt an war das Problem Leben und Tod — der Zweifel über das »Woher« vor der Geburt und das »Wohin« nach dem Tod — vollkommen gelöst. Aus dieser Erkenntnis heraus schrieb ich die folgenden Zeilen:

Das Leben kommt und der Tod geht,
Das Wasser fließt und die Blume welkt.

Heute aber weiß ich,
Alles ist eine Schöpfung des Geistes,
der in Erscheinung tritt.

Am andern Morgen nach diesem Erlebnis besuchte mich
Miao Feng. Als er mich sah, rief er erfreut aus: »Was hast du
gefunden?« »Gestern abend«, sagte ich, »sah ich am Flußufer zwei eiserne Ochsen miteinander kämpfen, bis sie beide
ins Wasser fielen. Seither hab ich nichts mehr von ihnen
gehört.« Da lachte Miao Feng und sagte: »Ich beglückwünsche dich. Du hast die Voraussetzungen errungen, die es dir
erlauben, von nun an auf dem Berg zu wohnen.«

Bald danach kam auch Zen-Meister Fa Kuang, den ich
schon seit langem verehrt hatte. Ich freute mich sehr, ihn zu
treffen und unter ihm zu studieren. Wir wechselten ein paar
Worte; ich war sehr beeindruckt und bat ihn um Unterweisung. Er sagte mir, daß ich bei der Arbeit am Zen losgelöst
sein müsse vom Intellekt, vom Bewußtsein und von den
Wahrnehmungen und daß ich jenseits des Gegensatzes zwischen einem heiligen und einem weltlichen Weg des Lernens
gelangen müsse. Ich zog großen Nutzen aus seinen
Unterweisungen. Wenn er sprach, glich seine Stimme dem
Dröhnen einer himmlischen Trommel. Ich erkannte zum
ersten Male, daß Sprache und Benehmen jener Menschen,
die die Wahrheit vom Geist wirklich verstanden haben,
völlig anders sind als die Sprache und das Benehmen
gewöhnlicher Leute.

Eines Tages, nachdem Meister Fa Kuang einige meiner
Gedichte gelesen hatte, seufzte er: »Das sind wirkliche
Dichtungen. Wo findet man heute noch so wundervolle
Verse? Ja, diese Gedichte sind gut, aber eine Türe bleibt
immer noch verschlossen«, fügte er lächelnd hinzu. Ich
fragte: »Meister, habt Ihr diese Türe schon offen?« Er
antwortete: »Seit dreißig Jahren habe ich jetzt Tiger und
Drachen gefangen, aber heute ist ein Hase aus dem Gras
gesprungen und hat mich zu Tode erschreckt!« Ich sagte:

»Meister, Ihr seid keiner, der Tiger und Drachen fangen kann.« Der Meister erhob seinen Stock und wollte mich schlagen, als ich ihm den Stock entriß, ihn an seinem Bart packte und rief: »Ihr habt gesagt, es war ein Hase, aber in Wahrheit ist es ein Frosch gewesen!« Da lachte der Meister und ließ mich gehen.

Eines Tages sagte der Meister zu mir: »Es ist nicht notwendig, daß du weit weg gehst, um einen Zen-Lehrer zu suchen. Ich hoffe, du wirst bei diesem alten Mann bleiben, damit wir gemeinsam versuchen können, den Ochsen zu bändigen.«[25] Ich sagte zu ihm: »Euer Humor, Eure Redegewandtheit und Euer Verständnis des Buddhismus stehen denen des Ta Hui um nichts nach. Es gibt jedoch einige Eigenheiten in eurem Benehmen, die mich verwirren. Es ist mir aufgefallen, daß Eure Hände ständig in Bewegung sind und Eure Lippen immer etwas murmeln, wie wenn Ihr dauernd etwas rezitieren würdet. Um es kurz zu sagen, Euer Benehmen erinnert mich an das eines Geistesgestörten. Was hat das für einen Grund?« Meister Fa Kuang antwortete: »Das ist meine Zen-Krankheit.[26] Als ich mein erstes ›Wu‹-(Satori-)Erlebnis hatte, begannen plötzlich ganz von selbst Gedichte und Verse von meinen Lippen zu strömen, wie ein reißender Fluß, der Tag und Nacht ohne Unterlaß dahinströmt. Ich konnte nicht mehr aufhören, und seit dem habe ich diese Zen-Krankheit.« Ich fragte: »Was kann man tun, wenn sich diese Krankheit zum erstenmal zeigt?« Er gab zur Antwort: »Wenn diese Zen-Krankheit sich zum erstenmal zeigt, dann sollte man sie sofort bemerken. Wenn einer sie nicht selbst bemerkt, dann sollte das ein Zen-Meister für ihn tun und die Krankheit aus ihm herausprügeln. Dann sollte ihn der Zen-Meister schlafen schicken. Nach dem Erwachen wird die Krankheit vorbei sein. Ich muß leider sagen, daß mein Meister nicht wachsam und streng genug war, um sie gleich damals aus mir herauszuprügeln.«

Im Jahre 1575 war ich dreißig Jahre alt. Gemeinsam mit Miao Feng wanderte ich zum Wu-Tai-Berg. Wir wohnten an der Nordseite in Lung Men. Am 3. März räumten wir den Schnee aus einem alten Haus mit mehreren Zimmern und schlugen dort unser Quartier auf, umgeben von Bergketten, die zur Gänze mit Eis und Schnee bedeckt waren. Das war der Ort, von dem ich schon seit langem geträumt hatte. Ich fühlte mich glücklich wie in einem himmlischen Paradies. Körper und Geist fühlten sich wohl und entspannt.

Nach einiger Zeit wanderte Miao Feng nach Yeh Tai, während ich allein zurückblieb. Ich konzentrierte meinen Geist auf einen einzigen Gedanken und sprach zu niemandem. Wenn jemand an die Tür kam, sah ich ihn nur an, sagte aber nichts. Wenn ich auf die Menschen sah, erschienen sie mir wie Baumstümpfe. Mein Geist gelangte in einen Zustand, in dem ich kein einziges Wort zu verstehen vermochte. Zu Beginn dieser Meditation, als ich das Heulen der Stürme hörte und das Krachen des Eises, wenn es in Stücken gegen die Felsen schlug, war ich sehr beunruhigt. Der Tumult schien so groß wie der von Tausenden von Soldaten und Pferden in einer Schlacht. [Später] fragte ich Miao Feng danach und er sagte: »Alle Gefühle und Empfindungen steigen aus dem eigenen Geist auf; sie kommen nicht von außen. Weißt du, was die Mönche in den alten Zeiten sagten? ›Wer seinem Geist dreißig Jahre lang nicht erlaubt, in Bewegung zu geraten, wenn er das Rauschen fließenden Wassers hört, der wird das wunderbare Verständnis des Avalokitesvara erlangen.‹«[27]

Ich ging jeden Tag zu einer einsamen Holzbrücke, ließ mich dort nieder und meditierte. Zuerst hörte ich den Strom sehr laut rauschen, aber mit der Zeit hörte ich das Geräusch nur, wenn ich es wollte. Wenn ich es meinem Geist erlaubte, konnte ich es hören, aber wenn ich meinen Geist stillhielt, hörte ich nichts. Eines Tages, als ich auf der Brücke saß, fühlte ich plötzlich, daß ich keinen Körper hatte. Er war verschwunden, zusammen mit dem Rauschen um mich. Seither wurde ich nie mehr von irgendeinem Geräusch gestört.

Meine tägliche Nahrung waren Haferschleimsuppe, Kräutergemüse und Reiswasser. Als ich das erste Mal auf den Berg gekommen war, hatte mir jemand drei Packen Reis gegeben, die mehr als sechs Monate reichten.

Eines Tages, nachdem ich meine Haferflocken gegessen hatte, unternahm ich eine Wanderung. Plötzlich stand ich still, erfüllt von der Wahrnehmung, daß ich weder Körper noch Geist habe. Alles, was ich zu sehen vermochte, war ein einziges großes erleuchtendes Ganzes, allgegenwärtig, vollkommen, klar und heiter. Es war wie ein alles umschließender Spiegel, von dem die Berge und Flüsse der Erde als Spiegelbilder rückgespiegelt wurden. Als ich aus diesem Erlebnis erwachte, fühlte ich mich so »licht und durchscheinend«, wie wenn mein Körper und Geist überhaupt nicht existierten. Ich dichtete die folgende Strophe:

Plötzlich ist die Macht des denkenden Geistes gebrochen.
Innen- wie Außenwelt erstrahlen in leuchtender Klarheit.
Nach der entscheidenden großen Umkehr
Ist die allmächtige Leere durchgebrochen.
O, frei und unbehindert kommen und gehn jetzt
Die Myriaden Erscheinungsformen der Dinge!

Von da an wurde die innere wie die äußere Erfahrung leuchtender und klarer. Geräusche, Stimmen, Erscheinungen, Szenen, Formen und Gegenstände waren keine Hindernisse mehr. Alle meine früheren Zweifel lösten sich in nichts auf. Als ich an meinen Herd zurückkehrte, war der Kessel mit Staub bedeckt. Viele Tage waren während meines Erlebnisses vergangen, ohne daß ich dessen gewahr geworden wäre.

Im Sommer dieses Jahres kam Hsuen Lang aus dem Norden, mich zu besuchen, aber er blieb nur einen Tag, weil er die Kälte und Düsternis meiner abgeschiedenen Einsiedelei nicht ertrug.

1576 war ich einunddreißig Jahre alt. Obwohl ich die

»Wu«-Erfahrung erlangt hatte, war kein Meister zur Hand, dies zu bezeugen oder zu beglaubigen. Ich las deshalb das Leng-Yen-(Surangama-) Sutra in der Hoffnung, daß es mir mein »Wu«-Erlebnis bestätigen würde. Da ich dieses Sutra noch mit keinem Meister studiert hatte, war mir sein Inhalt unbekannt. Ich beschloß, es zu lesen, aber nur mit Hilfe meiner Intuition, und sofort anzuhalten, sobald sich rationale Denkvorgänge mit Beweisen und Schlußfolgerungen einstellen sollten. Auf diese Weise las ich das Sutra während acht Monaten und gelangte zu seinem Verständnis.

Im Oktober dieses Jahres lud mich Hu, mein Gönner, ein, in seinem Haus zu wohnen. Sein Feund Kao bat mich, ihm ein Gedicht zu schreiben. Ich antwortete: »In meinem Herzen ist kein einziges Wort. Wie soll ich da ein Gedicht schreiben?« Aber er und Hu bestürmten mich um ein Gedicht. Da sie so sehr darauf bestanden, konnte ich mich nicht länger weigern. Ich durchblätterte ein paar alte und ein paar zeitgenössische Gedichtbücher, um meine Gedanken anzuregen. Während ich sie flüchtig durchblätterte, wurde ich plötzlich von Inspiration gepackt. Eine Flut von Versen begann, aus mir hervorzubrechen, so daß ich einige Minuten später, als Hu zurückkam, schon über zwanzig Gedichte geschrieben hatte. Plötzlich erkannte ich die Gefährlichkeit meines Tuns und sagte zu mir selbst: »Gib acht, das ist der Worte-Teufel, dein gewohnheitsmäßiges Denken, das sich da äußert!« Ich hörte sofort zu schreiben auf. Ich gab Kao eines der Gedichte und behielt den Rest für mich. Trotzdem gelang es mir nicht, die Flut von Worten zu stoppen, die ich ausgelöst hatte. Es schien, als ob alle Gedichte, Bücher und Sprüche, die ich während meines Lebens gelernt oder gelesen hatte, gleichzeitig vor mir wieder auftauchten und den ganzen Platz verstellten. Selbst wenn ich tausend Münder gehabt hätte, würde die Flut der Worte kein Ende gefunden haben. Ich war völlig verwirrt und konnte Körper und Geist nicht mehr unterscheiden. Ich hatte ein Gefühl, als ob ich plötzlich fliegen würde. Ich wußte nicht, was ich tun sollte.

Am nächsten Morgen dachte ich mir: »Das kann nur das sein, was Meister Fa Kuang die Zen-Krankheit genannt hat. Wer kann mich nur davon heilen? Da niemand da ist, der es tun könnte, bleibt als einziges: zu schlafen – zu schlafen, so lang und so tief wie ich kann. Ich werde froh sein, wenn ich werde schlafen können.« Dann verriegelte ich die Tür und zwang mich einzuschlafen. Da es mir im Liegen nicht gelang, versuchte ich es im Sitzen. Bald darauf fiel ich in einen tiefen und festen Schlaf. Einige Zeit später klopfte der Diener an die Tür, konnte mich aber nicht aus dem Schlaf reißen. Er versuchte, die Tür zu öffnen, fand sie aber fest verschlossen. Als Hu nach Hause kam und davon erfuhr, befahl er dem Diener, ein Fenster aufzubrechen. Als sie schließlich in das Zimmer gelangten, sahen sie mich unbeweglich dasitzen. Sie riefen meinen Namen, aber ich gab keine Antwort. Sie versuchten, mich zu schütteln, konnten aber meinen Körper nicht bewegen. Da erblickte Hu eine Glocke, die auf dem Tisch lag. Er erinnerte sich, daß ich ihm einmal erzählt hatte, mit dieser Glocke könne man in Notfällen einen Yogi aus tiefer Entsunkenheit zurückrufen. Sofort hielt er die Glocke an mein Ohr und ließ sie mehrmals ertönen. Darauf begann ich langsam zu erwachen. Als ich die Augen öffnete, wußte ich nicht, wo ich mich befand. Hu sagte zu mir: »Seit ich Euch an jenem Morgen verließ, Ehrwürdiger, seid Ihr so dagesessen. Und das war vor fünf Tagen!« Ich antwortete erstaunt: »Ich dachte, es sei nur ein kurzer Augenblick verstrichen.« Dann saß ich still und begann, meine Umgebung genauer zu betrachten. Ich wußte immer noch nicht, wo ich war. Schließlich begannen meine Erinnerungen wiederzukehren, aber sie schienen mir wie Bilder aus einem Traum zu sein. Was immer es war, das mich gequält hatte, es hatte sich verzogen wie Regenwolken am klaren blauen Himmel. Alles um mich schien so rein und klar zu sein, als hätte man es gerade gründlich gewaschen. Alle Bilder und alle Schatten versanken in der gewaltigen, von Frieden erfüllten Leere. Mein Geist war frei von Gedanken, die Welt so heiter beseligend, meine Freude so tief und mächtig, daß Worte es nicht ausdrücken konnten. Ich schrieb das folgende Gedicht:

Wenn die vollkommene Stille ihre Herrschaft angetreten
  hat,
Ist die wahre Erleuchtung erreicht.
Die heiter-gelassene Spiegelung umschließt das ganze
  Universum
Und ich kann wieder zurückblicken auf die Welt,
Die von lauter Träumen erfüllt ist!
O, jetzt erst verstehe ich ganz,
Wie wahr die Lehre Buddhas ist!

Im Jahre 1579 wurde ich vierunddreißig Jahre alt. Ich widmete mich dem Abschreiben der Sutras. Während dieser Arbeit rief ich nach jedem Pinselstrich und jedem Satzzeichen Buddha an. Auch wenn mich Mönche oder Laien im Tempel besuchten, setzte ich während des Gesprächs die Arbeit des Schreibens fort. Wenn ich etwas gefragt wurde, antwortete ich ohne Zögern. Meine Arbeit wurde dadurch nicht behindert, und ich machte auch während des Sprechens keine Fehler. Die Arbeit war eine Übung nach innen, denn in meinem Geist gab es weder Aktivität noch bewußte Ruhe. Man war sehr überrascht und eher skeptisch. Manche kamen mit der Absicht, mich zu verwirren und von meiner Arbeit abzulenken. Wenn ich ihnen dann die Abschrift zeigte, konnten sie keinen einzigen Fehler entdecken. Sie befragten Miao Feng und der sagte: »Ach, das ist nichts? Mein Freund vermag einfach in dieses Samadhi zu entsinken. Das ist alles.«

Ich hatte immer besondere Träume, wenn ich zum Abschreiben von Sutras in den Bergen weilte. So träumte ich eines Nachts, daß ich eine Diamanthöhle betrat. Über dem Eingang war zu lesen »Tempel der großen Weisheit«. Als ich eintrat, öffnete sich ein riesiger Raum mit palastartigen

Gebäuden von außergewöhnlicher Schönheit. Im mittleren Gebäude befand sich nur ein großer Meditationssitz, auf dem der Großmeister Ching Liang saß, während mein Freund Miao Feng neben ihm stand. Ich verbeugte mich sofort vor ihm und stellte mich an seine linke Seite. Großmeister Ching Liang sprach über die Hua-Yen-Lehre. Zuerst erläuterte er den unergründlichen Bereich der allumfassenden Totalität – die Lehre vom »Eingehen in den Dharmadhatu«. Er erklärte uns, wie die unzähligen Buddhawelten einander wechselseitig durchdringen und wie Urgrund und Erscheinung sich in einem unaufhörlichen »gegenseitigen Ineinander-Übergehen«[28] befinden – ein Zustand des ständigen Hinüber-Gehens und Wieder-Zurück-Kommens in stetiger Unveränderlichkeit. Zu jeder seiner Erklärungen entstand ein anschauliches Bild vor uns. Jetzt verstand ich erst, wie sich Körper und Geist gegenseitig durchdringen. Nach diesen Unterweisungen fragte Miao Feng: »Welcher Bereich der Erfahrung ist das?« Der Meister lächelte und sagte: »Der Bereich des Nicht-Bereichs.« Als ich aus diesem Traum erwachte, sah und erlebte ich, wie mein Geist und mein Körper einträchtig einander wechselseitig durchdrangen –, ohne jede Behinderung und frei von jedem Zweifel.

In einer anderen Nacht träumte ich, daß sich mein Körper hoch in die Lüfte erhob und zu den unendlichen Weiten des Firmaments emporstieg. Dann schwebte ich langsam an einem Ort nieder, an dem, wie ich sah, nichts existierte. Der Boden schien ein riesiger Kristallspiegel zu sein. Ich ließ meinen Blick in die Ferne schweifen, wo ein riesiges Gebäude stand. Es war so groß, daß es den ganzen Himmel ausfüllte. Alles, was geschah, alle Menschen und ihre Tätigkeiten wurden von dem Gebäude gespiegelt und traten in seinem Inneren in Erscheinung. In der Mitte stand ein großer, hoher und purpurfarbener Thron. »Dies«, dachte ich, »muß der kostbare Vajra-Thron[29] sein.« Die Pracht des Gebäudes war so groß, daß die menschliche Vorstellungskraft nicht ausreicht, um sie zu beschreiben. In der Freude, so Wunderbares zu sehen, wollte ich nähertreten. Dabei dachte ich: »Wie kommt es, daß die unreinen und trivialen Dinge der Welt sich in diesem reinen und erhabenen Gebäude manifestieren können?« Im Augenblick dieses Gedankens rückte das Gebäude von mir ab. Dann sagte ich: »Rein oder unrein, das hängt ganz vom Geist des Denkenden ab!« Im selben Augenblick war das Gebäude wieder dicht zur Hand.

Gleich darauf sah ich, daß viele Mönche vor dem Großen Thron standen. Ein Mönch trat plötzlich hinter dem Thron hervor. Er hielt die Schriftrolle eines Sutra in Händen und sprach zu mir: »Der Meister wird über dieses Sutra sprechen. Er befahl mir, es Euch zu geben.« Ich nahm die Schriftrolle in Empfang und sah, daß sie in Sanskrit – einer Sprache, die ich nicht verstand – abgefaßt war. Ich fragte den Mönch: »Wer ist der Meister?« Er antwortete: »Maitreya Bodhisattva.«[30] Ich folgte dem Mönch und stieg die Stufen zu dem Thron hinauf, wo ich schweigend und mit geschlossenen Augen stehen blieb – von erwartungsvoller Freude erfüllt. Plötzlich ertönte der Klang einer Glocke, ich öffnete meine Augen und sah, daß der Bodhisattva Maitreya bereits im Thronsessel des Meisters Platz genommen hatte. Ich verbeugte mich. Von seinem Antlitz ging ein Leuchten aus, das mit nichts auf dieser Welt vergleichbar ist. Es war mir klar, daß der Vortrag über das Sutra speziell für mich bestimmt war. Ich kniete nieder und öffnete die Schriftrolle, worauf ich ihn sagen hörte: »Das, was Unterschiede macht, ist das Bewußtsein; das was keine Unterschiede macht, ist die Weisheit. Das Vertrauen auf das Bewußtsein führt zu Verunreinigung; das Vertrauen auf die Weisheit führt zur Reinheit. Aus der Verunreinigung entstehen Leben und Tod. (Wenn man die Reinheit verwirklicht,) gibt es keine Buddhas.« Plötzlich fühlte ich Geist und Körper leer und ich erwachte noch mit dem Klang seiner Worte in den Ohren. Von diesem Zeitpunkt an verstand ich den Unterschied zwischen Bewußtsein und Weisheit. Ich wußte, ich war im Tushita-Himmel – dem Palast Maitreyas – gewesen.

In einer anderen Nacht hatte ich den folgenden Traum. Ein Mönch sagte zu mir: »Der Bodhisattva Manjusri lädt Euch ein, mit ihm in den Nordbergen zu baden. Folgt mir bitte.« Ich folgte ihm und befand mich bald in einer riesigen Tempelhalle, in der es zart nach Räucherwerk duftete. Alle anwesenden Mönche waren Inder. Man geleitete mich zu den Bädern. Ich entkleidete mich und war gerade dabei, in das Becken zu steigen, als ich bemerkte, daß sich schon jemand darin befand. Ich warf einen prüfenden Blick auf die Gestalt und hatte den Eindruck, daß es eine Frau war. Ich wandte mich ab und war nicht gewillt, das Becken zu betreten. Darauf zeigte die Gestalt sich deutlicher, und ich erkannte, daß es ein Mann war. Darauf stieg ich in das Becken und badete mit ihm. Er schöpfte Wasser mit seiner Hand und goß es über meinen Kopf. Das Wasser drang durch meinen Kopf in meinen Körper, floß weiter in alle fünf inneren Organe und reinigte sie, so wie man etwa vor dem Kochen Fleisch wäscht und säubert. Mein Körper wurde so gründlich gereinigt, daß danach alle inneren Organe verschwunden waren. Nichts blieb zurück von mir außer einem Gebilde aus Haut. Mein Körper leuchtete und strahlte – hell wie ein Kristall.

In der Zwischenzeit hatte der Mann im Becken gerufen: »Bringt mir Tee!« Darauf erschien ein indischer Mönch, der die Hälfte eines Menschenschädels wie eine halbe Melone in der Hand hielt, aus der Mark und Hirn tropften. Als der Mönch meinen Ekel sah, schöpfte er etwas aus der Schädelhälfte und fragte: »Ist das unrein?« Dann nahm er es in seinen Mund und schluckte es. Er fuhr fort zu schöpfen und zu schlucken, wie wenn er süßen Sirup trinke würde. Als nur noch ein wenig Blut in der Schädelhälfte zurückgeblieben war, sprach der Mann im Becken zu dem Mönch: »Jetzt kannst du auch ihm zu trinken geben.« Der Mönch reichte mir die Schädelschale und ich trank daraus. Es schmeckte wie der köstlichste Nektar und durchströmte meinen ganzen Organismus bis in die Spitzen meiner Haare. Als der Nektar ausgetrunken war, rieb mir der indische Mönch den Rükken, gab mir plötzlich einen kräftigen Schlag und ich erwachte aus meinem Traum. Mein Körper war mit zartem Schweiß bedeckt, wie wenn ich gerade gebadet hätte. Von diesem Zeitpunkt an fühlten sich Geist und Körper so leicht und wohl, daß es unmöglich in Worten zu beschreiben ist.

Ich erlebte oft solch günstige Träume und bedeutungsvolle Vorzeichen. Ich kam durch Träume häufig auch in Fühlung mit den großen Weisen und hörte die Lehrreden der Buddhas. Mehr und mehr war ich von der Wahrheit der Lehre Buddhas überzeugt.

Im Jahre 1581 war ich sechsunddreißig Jahre alt. Ich gelobte, eine große Dharma-Versammlung abzuhalten. Im selben Jahr verfertigte Miao Feng mit seinem eigenen Blut eine Abschrift des vollständigen Hua-Yen-(Avatamsaka-) Sutras. Auch er hatte das Gelübde getan, ein Treffen im Zeichen der Lehre zu veranstalten und sammelte in der Hauptstadt Geld dafür. In kurzer Zeit hatte er nicht nur die notwendigen Geld- und Nahrungsmittel aufgetrieben, sondern auch fünfhundert berühmte Lehrmeister und Mönche aus dem ganzen Land zur Teilnahme an der Versammlung eingeladen. Die ganze Organisation, wie etwa das Vorbereiten der Vorräte und Nahrungsmittel, das Beschaffen der Quartiere usw., wurde von mir allein durchgeführt. Ich war so beschäftigt, daß ich neunzig Tage und neunzig Nächte lang keine Gelegenheit zum Schlafen hatte. An einem bestimmten Tag im Oktober traf Miao Feng in Begleitung von fünfhundert Menschen ein. Insgesamt nahmen an der Versammlung fast tausend Menschen teil. Ihre Quartiere und ihre Versorgung mit Speis und Trank waren gut vorbereitet. Während der ganzen Dauer der Veranstaltung kam es zu keinerlei Verknappung oder einer sonstigen Störung.

Während der ersten sieben Tage hielten wir eine Gebets-Versammlung für alle Lebewesen des Wassers und des Landes ab. Ich nahm in dieser Zeit kein einziges Reiskorn zu mir und trank nur Wasser. Jeden Tag sorgte ich für die Erneuerung der Opfergaben für Buddha auf den fünfhundert Tischen – und alles geschah mit größter Sorgfalt. Die Leute wunderten sich über mich; sie glaubten, ich sei im Besitz von Zauberkräften. In Wirklichkeit konnte das alles nur dank dem Segen Buddhas gelingen.

Im Jahre 1582 war ich siebenunddreißig Jahre alt. In diesem Frühling sprach ich einhundert Tage lang über die Hua-Yen-Philosophie. Aus allen zehn Richtungen kamen die Menschen, um mich sprechen zu hören; jeden Tag wurden mehr als zehntausend Zuhörer gezählt. Wir aßen alle gemeinsam zur selben Stunde und am selben Ort. Diese Versammlungen wurden von mir allein geleitet und organisiert, und ich verbrauchte dabei meine Lebensenergie. Nach der Versammlung untersuchte ich die Schatztruhe. Sie enthielt noch einige zehntausend Geldeinheiten, die ich dem Tempel übergab. Dann verabschiedete ich mich zusammen mit Miao Feng und nahm nur meine Bettlerschale mit.

Im Jahre 1586 war ich einundvierzig Jahre alt. Nach einer langen Zeit des Reisens und der Arbeit fand ich Rast und Frieden in meiner neu errichteten Meditationshalle. Körper und Geist entspannten sich, und ich begann, mich auf wunderbare Weise glücklich zu fühlen. Eines Abends erblickte ich während der Meditation völlig klar das große Erleuchtende Ganze vor mir, hell, durchlässig, leer und rein wie ein durchsichtiger Ozean: nichts existierte! Daraufhin schrieb ich das folgende Gedicht:

Klar und leer leuchtet der durchsichtige Ozean,
Hell wie das Mondlicht, das sich im weißen Schnee
   spiegelt:
Von Menschen oder Göttern keine Spur.
O, wenn das Vajra-Auge sich öffnet,
Zerschmilzt die Täuschung zu nichts;
Die große Erde erlischt im Reich der Stille!

Nach dieser Erfahrung kehrte ich in meine Kammer zurück. Auf meinem Tisch lag das Leng-Yen-(Surangama-) Sutra. Ich öffnete es und stieß auf die folgenden Zeilen:

»Du wirst dann erkennen, daß Körper und Geist, Berge und Flüsse, Raum und Erde der äußeren Welt sich innerhalb des einen wunderbaren, erleuchteten Wahren Geistes befinden.«

Plötzlich verstand ich den Sinn des ganzen Sutras und die Zusammenhänge erschienen in voller Lebendigkeit vor meinen Augen. Darauf diktierte ich meine Schrift *Der Spiegel des Leng Yen*. Sie entstand in dem Zeitraum, in dem eine Kerze halb herabbrennt. Ich war gerade fertig damit, als die Meditationshalle geöffnet wurde. Ich rief den leitenden Mönch herein und gab ihm die Schrift zu lesen, die ich gerade verfaßt hatte. Während ich ihm zuhörte, glaubte ich, Worte aus einem Traum zu vernehmen.

Im Jahre 1589 war ich vierundvierzig Jahre alt. In diesem Jahr begann ich den vollständigen Tripitaka zu lesen. Ich hielt auch Lehrreden über das Lotus Sutra und über »Das Erwachen des Glaubens«.

Seit dem Tag, an dem ich den Wu-Tai-Berg verlassen hatte, dachte ich daran, meine Eltern zu besuchen, fürchtete aber, von den weltlichen Dingen wieder geblendet zu werden. Ich prüfte mich also genau, um herauszufinden, ob ich es wagen dürfe, meine Eltern zu besuchen. Eines Abends, während der Meditation, entstand das folgende Gedicht:

Wie Wellengekräusel im Meer
Schwindet alles in das kühle Weltall;
Fische und Vögel durchschweben
Den einen Spiegel:
Immer wieder, Tag für Tag.
Gestern nacht fiel der Mond vom Himmel herab.
Nun ist es Zeit,
Die Perle des schwarzen Drachens[31] leuchten zu lassen.

Sofort rief ich meinen Gehilfen zu mir und sagte ihm: »Jetzt kann ich in meine Heimat zurückkehren, um meine Eltern zu besuchen!«

Der Tempel der Dankbarkeit meines Heimatbezirkes hatte vor einiger Zeit um eine Abschrift des gesamten Tripitakas angesucht. Im Oktober reiste ich in die Hauptstadt, um für meine Landsleute Fürsprache einzulegen. Der Kaiser übergab mir eine vollständige Abschrift des ganzen Tripitakas als Geschenk. Ich begleitete die Sutras von der Hauptstadt nach Lung Chiang und traf im November in meinem Heimattempel ein. Vor meiner Ankunft begann die Pagode des Tempels aus unerklärlichen Gründen mehrere Tage lang zu leuchten. An dem Tag, an dem die Sutras eintrafen, wandelte sich das wunderbare Licht, das der Pagode entströmte, in einen Regenbogen, der vom Himmel bis zur Erde reichte. Die Mönche, die die Sutras in Empfang nahmen, schritten alle durch dieses Licht. Während der Zeremonien und Gebete, die mit dem Empfang der Sutras einhergingen, leuchtete das Licht ohne Unterbrechung. Mehr als zehntausend Schaulustige strömten aus allen Himmelsrichtungen herbei, um das Wunder zu bestaunen. Alle waren der Meinung, daß es sich um ein ungewöhnliches und günstiges Vorzeichen handelte.

Inzwischen hatte auch meine alte Mutter von meinem Kommen gehört. Sie schickte Boten, um mich zu fragen, wann ich mein Elternhaus besuchen würde. Ich antwortete, daß mich der Herrscher als Begleiter der Sutras geschickt hatte und nicht um mein Elternhaus zu besuchen. Wenn mich meine Mutter jedoch so empfangen könne, wie wenn ich nie von zu Hause fortgegangen wäre, dann würde ich zwei Nächte bleiben. Als meine Mutter diese Nachricht vernahm, rief sie aus: »Was für eine unerwartete Begegnung! Ein Wiedersehen wie in einer anderen Inkarnation! Welche Freude! O, ich werde es zufrieden sein, auch wenn ich ihn nur kurze Zeit sehe. Zwei Nächte zu Hause −, das ist weit mehr, als ich mir erträumt hatte!«

Als ich zu Hause ankam, freute sich meine Mutter sehr. Ich konnte keinerlei Schmerz an ihr entdecken. Ich sah nur Freude und heitere Gelöstheit. Ich war sehr froh darüber.

Am Abend kamen die Älteren aus unserer Verwandtschaft. Einer von ihnen fragte mich: »Bist du mit dem Schiff oder auf dem Landweg gekommen?« Meine Mutter antwortete darauf sofort: »Was meinst du mit der Frage — ›mit dem Schiff oder auf dem Landweg gekommen‹?« — »Was ich eigentlich wissen wollte«, sagte er, »ist, von woher er nach Hause zurückgekommen ist?« Meine Mutter antwortete: »Von der großen Leere kommt er zu uns zurück.« Ich war sehr überrascht, sie so sprechen zu hören. Voller Erstaunen sagte ich: »Kein Wunder, daß diese alte Frau mich ziehen ließ, um Mönch zu werden!« Und dann fragte ich sie: »Hast du an mich gedacht, seit ich von zu Hause fort bin?« »Natürlich!«, sagte sie, »wie hätte ich nicht an dich denken sollen?« Darauf fragte ich: »Und womit hast du dich getröstet?« Sie antwortete: »Zuerst wußte ich nicht, was tun. Dann hat man mir gesagt, daß du auf dem Wu-Tai-Berg seist. Ich fragte einen Priester, wo denn das wäre, und er sagte mir, es liege gerade unter dem Nordstern. Darauf verneigte ich mich vor dem Nordstern und rief den Bodhisattva an. Danach ging es mir viel besser und ich mußte nicht mehr an dich denken. Später glaubte ich dann, du wärst tot; ich machte keine Verbeugungen mehr und dachte nicht mehr an dich. Darum sehe ich dich jetzt wie in einer neuen Inkarnation.

Am nächsten Morgen besuchte ich die Gräber meiner Vorfahren, um ihnen die Ehre zu erweisen. Ich wählte auch den Ort für die Gräber meiner Eltern aus. Zu diesem Zeitpunkt war mein Vater achtzig Jahre alt. Im Scherz sagte ich zu ihm: »Heute begrabe ich dich und erspare es dir damit, nochmals auf diese Erde zurückzukommen.« Während ich dies sagte, stieß ich mit einer Spitzhacke auf den Boden. Meine Mutter entriß sie mir sogleich und sagte: »Du kannst es ruhig dieser alten Frau überlassen, ihr Grab selbst zu schaufeln. Ich brauche niemand, der es mir abnimmt.« Und dann begann sie sehr flink damit, die Erde aufzugraben.

Ich blieb drei Tage in meinem Elternhaus. Als die Zeit des Abschieds nahte, war meine Mutter immer noch voll heiterer Gelöstheit. Erst in diesem Augenblick wurde ich mir völlig bewußt, welch ungewöhnliche Frau ich zur Mutter hatte!

Auszug aus der Autobiographie des Zen-Meisters Wu Wen

Als ich Meister Tou Weng zum erstenmal aufsuchte, lehrte er mich, an dem folgenden Koan zu arbeiten: »Es ist weder der Geist, noch der Buddha, noch irgendein Ding.« Yun Feng, Yueh Shan und ich gelobten, daß wir einander im Streben nach Endgültiger Erleuchtung unterstützen würden. Später suchte ich Huai Shi auf, der mich in der Arbeit mit dem Wort »Wu«[32] unterwies. Dann begab ich mich nach Chang Lu, wo ich mit einem meiner Freunde übte. Als ich Chin von Huai Shang begegnete, fragte er mich: »Du hast jetzt sechs oder sieben Jahre lang geübt; was hast du verstanden?« Ich gab zur Antwort: »Ich fühle Tag für Tag, daß in meinem Geist nichts mehr ist.« Als er erkannte, daß ich ein echtes Verständnis besaß, fragte er: »Woher beziehst du dein Verständnis?« Da ich nicht sicher war, ob ich die Wahrheit wirklich kannte, getraute ich mich nicht zu antworten. Darauf sagte er zu mir: »Du vermagst in Stunden der Stille dein Wissen festzuhalten, aber du verlierst es in deinen Aktivitäten.« Das beunruhigte mich, denn er hatte meinen schwachen Punkt getroffen. Ich fragte: »Was muß man tun, um das richtige Verständnis zu gewinnen?« Chin antwortete: »Hast du nie gehört, was Chung Lao Tze darüber gesagt hat?

Um ES zu verstehen:
Schau nach Süden, wenn du den Bären (den Nordstern)
erblicken willst.«
Danach verließ er mich.

Das erste Ergebnis war, daß ich mir des Gehens nicht
mehr bewußt war, wenn ich ging, und des Sitzens nicht
mehr, wenn ich saß. Ich vergaß die Arbeit am »Wu«-Hua
Tou eine ganze Woche lang und konzentrierte mich nur
darauf zu verstehen, was er um Himmels willen mit dem
Satz »Schau nach Süden, um den Nordstern zu erblicken«
gemeint haben könnte. Eines Tages, als ich im Versammlungsraum mit einer Gruppe von Mönchen meditierte,
packte mich das »Gefühl des Zweifels« und ließ mich nicht
mehr los. Die Zeit des Abendessens kam und ging vorüber.
Plötzlich fühlte ich meinen Geist hell, leer, licht und durchlässig werden; meine Gedanken fielen von mir ab, wie wenn
ich in der Leere aufgegangen wäre und Menschen wie Dinge
sich aufgelöst hätten.

Etwa eine halbe Stunde später kam ich wieder zu Bewußtsein und bemerkte, daß mein Körper schweißgebadet war.
Plötzlich verstand ich den Sinn des Nach-Süden-Schauens,
um den Stern im Norden zu erblicken. Ich ging zu Chin. Ich
konnte jetzt alle seine Fragen ohne Schwierigkeiten beantworten. Ich vermochte jetzt auch spontan und ohne sonder-
liche Mühe Gedichte zu schreiben. Aber ich hatte mich noch
nicht soweit befreit, daß ich den Zustand des »Eine-Stufe-
Höherspringens« erreicht hätte. Später ging ich zu Hsiang
Yen in die Berge, um dort den Sommer zu verbringen. Ich
wurde von den Moskitos, die dort die Gegend verseuchten,
schrecklich zerstochen. Ich mußte dauernd mit den Händen
um mich schlagen, um sie fernzuhalten. Dann aber dachte
ich bei mir: »Wenn in den alten Zeiten die Menschen ihren
Körper dem Dharma geopfert haben, wie sollte ich mich da
vor Moskitos fürchten?« Mit diesem Gedanken versuchte
ich, mich zu entspannen und die Biester zu ertragen. Mit
geballten Fäusten und zusammengebissenen Zähnen kon-

zentrierte ich meinen Geist auf das Wort »Wu«, indem ich mit größter Geduld die andauernden Stiche der Moskitos ertrug. Bald spürte ich, wie Körper und Geist langsam niedersanken, gleich einem Haus, dessen vier Wände eingestürzt sind. Ich entsank in einen Zustand der Leere, der sich nicht beschreiben läßt. Am frühen Morgen hatte ich zu meditieren begonnen und es war Nachmittag, als ich meine Meditation beendete. Danach wußte ich in letzter Gewißheit, daß uns der Buddhismus niemals im Stich läßt oder in die Irre führt.

Obwohl mein Verständnis zu diesem Zeitpunkt weit fortgeschritten war, hatte es noch nicht den Zustand der vollen Reife erreicht. Es gab noch immer gewisse Spuren schwacher, versteckter, kaum merkbarer falscher Denkvorstellungen, die sich noch nicht völlig hatten beseitigen lassen. Ich meditierte noch sechs Jahre lang am Berg Kwung Chou, dann nochmals sechs Jahre lang am Berg Lu Han und danach drei Jahre in Kuang Chou. Erst dort erlangte ich die endgültige Befreiung.

Auszug aus der Autobiographie des Zen-Meisters Hsueh Yen

Die Zeit steht nicht still. Die nächste Inkarnation ist schnell da. Warum also nicht versuchen, Zen zu verstehen und sich in demütigem Geist bemühen, es ganz und gar durchschaubar zu machen? Wie glücklich seid Ihr, hier leben zu können, umgeben von herrlichen Bergen und Seen! Wie glücklich seid Ihr, Euch in einer Welt zu befinden, in der es die Lehre und berühmte Meister gibt? Euer Kloster ist rein und sauber, das Essen ist gut und nahrhaft. Wasser und Brennholz ist reichlich in der Nähe. Wenn Ihr diese seltene Gelegenheit nicht nützt, Zen vollständig zu verstehen, verschwendet Ihr Euer Leben. Ihr gebt Euch selber auf und versinkt in Sinnvergessenheit. Wenn Ihr fühlt, daß Ihr nichts über diese Lehre wißt, warum fragt Ihr nicht die älteren Brüder und denkt über das, was sie Euch sagen, nach, um dessen Sinn zu finden?

Ich kam zur Priesterschaft im Alter von fünf Jahren. Wenn ich hörte, wie mein Lehrer mit seinen Gästen und Besuchern diskutierte, dann wußte ich, daß es so etwas wie Zen gibt, und ich glaubte daran. Bald lernte ich, wie man meditiert. Mit sechzehn wurde ich geweiht und mit siebzehn begann ich, verschiedene Meister zu besuchen.[33] Am Wohnort von Meister Yuan von Shuang Lin schloß ich mich einer Meditations-Gruppe an. Von Sonnenaufgang bis Sonnenuntergang verließ ich niemals die Klosterräume. Auch wenn ich den Schlafsaal betrat, kreuzte ich nur meine Hände in den großen Ärmeln und blickte geradeaus, ohne nach rechts oder links zu sehen. Ich heftete meine Augen fest auf eine Stelle ungefähr drei Fuß vor mir. Zuerst meditierte ich über das Wort »Wu«. Eines Tages richtete ich meinen Geist nach innen und versuchte herauszufinden, wo und wie ein Gedanke aufsteigt. Plötzlich fühlte ich, wie mein Denken stillstand: nichts bewegend und von nichts bewegt wurde es klar und heiter. Der ganze Tag schien ein einziger Augenblick. Ich hörte nicht einmal das Schlagen der Trommeln und der Glocken, die sonst im Kloster in regelmäßigen Zwischenräumen zu vernehmen sind.

Als ich neunzehn war, lebte ich im Lin-Yin-Kloster. Ich hatte einen Brief von Chu Chou, der lautete: »Lieber Chin, Dein Zen ist ein totes Zen. Woran Du arbeitest, das ist wie stehendes Wasser, nutzlos. Deine Arbeit trennt noch Tun und Nichttun in zwei verschiedene Dinge. Das Wichtigste beim Zen ist, daß das Gefühl für den ›Suchenden Zweifel‹ [I ching][34] entsteht. Ist dieser Zweifel klein, so führt er zu einer kleinen Erleuchtung. Ist er größer, führt er zu einer großen Erleuchtung.« Chu Chous Worte trafen das Entscheidende. Ich wechselte in meiner Hua-Tou-Meditation vom »Wu« zum »Trockenen Kot« und setzte meine Übung fort. Ich betrachtete mein Hua Tou von den verschiedensten

Gesichtspunkten und bezweifelte die eine wie die andere Lösung. Das Ergebnis war, daß mich Schläfrigkeit und ablenkende Gedanken überfielen. Ich vermochte keinen einzigen Augenblick in meinem Kopf Frieden zu halten.

Dann wanderte ich zum Chin-Tsu-Kloster und tat mich dort mit sieben Dharma-Brüdern zusammen. Wir gelobten, in strengster Weise zu meditieren. Wir wollten weder Decken benützen noch auf einem Bett schlafen. Wenn der leitende Mönch, Bruder Hsiu, sich auf seinem Meditationssitz niederließ, schien er so sicher und unerschütterlich dazusitzen wie ein in den Boden gerammter Eisenstock. Keiner konnte mit ihm reden.

Zwei Jahre lang schlief ich in keinem Bett. Eines Tages war ich so müde, daß ich es aufgab, mich hinlegte und in einen tiefen Schlaf verfiel. Zwei Monate vergingen, ehe ich mich wieder gesammelt hatte und wieder arbeiten konnte. Die Entspannung dieser zwei Monate hatte mich erfrischt. Ich fühlte mich gekräftigt und voll Leben. Somit hatte ich die Erfahrung gemacht, daß es nicht vollständig ohne Schlaf geht. Ein tiefer Schlaf um Mitternacht ist zur Erquickung notwendig.

Eines Tages begegnete ich dem leitenden Mönch Hsiu und hatte das erste Mal Gelegenheit, mit ihm zu sprechen: »Vergangenes Jahr wollte ich mit Euch sprechen, warum habt Ihr jedes Gespräch abgelehnt?«, fragte ich ihn. Hsui erwiderte: »Wer wirklich das Tao übt, hat kaum Zeit, seine Nägel zu schneiden. Wie fände er Muße, mit Euch zu reden?« Ich fragte ihn dann, was ich gegen die Schläfrigkeit und die ablenkenden Gedanken tun könnte, die mich quälten. Er sagte: »Das passiert Euch, weil Ihr es nicht ernst genug meint. Ihr müßt aufrecht auf Eurem Platz sitzen, Euer Rückgrat gerade halten, Körper und Geist ganz mit dem Hua Tou eins werden lassen und dürft der Schläfrigkeit oder den wilden Gedanken keine Aufmerksamkeit schenken.« Gemäß diesen Anweisungen ging ich vor und, ohne es zu wissen, vergaß ich Körper und Geist — selbst deren

Existenz. Drei Tage und drei Nächte war mein Geist so licht und leuchtend, daß ich niemals, auch nur für einen einzigen Augenblick, meine Augen schloß. Am Nachmittag des dritten Tages schritt ich durch die drei Tore[35] des Klosters, wie wenn ich sitzen würde. Abermals kam ich an Hsiu vorbei. »Was macht Ihr hier?«, fragte er. »Ich arbeite am Tao«, antwortete ich. Darauf sagte er: »Was ist das, was Ihr das Tao nennt?« Unfähig, ihm zu antworten, wurde ich immer verwirrter und verwirrter. In der Absicht weiterzumeditieren, kehrte ich in den Meditationsraum zurück. Aber zufällig begegnete ich Hsiu wieder. Er sagte: »Öffne deine Augen und sieh, was es ist!« Nach dieser Ermahnung hatte ich noch stärker als vorher das Verlangen, in die Meditationshalle zurückzukehren. Als ich gerade dabei war, mich niederzusetzen, stürzte etwas plötzlich vor mir in sich zusammen, wie wenn der Boden weggesunken wäre. Ich wollte sagen, was ich fühlte, aber ich konnte es nicht; denn nichts auf der Welt kann als Gleichnis dienen, es zu beschreiben. Gleich darauf ging ich zu Hsiu. Als er mich sah, sagte er: »Meine Glückwünsche! Meine Glückwünsche!« Er faßte mich an der Hand und führte mich aus dem Kloster hinaus. Wir gingen den Flußdeich entlang, der mit Weidenbäumen bepflanzt war.

Ich blickte zum Himmel empor und dann wieder auf die Erde. [Ich fühlte,] daß alle Phänomene und Manifestationen, die Dinge, die ich mit meinen Augen sah und mit meinen Ohren hörte, die Dinge, die mir Widerwillen einflößten — einschließlich der leidenschaftlichen Begierden und der Verblendungen —, alle aus meinem eigenen strahlenden, wahrhaften und von allen Wundern erfüllten Geist hervorströmten. Während der nächsten vierzehn Tage erschienen keinerlei bewegende Phänomene in meinem Geist.

Leider stand mir zu jener Zeit kein erfahrener Zen-Meister zur Seite, der mir entsprechende Anweisungen gegeben hätte. So blieb ich viele Jahre in diesem Zustand stecken. Es ist ein Zustand, in dem »der Blick nicht völlig durchgestoßen ist und er daher das eigentliche Verständnis noch verhindert«. Ich vermochte den »Blick« während des Schlafes nicht festzuhalten. (Wörtlich: »Während des Schlafes brach er in zwei Teile auseinander.«) Auf dieser Stufe konnte ich die Koans erfassen, die mit dem Intellekt zu packen waren, aber wenn ich auf eines dieser undurchdringlichen Koans stieß, die wie ein »Berg aus Silber« oder wie eine »eherne Wand« sind, verstand ich überhaupt nichts. Obwohl ich viele Jahre unter meinem verstorbenen Lehrer Wu Chun geübt hatte, traf keines der Gespräche, die ich öffentlich oder mit ihm allein hatte, wirklich mein Herz. Keines der Zen-Bücher oder der Sutras konnte mir helfen. Diese Behinderung führte zu einem Druck in meinem Herzen und in meiner Brust, der zehn Jahre lang nicht von mir wich. Dann, eines Tages, als ich gerade durch die Halle des Tien-Mo-Klosters schritt, hob ich meinen Kopf und sah eine Zypresse vor mir stehen. Plötzlich, wie vom Blitz getroffen, verstand ich. Der Druck auf Herz und Brust schmolz dahin. Es war, wie wenn die strahlende Sonne plötzlich in einen dunklen Raum hineinscheint. Von da an hatte ich keine Zweifel mehr über Geburt und Tod, keine Fragen über Buddha und die Patriarchen. Und als ich dann diesen alten Mann Chin Shan stehen sah, gab ich ihm dreißig Stockschläge.

Auszug aus der Autobiographie
des Zen-Meisters Meng Shan

Im Alter von zwanzig Jahren erfuhr ich, daß es diese seltsame Sache Zen gibt. (Von diesem Zeitpunkt an) bis in mein zweiunddreißigstes Lebensjahr hatte ich nacheinander achtzehn Zen-Meister aufgesucht, um von ihnen zu lernen, wie man Zen wirklich praktiziert. Ich erhielt jedoch keine eindeutige Lehre von ihnen. Später studierte ich bei Meister Wan Shan, der mich lehrte, mich auf das Wort »Wu« zu konzentrieren. Er sagte mir, daß man sich während des

155

ganzen Tages so intensiv konzentrieren müsse wie eine Katze, die eine Maus fangen, oder eine Henne, die ein Ei legen will, ohne darin jemals nachzulassen. Bis zur vollkommenen Erleuchtung solle man ohne Unterlaß daran arbeiten, wie eine Maus, die ein Loch in eine Holzwand nagt. Wenn es gelingt, so zu üben, dann wird man früher oder später ganz sicher die Wahrheit entdecken.

Ich befolgte diese Anweisungen und meditierte eifrig achtzehn Tage und Nächte lang. Dann, als ich gerade eine Tasse Tee trank, verstand ich plötzlich, was Buddha ausdrücken wollte, als er eine Blume hochhielt und Mahakasyapa ihm zulächelte. Die Freude, die mich überfiel, überstieg alles, was ich bisher erlebt hatte. Ich befragte drei oder vier Zen-Meister über dieses Erlebnis, aber sie sagten nichts. Einige Meister rieten mir, ich solle mein Erlebnis mit dem Meeres-Siegel-Samadhi[36] identifizieren und alles andere beiseite lassen. Ihr Rat stärkte mein Selbstvertrauen.

Zwei Jahre später, im Juli des fünften Jahres des Chin Din (1264) erkrankte ich in Chungking in der Provinz Szechuan an der Ruhr. Mein Darm entleerte sich hundertmal am Tag und brachte mich an den Rand des Todes. Mein ganzes bisheriges Wissen wurde wertlos und das sogenannte Meeres-Siegel-Samadhi half mir nicht im geringsten. Ich hatte einen Körper, aber ich konnte ihn nicht bewegen. Ich hatte einen Mund, aber ich konnte nicht sprechen. Ich legte mich nieder, um auf den Tod zu warten. Alle Karmas und andere furchterweckende Visionen erschienen gleichzeitig vor mir. Ich war verängstigt, verwirrt, verloren und fühlte mich dem Elend und der Vernichtung preisgegeben.

Den Tod vor Augen zwang ich mich, ein Testament zu machen und so meine weltlichen Angelegenheiten in Ordnung zu bringen. Nachdem dies getan war, richtete ich mich mühsam auf, entzündete Räucherwerk und setzte mich aufrecht auf einen erhöhten Sitz. Dort betete ich schweigend zu den Drei Kostbarkeiten und zu den Göttern im Himmel und bereute vor ihnen alle die sündigen Taten, die ich im Leben begangen hatte. Mein letzter Wunsch war: Wenn mein Leben wirklich zu Ende gehen sollte, durch die Kraft von Prajna und eines wachen Geisteszustandes an einem günstigen Ort wiedergeboren zu werden, wo es mir vergönnt sein würde, schon frühzeitig die Mönchslaufbahn einzuschlagen. Sollte ich aber wider Erwarten von dieser Krankheit genesen, dann wollte ich der Welt entsagen, Mönch werden und mein Äußerstes tun, um möglichst vielen jungen Buddhisten die Erleuchtung zu bringen. Nachdem ich dieses Gelübde getan hatte, konzentrierte ich mich auf das Wort »Wu«. Es dauerte nicht lange und ich wurde von Darmkrämpfen geschüttelt, aber ich beachtete sie nicht. Nachdem ich eine Zeitlang so gesessen war, spürte ich, daß sich meine Lider nicht mehr bewegten. Wieder verging eine lange Zeitspanne, in der ich meinen Körper überhaupt nicht fühlte. Es gab nichts außer dem Hua Tou, das ständig in meinem Bewußtsein war. Es war schon Nacht, als ich mich von meinem Sitz erhob. Ich schien meine Krankheit halb überwunden zu haben. Ich setzte mich wieder hin und meditierte bis nach Mitternacht. Danach war ich vollkommen geheilt. Körper und Geist fühlten sich wohl und zufrieden.

Im August begab ich mich nach Chiang Ning und trat in den Priesterstand. Ich blieb ein Jahr lang im Kloster und begab mich dann auf die Wanderschaft. In dieser Zeit kochte ich mir mein Essen selbst. Erst jetzt wurde mir klar, daß die Arbeit am Zen den Einsatz aller Kräfte erfordert und daß sie niemals unterbrochen werden dürfe.

Später hielt ich mich im Kloster des Gelben Drachens auf. Als ich das erste Mal dort meditierte, überkam mich Müdigkeit, aber ich konzentrierte mich und überwand sie. Ich wurde ein zweites Mal von Müdigkeit gepackt, aber wieder gelang es mir, sie zu überwinden. Als mich die Müdigkeit zum drittenmal ergriff, fühlte ich mich wirklich sehr, sehr schläfrig. Ich warf mich vor Buddha nieder und versuchte, mir auf verschiedene Art zu helfen. Dann kehrte ich zu meinem Sitz zurück. Schließlich beschloß ich, meine Müdigkeit ein für allemal zu überwinden. Zuerst schlief ich kurze Zeit auf einem Polster, dann mit dem Kopf auf meinem Arm. Dann döste ich, ohne mich hinzulegen. Zwei oder drei Nächte lang kämpfte ich in dieser Weise und war auch während des Tages und am Abend ständig müde. Meine Füße schienen den Boden nicht mehr zu berühren und mein Körper in der Luft zu schweben. Dann öffneten sich plötzlich die dunklen Wolken vor meinen Augen. Mein Körper fühlte sich angenehm wohl wie nach einem warmen Bad.

Inzwischen war das »Gefühl des Zweifels« in mir immer stärker geworden, ohne daß ich mich bemühen mußte. Weder Töne noch Bilder, weder Wünsche noch Begierden vermochten meinen Geist abzulenken. Er glich einem klaren, wolkenlosen Herbsthimmel oder einem mit Neuschnee gefüllten Silberbecher. Bei mir aber dachte ich: »Das ist alles gut, aber es gibt hier niemand, der mir in dieser Sache raten oder weiterhelfen könnte.« Ich verließ daher das Kloster und begab mich nach Che Chiang.

Auf dem Weg dorthin mußte ich viele Strapazen erdulden, so daß meine Arbeit am Zen sehr darunter litt. Nach meiner Ankunft ging ich zu Meister Ku Chan aus Chin Tien und gelobte, daß ich das Kloster erst wieder verlassen würde, wenn ich die Erleuchtung erlangt hätte. Nachdem ich einen Monat lang meditiert hatte, war der Rückfall, den meine Zen-Arbeit während der Reise erlitten hatte, wieder aufgeholt. Aber mittlerweile hatten sich an meinem ganzen Körper Geschwüre gebildet. Ich beachtete sie nicht und konzentrierte mich noch stärker auf meine Arbeit, ohne Rücksicht auf Leben und Gesundheit. So vermochte ich schneller vorwärtszukommen und lernte, auch in der Krankheit am Zen weiterzuarbeiten.

Eines Tages lud mich jemand zum Abendessen ein. Auf meinem Weg dorthin arbeitete ich an dem Hua Tou und ging dabei — ohne es zu merken — am Haus meines Gastgebers vorüber. Auf diese Weise erkannte ich, daß ich meine Arbeit fortsetzen mußte, auch wenn ich mit anderem beschäftigt war. Als ich diesen Zustand erreicht hatte, fühlte ich mich wie der Mond im Wasser — durchscheinend und durchdringend. Es war ein starkes, lebendiges und anspornendes Gefühl, das von nichts gestört oder verdrängt werden konnte.

Am 6. März, als ich gerade über das Wort »Wu« meditierte, betrat der Abt die Halle, um Räucherwerk anzuzünden. Als er an die Schachtel mit den Räucherstäbchen stieß, entstand ein Geräusch. Plötzlich, wie mit einem Schlag, erkannte ich mich selbst, und Chao Chou[37] war besiegt. Ich schrieb die folgenden Zeilen:

Voll Verzweiflung erreichte ich das Ende der Sackgasse;
Ich wollte die Wellen niederstampfen,
Aber sie waren einfach Wasser.
O, dieser alte Mann Chao Chou ragt unter allen hervor,
Aber sein Gesicht ist ganz einfach ein Gesicht!

Im Herbst sah ich in Ling An den Meister Hsueh Yen und auch Tui Keng, Shih Keng, Hsu Chou und andere große Zen-Meister. Hsu Chou gab mir den Rat, Wan Shan zu befragen, was ich auch tat. Wan Shan fragte mich: »Ist der Satz ›Das glühende Licht scheint friedlich auf die sandigen Flußufer‹ nicht eine recht prosaische Bemerkung des närrischen Meisters Chang?« Ich wollte gerade antworten, als mir Meister Shan ins Gesicht schrie: »Verschwindet!« Von diesem Augenblick an nahm ich an nichts mehr Anteil; ich fühlte mich immer und bei allen Tätigkeiten gleichgültig und abgestumpft.

So vergingen sechs Monate. Im Frühjahr des nächsten Jahres kam ich eines Tages von einer Reise zurück in die Stadt. Als ich die Stufen einer Treppe hinaufstieg, fühlte ich plötzlich alle Zweifel und Hindernisse, die mich niedergedrückt hatten, dahinschmelzen, als wären sie Eis, das zu tauen beginnt. Ich eilte sofort zu Meister Shan. Er stellte mir dieselbe Frage wie beim letztenmal. Als Antwort darauf drehte ich sein Bett um und stellte es verkehrt auf den Boden. So gelang es mir nach und nach, einige der unverständlichsten und verwirrendsten Koans zu lösen.

Freunde, wenn Ihr Zen üben wollt, dann müßt Ihr es sehr ernsthaft und gründlich tun. Wäre ich nicht in Chungking an der Ruhr erkrankt, dann hätte ich vielleicht mein ganzes Leben umsonst verschwendet. Das Wichtigste ist, den richtigen Lehrer zu finden und die richtige Einstellung zu haben. Darum suchte man früher überall nach guten Lehrern, um deren Rat einzuholen. Denn nur auf diesem Weg kann man die eigenen Zweifel beiseite räumen und sich der Echtheit seiner Zen-Erfahrung und seines Zen-Verständnisses vergewissern.

Auszug aus der Autobiographie des Zen-Meisters Kao Feng

Um Zen zu verstehen, braucht man große Entschlossenheit und tiefen Ernst; hat man sie, dann wird das echte Gefühl des Zweifels sich erheben. Dieser Zweifel entsteht instinktiv und von selbst. Vom Morgen bis zum Abend seid Ihr von Kopf bis Fuß von ihm eingehüllt. Er wird zu einem einzigen, beständigen Ganzen, das sich nicht abschütteln läßt, wie sehr Ihr Euch auch bemühen mögt. Je mehr Ihr ihn von Euch wegdrängen wollt, um so mehr wird er an Euch haften bleiben und er wird sich jederzeit vor Euch manifestieren. Dann erst wird es Euch gelingen, Fortschritte zu machen. Wenn man diesen Zustand erreicht hat, sollte man seinen Geist klar darauf richten und keinerlei Nachgedanken haben. Wer beim Gehen nicht weiß, daß er geht, und beim Sitzen nicht, daß er sitzt, und auch sonst weder Kälte, Hitze noch Hunger verspürt, der ist auf dem Weg zur Erleuchtung. Von jetzt an ist er befähigt, sein Ziel zu erreichen. Er braucht nichts zu tun als zu warten, bis die Zeit gekommen ist. Aber laßt Euch durch diese Bemerkung nicht dazu verleiten, müßig zu bleiben; noch auch dazu, mit ängstlichem Eifer danach zu streben, diesen Zustand zu erreichen. Natürlich dürft Ihr nicht locker lassen und einfach aufgeben. Ihr sollt Euch Eure Achtsamkeit bewahren und so lange wachsam sein, bis Ihr die Erleuchtung erreicht habt. Manchmal werden Euch vierundachtzigtausend Dämonen begegnen, die sich vor den Toren Eurer sechs Organe[38] herumtreiben und auf ihre Chance warten. Die Projektionen Eures Geistes werden als gute oder schlechte, angenehme oder unangenehme, seltsame oder erstaunliche Bilder vor Euch erscheinen. Wenn Ihr Euch nur im geringsten an diese Dinge klammert, wird Euch das zu ihren Sklaven und von ihren Wünschen und Befehlen abhängig machen. Dann werdet Ihr Euch wie Teufel benehmen. Danach wird die Prajna-quelle für immer versiegen und der Samen der Erleuchtung wird niemals aufgehen. Wenn das geschieht, hütet Euch, Euren Geist aufzuwühlen, sondern verwandelt Euch lieber in einen lebenden Leichnam. Wenn Euch das gelingt und Ihr es festzuhalten vermögt, dann wird Euch mit unvermuteter Plötzlichkeit ein Gefühl überstürzen, wie wenn etwas in Euch in Stücke zerbrochen wäre. Und Ihr erreicht einen Zustand, der den Himmel erschauern und die Erde erbeben läßt.

Ich trat im Alter von fünfzehn Jahren in den Priesterstand, wurde mit zwanzig geweiht und lebte im Kloster von Chin Tzu. Ich gelobte, Zen in drei Jahren zu erreichen. Zuerst studierte ich unter Meister Tuan Chiao. Er lehrte mich, an einem Hua Tou zu arbeiten, und zwar an der Frage: »Wo war ich vor der Geburt und wo werde ich nach dem Tod sein?« (Ich folgte seinen Anweisungen, konnte aber meinen Geist wegen der in diesem Hua Tou enthaltenen Zweigeleisigkeit nicht richtig konzentrieren.) Mein Geist blieb zerstreut.

Später besuchte ich den Meister Hsueh Yen. Er lehrte mich, mit dem Wort »Wu« zu arbeiten und ihm jeden Tag Bericht zu erstatten. Er sagte, es sei wie auf einer Reise; man müsse jeden Tag wissen, welche Fortschritte man gemacht habe. Da seine Erklärungen so folgerichtig und verständlich waren, wurde ich so von ihm abhängig, daß ich bei meiner Arbeit am Zen kaum mehr eigene Anstrengungen machte. Eines Tages, als ich gerade sein Zimmer betreten hatte, sagte er zu mir: »Wer hat diesen Leichnam für Euch hierher geschleppt?« Er hatte diesen Satz kaum ausgesprochen, als er mich schon aus dem Zimmer jagte.

Später folgte ich dem Beispiel von Chin Shan und blieb in der Meditationshalle. Eines Tages erinnerte ich mich im Traum an das Koan: »Alle Dinge lassen sich auf das Eine zurückführen, aber worauf läßt sich das Eine zurückführen?« In diesem Augenblick entstand plötzlich ein so starkes Gefühl des Zweifels in mir, daß ich nicht mehr wußte, wo Nord oder Süd, Ost oder West waren. Am sechsten Tag, den ich in diesem Zustand verbrachte, während ich gerade mit den andern Gebete sprach, hob ich meinen Kopf und sah die letzten zwei Zeilen des Gedichtes von Fa Yen vor mir[39],

»O Ihr seid es, der Kerl,
Den ich schon immer gekannt habe,
Der geht und kommt
An all den dreißigtausend Tagen von einhundert Jahren!«

Aufgebrochen und gelöst war in diesem Augenblick der Satz: »Wer hat diesen Leichnam für dich hierhergeschleppt?« (Denn er war in mir gesteckt seit dem Tag, an dem Meister Hsueh Yen ihn mir entgegengeschleudert hatte.) Mir war, wie wenn, was ich bisher für meinen Geist gehalten hatte, gestorben und nun, verwandelt, vom Tode wieder auferstanden wäre. Es war, als hätte ich die Last einer Tragstange von zwanzig Pfund plötzlich abgeworfen! Damals war ich vierundzwanzig Jahre alt; ich hatte somit mein Ziel, Zen innerhalb von drei Jahren zu erlangen, erreicht.

Später wurde ich gefragt: »Seid ihr Herr Eurer selbst am

hellen Tage?« Ich antwortete: »Ja, ich bin es.« »Seid Ihr Herr Eurer selbst, wenn ihr träumt?« Auch diesmal war meine Antwort: »Ja, ich bin es.« »Wo aber ist der Herr im traumlosen Schlaf?« Auf diese Frage wußte ich keine Antwort und keine Erklärung. Der Meister sagte zu mir: »Von jetzt an sollt Ihr weder den Buddhismus studieren noch den Dharma lernen, noch sonst irgend etwas, ob alt oder neu. Ich möchte nur, daß Ihr eßt, wenn Euch hungert, und schlaft, wenn Ihr müde seid. Und sobald Ihr erwacht, sollt Ihr Euren Geist auf die Frage konzentrieren: ›Wer ist der Herr dieses Aufwachens, wo ruht er seinen Körper aus und wo lebt er sein Leben?‹«

Ich entschloß mich, dieser Frage auf den Grund zu gehen, selbst wenn dies bedeuten sollte, den Rest meines Lebens scheinbar als Narr zu verbringen. So vergingen fünf Jahre. Eines Tages, als ich dieser Frage im Schlaf nachging, stieß mein Mönchsbruder, der neben mir schlief, an das Polster, das mit einem dumpfen Laut zu Boden fiel. In diesem Augenblick zerbrachen meine Zweifel plötzlich und ich hatte das Gefühl, wie wenn ich einer Falle, die schon zugeschnappt war, entkommen wäre. Alle die verwirrenden Koans der Meister und der Buddhas und alle die verschiedenen Fragen und Geschehnisse in Gegenwart und Vergangenheit wurden plötzlich für mich durchsichtig und glasklar. Von da an war alles geregelt; nichts blieb unter der Sonne als Frieden.

III

VIER PROBLEME DES ZEN

Das im Westen immer noch wachsende Interesse am Zen-Buddhismus hat auch zu vielen Mißverständnissen geführt. Für die meisten, die das eine oder andere Buch darüber gelesen haben, ist der Zen-Buddhismus ein bloßes Gesprächsthema. Nur sehr wenige studieren Zen ernsthaft, kommen aber aufgrund der mageren Quellen, die ihnen zugänglich sind, zu vorschnellen Schlußfolgerungen. Einige versuchen zu meditieren, in der Hoffnung, in ein paar Stunden die Erleuchtung oder wenigstens einige interessante neue Erfahrungen erlangen zu können.

Die meisten im Westen, die sich mit Zen beschäftigen, haben nur die Stufe erreicht, auf der sie sich von dem seltsamen »Jargon« des Zen verwirrt fühlen, – ein auch im Osten durchaus normaler Zustand für Anfänger. Alle diese Mißverständnisse können nur geklärt werden aufgrund verläßlicher Informationen. Dabei erheben sich vier entscheidende Fragen, die Antwort verlangen.

1. Ist Zen so vollständig unverständlich und außerhalb der Reichweite menschlichen Begreifens, wie einige Bücher behaupten?

2. Was ist »Zen-Erleuchtung«? Handelt es sich dabei um die »vollkommene Erleuchtung« des orthodoxen Buddhismus? Ist sie eine Erfahrung, die ein für allemal gemacht wird, oder besteht sie aus vielen Einzelerfahrungen? Wenn letztes zutrifft: Wie unterscheiden sich diese Erfahrungen in Wesen und Tiefe?

3. Wie verhält sich die Zen-Lehre zu der des Yogacara und des Madhyamika, den beiden Hauptschulen des Mahayana-Buddhismus?

4. Gibt es hinter den scheinbar irrationalen Zen-Koans irgendein System oder eine Ordnung, die, wenn man sie versteht, Zen begreiflich macht?

Ist Zen vollständig unverständlich?

Von der Beantwortung dieser Frage hängt das Schicksal des Zen sowohl als Erkenntnisform wie als geistiger Wahrheit ab, denn wenn — wie einige Autoren wiederholt betont haben — Zen unbegreiflich und irrational ist, wie vermag dann ein menschliches Wesen es zu verstehen? Wenn alles verstandesmäßige Erkennen aufgegeben werden muß, dann müssen die erleuchteten Zen-Meister der Vergangenheit vollständige Narren gewesen sein.

Die Geschichte zeigt jedoch ein ganz anderes Bild. Die Zen-Meister waren weiser als der Durchschnitt, und das nicht nur in ihrer Erkenntnis des Zen, sondern auch in vielen anderen Dingen. Ihre glänzenden Leistungen auf dem Gebiet der Kunst, der Literatur und der Philosophie waren unbestreitbar ersten Ranges und ragten aus dem Gesamtbereich der chinesischen Kultur deutlich hervor. Möglicherweise liegt das Mißverständnis, dem einige Autoren bei der Darstellung des Zen erliegen, darin, daß sie nicht zwischen »Verstehen« und »Verwirklichen« unterscheiden. Eine Sache verstehen, heißt nicht, sie verwirklichen. Zen auf intellektuelle Weise verstehen, darf nicht verwechselt werden mit der unmittelbaren Verwirklichung der Zen-Wahrheit. Sie hätten also richtigerweise nicht sagen sollen, »um Zen zu verstehen«, sondern, »um Zen real zu verwirklichen«, »muß man alles aufgeben, was man auf dem Weg verstandesmäßiger Erkenntnis erworben hat« (auf gewissen Stufen). Um sich über den wunderbar kalten, süßen und angenehmen Geschmack von Eiscreme zu verständigen, muß man den Geschmack nicht tatsächlich gehabt haben. Ihn als kalt, süß und angenehm statt als bitter, heiß und unangenehm zu verstehen, läßt sich dem Verstehen von Zen vergleichen, wenn man sagt, es ist direkt statt indirekt, unmittelbar statt abstrakt, transzendent statt dualistisch.

Jeder Schüler des Buddhismus weiß, daß »Verstehen« sich sehr wesentlich von »Verwirklichen« unterscheidet. Das erste gehört zum Bereich des »mittelbaren Beurteilens« das letzte zu dem des »unmittelbaren Wahrnehmens«. Diese beiden Kategorien zu verwechseln, das wäre, wie wenn jemand dem Priester einer christlichen Kirche sagte, Jesus Christus sei nur »ein Stück Holz voll trockenen Kots«. Sicher würde man einen solchen Menschen aus seiner Kirche hinausjagen; allerdings wäre das nicht im Geiste des Zen!

Zen auf intellektuelle Weise zu verstehen, ist nichts »Tadelnswertes«, sondern ist der für den Anfänger einzig mögliche Weg; denn wie sollte man zu Zen gelangen, ohne zuerst irgendein Verständnis oder eine »verstandesmäßige Kenntnis« von ihm zu haben? Davon gibt es für niemanden eine Ausnahme.

Eine vollständige Ablehnung des Wertes verstandesmäßigen Begreifens ist offenbar falsch, sowohl vom Standpunkt der Philosophie wie von dem der Religion und des Zen — ganz besonders des Zen. Denn wenn Zen, wie es richtig ist, als die Essenz des Buddhismus betrachtet wird, durch die die letzte Wahrheit ihren Ausdruck findet, muß es gegensatzfrei und allumfassend sein. Das stimmt mit der Hua-Yen-Philosophie überein, die ausdrücklich feststellt, daß, wenn die letzte Wahrheit allgegenwärtig und alldurchdringend ist, sie allumfassend und frei von Gegensätzlichkeiten sein muß. Darum ist auch das Stück Holz voll trockenen Kots neben dem Buddha darin zu finden. Der Berg ist ein Berg und Wasser ist Wasser. Wenn ich hungrig bin, esse ich, und wenn ich schläfrig bin, schlafe ich; die Vögel singen und die Fische schwimmen. Was wäre falsch am Begreifen und verstandesmäßigen Erkennen? Sind sie nicht im großen Tao mitenthalten? Sind sie nicht Aktivitäten im wunderbaren Spiel der Buddhaheit? Sind nicht sowohl Intuition wie verstandesmäßige Intelligenz ehrfurchtgebietend und unentbehrlich im gewaltigen Drama des Dharmadhatu (der alles umschließenden Totalität)?

Welche Entschuldigung hätten wir, die eine zu bevorzugen und die andere geringer zu bewerten?

Wogegen Zen sich wendet, ist nicht die verstandesmäßige Erkenntnis als solche, sondern das Sich-Klammern an den Intellekt oder das Begriffe bildende Denken innerhalb des allgemeinen Sich-Anklammerns des Menschen.

Wir wollen sehen, wie sich Zen mit diesem menschlichen Anklammern auseinandersetzt.

Hsiang Yen (9. Jahrhundert) gab seinen Schülern einmal das folgende Beispiel: »Ein Mann klettert auf einen Baum und hängt an einem Ast, an dem er sich nur mit seinen Zähnen festhält; seine Glieder hängen ohne Stütze in der Luft, als ihn jemand fragt: ›Mit welcher Botschaft ist Bodhidharma aus dem Westen zu uns gekommen?‹ Wenn der Mann schweigt, verweigert er die Antwort; aber wenn er antwortet, wird er vom Baum stürzen und sein Leben verlieren. Was soll er tun?«

Dieses interessante Koan ist typisch für die Technik, die von den Zen-Meistern oft benützt wird, um den Schüler zu zwingen, die Sackgasse zu sehen, in der er ausweglos steckt, wenn er seinen gewohnten Denkwegen nachgeht, und um damit eine Situation zu schaffen, in der seinem Denken keine Möglichkeit gelassen wird zu funktionieren. Indem der Meister dann den Schüler einen Schritt weiter ins Unbekannte stößt, vermag er dessen Weisheitsauge zu öffnen. Wenn man aber – zweitens – dieses Koan als Gleichnis betrachtet, erinnert es an einen Wesenszug des menschlichen Geistes, nämlich daran, daß der Geist immer etwas ergreifen und sich an etwas festklammern muß. Es scheint uns unvorstellbar, daß er funktionieren könnte, ohne eine Sache festzuhalten, über die er denkt. Wir können niemals, auch nur einen einzigen Augenblick, ohne einen Gegenstand sein, der uns geistige oder physische Aktivität ermöglicht.

In den meisten Fällen müssen wir sogar mehr als nur eine Sache haben, um sie festzuhalten und uns daran anzuklammern. Wenn wir die eine loslassen, können wir immer noch zu der andern Zuflucht nehmen: ein Blinder wird immer auf seinen Gehör- und Tastsinn zurückkommen; ein enttäuschter Liebender wird beim Alkohol, der Religion oder etwas Ähnlichem seine Zuflucht nehmen. Aber die Zen-Meister treiben uns immer in die Sackgasse absoluter Ausweglosigkeit, wo wir nichts mehr haben, uns festzuhalten, anzuklammern oder auszuweichen. Genau hier, an diesem Punkt des Verzweifelns, müssen wir unser gewohntes Anklammern aufgeben für die absolute, große Freiheit des Loslassens, und genau hier müssen wir die letzte Bastion des Denkens verlassen und uns ergeben, mit leeren Händen, mit nichts, uns daran festzuhalten, ehe wir in den unbekannten Abgrund der Buddhaheit springen können.

Als Bestätigung der Behauptung, daß von den buddhistischen Weisen nicht der Intellekt selbst verdammt wird, sondern es viel mehr das Sich-Anklammern ist, gegen das sie sich wenden, zitiere ich den berühmten Ausspruch des Tilopa, des indischen Guru, der indirekt zum Gründer der bkah-rgyud-pa-(Kagyutpa-)Schule in Tibet wurde, als er seinen Schüler Naropa am Ufer des Ganges Mahamudra lehrte:

»Nicht die Manifestationen selbst binden dich ans Sangsara;
Daß du dich an sie anklammerst, schafft die Fesseln.
O, das Anklammern macht dich zum Sklaven –
Naropa!«[1]

Zen betont die unmittelbare Erfahrung und lehnt die ausschließlich verstandesmäßige Denktätigkeit ab, die in ihrem Wesen abstrakt und indirekt ist. Die Zen-Meister haben niemals das Theoretisieren über Zen ermutigt. Sie liebten es nicht, zu offen über das zu sprechen, was sie verstanden; denn wenn sie es getan hätten, würden sich die Leute einfach eine begriffliche Vorstellung vom Zen gebildet haben, die sie wieder in den Teufelskreis von Intellekt und Philosophie zurückgeführt hätte. Das Benützen von Tricks, um den Schüler zur unmittelbaren Erfahrung zu bringen, und das niemals allzu offene Reden[2] über Zen, dies alles führte zu jener einzigartigen »Zen-Tradition«, wie sie von allen ihren Anhängern voll Stolz gepflegt wurde. Das bedeutet nicht, daß die Zen-Meister in ihren Bemerkungen immer dunkel waren. Im Gegensatz zu dem, was man derzeit im Westen glaubt, sprachen sie bei den meisten Gelegenheiten sehr offen und klar. Selbst die Heroen des Extrems, wie Ma Tsu und Lin Chi, waren bei vielen Anlässen klar und verständlich. Ihre Anweisungen klingen wie die eines gütigen Menschen, der in einfachen Worten mit großer Aufrichtigkeit spricht. Darum ist Zen so außerordentlich praktisch. Es kennt nur ein Ziel, das Individiuum unmittelbar zur Erleuchtung zu bringen. Da die Menschen in ihren Fähigkeiten und Begabungen außerordentlich verschieden sind, müssen die Zen-Meister für die unterschiedlichen Individuen in den unterschiedlichen Situationen auch unterschiedliche Methoden und Techniken verwenden. Und darum sind Stil und Ausdrucksformen des Zen so außerordentlich verschieden, von den irrationalen und rätselhaftesten Koans bis zu den klarsten und verständlichsten Instruktionen. Eine besondere Ironie liegt darin, daß, wiewohl Zen sich für eine »besondere Überlieferung außerhalb der Literatur, unabhängig von Wort und Schrift« ausgibt, die Zen-Mönche weit mehr Bücher geschrieben haben als die Mönche irgendeiner anderen buddhistischen Sekte in China.

Die Antwort auf die erste Frage ist also:

1. Zen ist ganz und gar nicht jenseits der Reichweite menschlichen Verstehens.

2. Zur »Zen-Verwirklichung« kommt man über das »Verstehen von Zen«.

3. Es wäre völlig falsch, irgendein Dharma auszuschlie-

ßen oder geringer zu achten. Das gilt natürlich auch für den Intellekt und das verstandesmäßige Erkennen; denn sie sind umschlossen von und identisch mit der höchsten Buddhaheit.[3]

4. Das Aufgeben der verstandesmäßigen Erkenntnis wird nur vorübergehend gefordert; es ist ein praktisches Mittel, aber kein zu erstrebendes Ziel.

5. Die Begriffe bildende Tätigkeit des Intellekts wird von den Zen-Meistern nur für gewisse Typen von Individuen auf bestimmten Stufen verworfen.

Was ist Zen-»Erleuchtung«?

»Erleuchtung« oder Wu ist das Herz des Zen. Aber was ist diese *Wu*-Erfahrung[4]; ist sie eine oder sind es viele Erfahrungen?

Die Antwort wird in dem folgenden Versuch einer Definition von Wu gegeben: *Wu ist das unmittelbare Erlebnis des Erblickens, Entfaltens und Verwirklichens der Geist-Essenz in ihrer Fülle.* Dem Wesen nach ist es erleuchtend, aber leer, heiter-gelassen, aber dynamisch, transzendierend, aber immanent, frei, aber allumfassend. Die Wu-Erlebnisse sind ein Erlebnis und zugleich viele: eines, weil sie in ihrem Wesen identisch sind; viele, weil sie nach Tiefe, Klarheit und Wirkungskraft verschieden sind. Das vermittelt einen ersten knappen Begriff von Sinn und Wesen des *Wu*.

Bevor wir das *Wu*-Erlebnis weiter prüfen, möchte ich zuerst auf die Bedeutung des chinesischen Wortes *Wu* hinweisen. *Wu* bedeutet »aufwecken zur Tatsache« oder ungenau »zu verstehen«. Dieses Wort benützt die Zen-Überlieferung, um die inneren Erfahrungen des Erwachens zur Prajna-Wahrheit (der Wahrheit, die durch transzendente Weisheit erkannt wird) zu bezeichnen; es ist nicht gleichbedeutend mit *Cheng-teng-chueh* (Samyaksambodhi), was die endgültige und vollkommene Erleuchtung der Buddhaheit bedeutet. Ch'an-Buddhisten in China reden selten von *Cheng-chueh* (Sambodhi) oder von ihrer Ch'an-Erfahrung als *Chueh (Bodhi)*. Obwohl *Chueh* und *Wu* einander sehr nahe verwandt sind, besteht doch ein Unterschied zwischen ihnen. *Wu* bezieht sich mehr auf das Erweckungserlebnis im unmittelbaren Sinn, während *Chueh* die dauernde und vollständige Erleuchtung bezeichnet. *Ta-chueh* z. B. wird nur mit Bezug auf den Buddha gebraucht und wird selten auch auf berühmte Ch'an-Meister angewendet, ausgenommen als Höflichkeitsform bei Ehrentiteln. Es gibt viele andere Hinweise, die bestätigen, daß die *Wu*-Erfahrungen verschieden sind von der endgültigen, vollkommenen und vollständigen Erleuchtung, wie sie allgemein verstanden wird. Der häufige Gebrauch von *Wu* statt *Chueh* durch die Ch'an-Buddhisten macht das besonders deutlich.

Da *Wu* in der Hauptsache ein Erlebnis des Erwachens zur Prajna-Wahrheit ist, vermag derjenige, der zu diesem *Wu*-Erlebnis gelangt, es nicht voll zu meistern, zu vertiefen und zur Reife zu bringen. Sehr viel Arbeit ist notwendig, diesen gewaltigen und unergründlichen Prajna-Geist zu pflegen, bevor er voll aufblühen wird. Es bedarf einer langen Zeit, bis die dualistischen, ichhaften und tief eingewurzelten gewohnten Denkvorgänge, die aus den Leidenschaften aufsteigen, vollkommen beseitigt sind. Das ist aus vielen Zen-Geschichten sehr klar zu ersehen; auch aus dem folgenden Zen-Ausspruch: »Die Wahrheit wird durch plötzliche Erleuchtung verstanden, aber die vollständige Verwirklichung muß Schritt für Schritt geübt werden.«[5]

Darum gibt es in der Zen-Erleuchtung oder im *Wu* außerordentlich große Unterschiede; sie gehen vom flüchtigen Erblicken der Geist-Essenz beim Anfänger bis zur vollen Buddhaheit, wie sie durch den Buddha und einige wenige fortgeschrittene Zen-Meister verwirklicht wurde. Diese Erfahrungen sind jedoch nur verschieden im Grad der Tiefe, nicht im Wesen oder im Grundprinzip. Um den Zen-Buddhismus zu verstehen, sollte man daher die Werke studieren, die diese Zusammenhänge darstellen, wie etwa die *Bilderfolge vom Ochsen und Hirten*, das *Prinzip der Drei Tore*, die *Fünf Positionen von König und Minister*, die *Vier Unterscheidungen des Lin Chi* und andere Quellenwerke samt ihren Kommentaren. Ohne ein Verständnis dieser Leitvorstellungen darf man nicht erwarten, Zen – und wäre es auch nur oberflächlich – zu verstehen.

Um dem abendländischen Leser ein echtes Bild davon zu geben, wie Zen-Erleuchtung wirklich stattfindet, habe ich eine Stelle aus der Autobiographie des Tieh Shan übersetzt, in der dieser sein persönliches *Wu*-Erlebnis während seines langen Ringens um Erleuchtung schildert. Dies ist eine Information aus erster Hand, die besser ist als jede Erklärung oder Beschreibung durch jemanden, der zwar gelehrt, aber ohne reale Erfahrung ist. Tieh Shan schreibt:

Ich kannte den Buddhismus, seit ich dreizehn Jahre alt war. Im Alter von achtzehn Jahren schloß ich mich den Mönchen an ... Dann las ich eines Tages eine Schrift Hsueh Yens, die ein Mönch mitgebracht hatte: »Anweisung zur Meditation.« Sie machte mir klar, daß ich noch nichts erreicht hatte. Ich ging daher zu Hsueh Yen um Unterweisung und folgte dieser genau, wenn ich über das Wort *Wu* meditierte. Am vierten Tag brach auf meinem ganzen Körper Schweiß aus, und ich fühlte mich gelöst und licht. Ich blieb im Meditationsraum und konzentrierte mich auf meine Meditation, ohne mit irgend jemandem zu sprechen.

Danach ging ich zu Miao Kao Feng, der mir riet, das Meditieren über das Wort *Wu* Tag und Nacht ohne Unterbrechung fortzusetzen. Wenn ich am Morgen aufstand, war mir das Hua Tou (»die Essenz des Ausspruchs«)[6] sofort gegenwärtig. Wann immer ich ein wenig schläfrig wurde, erhob ich mich, verließ den Sitz, aber auch während ich auf und ab ging, blieb das Hua Tou gegenwärtig, ebenso während ich mein Bett machte oder Essen bereitete, während ich den Löffel aufnahm oder die Eßstäbchen niederlegte. Es war ständig, in allen meinen Aktivitäten, Tag und

Nacht, zugegen. Wenn man seinen Geist in dieser Weise in ein einziges, ständig anwesendes Ganzes zu verschmelzen vermag, muß die Erleuchtung einfach erreicht werden. In Befolgung dieses Rates gelangte ich zur Überzeugung, daß ich einen solchen Zustand besonderer Art erreicht hatte. Am 20. März wandte sich Meister Yen an die versammelten Mönche:

»Meine lieben Brüder, es hat keinen Sinn, sich schläfrig zu fühlen, wenn man lange Zeit auf seinem Meditationssitz gesessen ist. Wenn Ihr schläfrig seid, solltet Ihr aufstehen, umhergehen, Euer Gesicht waschen und Mund und Augen mit kaltem Wasser erfrischen. Dann kehrt zu Eurem Sitz zurück, setzt Euch aufrecht und gerade hin, und macht Euren Geist frisch, wie wenn Ihr am Rand eines zehntausend Fuß tiefen Abgrunds stündet, und konzentriert Euch wieder völlig auf Euer Hua Tou. Wenn Ihr auf diese Weise sieben Tage lang weiterarbeitet, werdet Ihr gewiß zur Verwirklichung kommen. Mit einer Anstrengung dieser Art bin ich vor vierzig Jahren ans Ziel gekommen.«

Sobald ich dieser Anweisung folgte, begann ich Fortschritte zu machen. Am zweiten Tag fühlte ich, daß ich meine Augen nicht schließen konnte, selbst wenn ich es wollte, und am dritten Tag war mir, als schwebte mein Körper in der Luft; am vierten Tag wußte ich nichts mehr von allem, was in der Welt vorging. In dieser Nacht stand ich einige Zeit gegen eine Ballustrade gelehnt. Mein Geist war so klar gelöst, wie wenn ich in einem Zustand des Unbewußtseins wäre. Mein Hua Tou war ständig vor mir. Dann kehrte ich zu meinem Sitz zurück. Als ich mich niederlassen wollte, hatte ich plötzlich das Empfinden, wie wenn mein ganzer Körper vom Scheitel bis zu den Füßen gespalten würde. Es war, wie wenn mein Verstand ausgelöscht und ich aus einer Tiefe von zehntausend Fuß in die Luft emporgehoben würde. Ich erzählte dann Meister Yen von dieser [unbeschreiblichen Ekstase] und der nicht-anhaftenden Freude, die ich empfunden hatte.

Aber Meister Yen sagte: »Nein, das ist es nicht. Du solltest an deiner Meditation arbeiten.«

Auf mein weiteres Fragen zitierte er die folgenden Zeilen:

»Bis zum ›Aufstrahlen‹ des Lichtes, das Buddhas und
    Patriarchen lehren und preisen,
Bedarfst du noch eines kräftigen Hammerschlags
Auf deinen Hinterkopf.«

Ich fragte mich: »Warum benötige ich einen Hammerschlag auf meinen Hinterkopf?« Gewiß, es gab da noch einen kleinen Zweifel in meinem Geist, etwas, dessen ich nicht sicher war. Deshalb machte ich mich weiter ans Meditieren, lange Zeit und jeden Tag, beinahe ein halbes Jahr. Dann, als ich dabei war, ein Mittel gegen Kopfschmerz zu wärmen, erinnerte ich mich eines Koans, in dem gefragt wird: »Wenn du deine Knochen deinem Vater und dein Fleisch deiner Mutter zurückgibst, wo würdest du dann sein?«

Als mir diese Frage erstmals gestellt worden war, konnte ich nicht antworten, aber jetzt – plötzlich – war mein Zweifel zu nichts geworden.

Später ging ich zu Meng Shan, der mich fragte: »Wann und wo kann man seine Arbeit am Zen als vollendet ansehen?«

Wieder konnte ich nicht antworten. Meister Meng Shan drängte mich, härter an der Meditation [Dhyana] zu arbeiten und so die gewohnten weltlichen Gedanken wegzuwaschen. Jedesmal wenn ich den Raum betrat und auf seine Frage antwortete, sagte er, daß ich es noch nicht erfaßt hätte. Eines Tages meditierte ich vom Nachmittag bis zum nächsten Morgen und nützte die Macht des Dhyana als Stütze für mein vorwärtsdrängendes Bemühen, bis ich eine besondere Tiefe erreicht hatte. Ich erhob mich vom Dhyana und ging zum Meister und erzählte ihm mein Erlebnis. Er fragte: »Was ist dein ursprüngliches Antlitz?«

Als ich eben antworten wollte, trieb mich der Meister hinaus und verschloß seine Tür.

Von da an vermochte ich mich jeden Tag in der Tiefenschau zu verbessern. Später erkannte ich, daß die ganze Schwierigkeit entstanden war, weil ich nicht lange genug bei Meister Hsueh Yen gewesen war, um an der besonderen Tiefe der Aufgabe zu arbeiten. Aber welch ein Glück, einem wirklich guten Zen-Meister begegnet zu sein. Nur durch ihn wurde ich fähig, solch eine Stufe zu erreichen. Ich hatte nicht gewußt, daß einer, der unausgesetzt und in genügend vorwärtsdrängender Weise übt, von Zeit zu Zeit eine gewisse Verwirklichung erreichen muß, die seine Unwissenheit mit jedem Schritt des Weges verringert.

Meister Meng Shan sagte zu mir: »Es ist wie das Schleifen eines Edelsteines. Je besser der Schliff, um so leuchtender, klarer und reiner wird er. Ein Schliff solcher Art ist der Arbeit einer ganzen Inkarnation überlegen.«

Nichtdestoweniger wurde mir jedesmal gesagt, daß etwas in mir noch fehle.

Eines Tages kam mir dieses Wort »fehlen« während der Meditation in den Sinn und plötzlich fühlte ich, wie Körper und Geist sich weithin öffneten. Es war ein Gefühl, wie wenn alter aufgehäufter Schnee unter der warmen Sonne, die nach vielen dunklen und bewölkten Tagen hervorgekommen war, wegzuschmelzen begänne. Ich konnte nicht anders, ich mußte von ganzem Herzen lachen. Ich sprang auf von meinem Sitz, packte Meister Meng Shans Arm und rief: »Sagt mir, sagt! Was fehlt noch? Was fehlt noch?«

Der Meister gab mir dreimal eine Ohrfeige und ich verneigte mich dreimal vor ihm. Dann sagte er: »O Tieh Shan, es hat dich etliche Jahre gekostet, bis du es gehabt hast.«[7]

Zen und der Mahayana-Buddhismus

Wie weit läßt sich die Zen-Lehre mit den zwei Hauptströmungen des Mahayana, dem Yogacara und dem Madhyamika, vergleichen?

Vom Standpunkt des Mahayana aus sind die einzigen wirklichen Unterschiede zwischen Zen und dem herkömmlichen Buddhismus die besonderen Techniken und die ungewöhnlichen Ausdrucksmittel, die vom Zen benutzt werden, um die Prajna-Wahrheit von der Geist-Essenz zu veranschaulichen. Zen stimmt mit den grundlegenden philosophischen Erkenntnissen sowohl des Yogacara wie des Madhyamika, also beider Schulen, überein. Es soll zunächst gezeigt werden, worin Zen mit dem Yogacara verglichen werden kann.

Yogacara und Zen

Die Nur-Geist-(Vijnaptimatra-)Philosophie des Yogacara wurde von Hsuan Chuang in seiner Übersetzung des Chen Wei Shih Lun wie folgt zusammengefaßt: »Weder im Sangsara noch im Nirvana können dharmas[8] [Dinge, Manifestationen] getrennt vom Bewußtsein gefunden werden. Einige von ihnen können auf Selbstformungen des Bewußtseins zurückgeführt werden; andere auf dessen Entgegensetzungen und auf vom Bewußtsein umgewandelte Objekte, andere wieder auf Unterteilungen des Bewußtseins sowie auf das Wesensbewußtsein.«[9]

Die erste Feststellung (»keine dharmas getrennt vom Bewußtsein«) und die letzte vom Wesensbewußtsein (Alaya) sind die zwei wichtigsten Punkte für die Nur-Geist-Philosophie. Durch sie können wir die Parallelen zwischen Zen und Yogacara klar erkennen.

Nach dem Yogacara hat jede der acht Bewußtseinsarten[10] drei Unterteilungen gemäß ihren Funktionen[11]: 1. die objekthafte oder erkannte Seite (laksana-bhaga) entsprechend dem, was die Wissenslehre die Sinnesmitteilung nennt; 2. die subjektive oder erkennende Seite (darsana-bhaga), das ist jene erkennende Fähigkeit, die viele Philosophen irrigerweise als den Geist an sich betrachten; 3. die sich selbst bezeugende Seite (saksatkari-bhaga).

Diese sich selbst bezeugende Seite oder das Selbst-Gewahrsein wird vom Yogacara als das reine Bewußtsein selber angesehen, während die andern zwei Seiten nur als falsche Vorstellungen gelten, die vom Bewußtsein gewohnheitsmäßig erzeugt werden. Diese Betonung des Selbst-Gewahrseins ist von großer Wichtigkeit und weitreichender Bedeutung besonders vom praktischen Gesichtspunkt aus. Sie ist auch im Zen zu finden. Zen-Meister Shen Hui (668—770) sagte: »Dieses eine Wort ›Gewahrsein‹ (chih) ist das Tor zu allen Geheimnissen.«[12] Was er hier mit chih gemeint hat, ist das tiefe Selbst-Gewahrsein oder die Prajna-Intuition, wie Dr. Suzuki in seiner »Antwort an Hu Shih«[13] richtig ausgeführt hat. Dieses chih oder Selbst-Gewahrsein ist nicht-dualistisch. Es kann seiner selbst gewahr sein und es kann gewahr sein als solches ohne irgendeinen äußeren Gegenstand als unvermeidliche »Stütze« oder stimulierenden Gehalt, wodurch immer Gedankenabläufe dualistischer Art ins Spiel kämen. Das Festhalten des Selbst-Gewahrseins an und für sich beendet automatisch die obenerwähnte erste Art der Funktion des Bewußtseins (die des objekthaften, dinglich Erkannten) wie auch die zweite Funktion (die des subjektiven Erkennens). Die Kultivierung des Selbst-Gewahrseins oder des Reinen Bewußtseins wird somit schließlich alle dualistischen Gedanken in Nichts auflösen und die Buddhaheit hervortreten lassen. Das ist das Herzstück der Yogacara-Lehre und der Grund, warum sowohl Yogacara wie Zen das Sehen der eigenen Geist-Essenz durch Ausschaltung des dualistischen Denkprozesses zur Hauptforderung erhoben haben.

Zen sowohl wie Yogacara berufen sich darauf, daß die Dharmas getrennt vom Geist nicht existieren, sondern dessen Manifestationen und Bilder sind. Der einzige Unterschied zwischen Zen und Yogacara besteht in der Verschiedenheit der Methode, dieselbe Wahrheit auszudrücken. Yogacara z. B. erklärt die Seinsstände des Geistes mit Hilfe einer analytischen Methode in pedantischer und etwas ermüdender Weise. Mit großer Geduld geht es auf alle Einzelheiten und Klassifizierungen jedes Geisteszustandes ein, während Zen die Seinsstände des Geistes auf lebendigere und dramatischere Weise ausdrückt. Im Gegensatz zu den ins einzelne gehenden Beschreibungen des Yogacara, wie das Alaya-(Schatzhaus-)Bewußtsein die äußere Welt hervorruft, seine eigenen Bilder projiziert, die Saaten von Namen, Formen sowie von Denkgewohnheiten usw. ausstreut, erklärt Zen dieselben Wahrheiten auf ebenso einfache wie erhellende Weise.

Diese Kunst, eine tiefe und verborgene Wahrheit durch einfache und lebendige Worte zu erklären, ist in vielen Zen-Erzählungen zu finden. Hui Nengs (638—713) Bemerkung über die wehende Fahne und den Wind ist ein typisches Beispiel: »Zwei Mönche stritten, ob der Wind oder die Flagge die Bewegung hervorrufe. Lange konnten sie das Problem nicht lösen. Da erhob sich Hui Neng und sagte: ›Es ist weder der Wind noch die Flagge, sondern der Geist ist es, der bewegt.‹«[14] Im Gegensatz zum Yogacara erklärt Zen die tiefste Wahrheit in einfachster Sprache und auf leichteste Art.

Ein anderer, sehr deutlicher Gegensatz zwischen Yogacara und Zen ist, daß Yogacara die Methode der schrittweisen Erleuchtung benützt, während Zen die Erleuchtung unmittelbar und auf einmal erreichen will. Die schrittweise Methode des Yogacara ist durch einen Meditationsprozeß gekennzeichnet, der »Die Nur-Geist-Lehre in fünf Stufen« genannt wird und von K'uei Chi (632—682) zum System erhoben wurde. Die dritte Stufe ist die entscheidende. Sie heißt »Rückverwandlung des Entstandenen in das Haupt-Bewußtsein«. Auf dieser Stufe wird den Schülern gelehrt, den ersten und den zweiten Aspekt des Bewußtseins fallenzulassen und zum Selbst-Gewahrsein zu gelangen. Die vierte Stufe heißt »Beschränkung des niederen Bewußtseins und Entfaltung des höheren Bewußtseins«. Auf dieser Stufe wird den Schülern gelehrt, ins reine Bewußtsein zu entsinken und sich von den funktionellen Aktivitäten loszulösen. Die fünfte Stufe heißt »Fallenlassen der Formen und Verwirklichung der Natur des Bewußtseins«, wobei hier unter »Formen« der »Schatten« oder das »Sich-Anklammern« des reinen Bewußtseins zu verstehen ist. Mit andern Worten: Man kann die Wesensnatur der letzten Wirklichkeit nicht ganz erkennen, solange man nicht all die angeborenen und erworbenen Anklammerungen, einschließlich der an das Ego und die Dharmas, vernichtet hat. Diese aufeinanderfolgenden Stufen der Entfaltung des reinen Bewußtseins erinnern an die Bemerkung des berühmten Zen-Meisters Te Shan: »Wenn du nicht verstehst, gebe ich dir dreißig Stockschläge, und wenn du verstehst, gebe ich dir genauso dreißig Stockschläge.«[15]

Es ist leicht zu rechtfertigen, daß einer geschlagen wird, wenn er die Wahrheit nicht versteht. Aber warum hat man Schläge verdient nach der Erleuchtung? Oberflächlich betrachtet, scheint es die Absicht des Meisters zu sein, den Schüler zu prüfen; wenn man aber darüber weiter nachdenkt, spüren wir dann nicht, daß die Schläge nach der Erleuchtung darauf abzielen, den Schüler dadurch zu einer höheren Erleuchtungsstufe zu bringen, daß man ihn aus dem Sich-Anklammern an das seichtere Erlebnis, das er bisher erreicht hatte, weitertreibt? Zen-Meister erklären selten ihre Absicht, wenn sie helfen können. Sie handeln und demonstrieren lieber, als daß sie erklären. Hier und nur hier unterscheidet sich Zen sehr wesentlich von Yogacara.

Madhyamika und Zen

Der wichtigste und zugleich in seiner Art einmalige Beitrag des Buddhismus zur Philosophie ist seine ebenso wirkungsvolle wie tiefe Lehre von der Leere (Sunyata). Überblickt man die Geschichte der Philosophie im Osten wie im Westen, dann wird man schwerlich eine Denkrichtung finden, die in dieser Hinsicht mit dem Buddhismus zu vergleichen wäre. Es scheint, daß eines der Hauptinteressen, die die Philosophen und Theologen des Westens bei ihrer Suche nach der Wahrheit inspiriert haben, die Frage ist: Was ist Existenz und wie existieren die Dinge? Man kann sagen, daß dies der Ausgangspunkt der westlichen Philosophie ist. Im Gegensatz zu dieser »Betonung des Studiums der Existenz« legt der Buddhismus allen Nachdruck auf das »Studium der Leere oder Nicht-Existenz«. Zur Zeit mögen die westlichen Denker die Bedeutung und Wichtigkeit des Sunyata noch nicht klar erkannt haben, denn diese Philosophie wurde, sieht man von gewissen fragmentarisch übersetzten buddhistischen Texten ab, erst in jüngerer Zeit im Westen bekannt. Das gesamte Gebiet der Sunyata-Studien muß von den westlichen Denkern erst erforscht werden, denn — wie die Geschichte gezeigt hat — ist die Philosophie der Leere von ungeheurem Einfluß sowohl auf die buddhistischen wie die nicht-buddhistischen Denker ganz Asiens gewesen.

Als in der Frühzeit der buddhistischen Geschichte Sunyata geübt und darüber spekuliert wurde, entstand die Theorie vom Nicht-Ich *(anatman)* und der Gedanke vom »Nirvana ohne Erdenrest« *(nirupadhisesanirvanam),* und es gab viele Arhats. Als der analytische Geist der Yogacara-Gelehrten Sunyata zu untersuchen begann, wurde der Grundstein zur Nur-Geist-Philosophie gelegt mit ihrer Theorie von der zweifachen Leere und zu einem ausgearbeiteten System buddhistischer Psychologie. Aus der Verbindung von Sunyata mit dem Tantra ging das Diamant-Fahrzeug *(Vajrayana)* hervor. Der Geist der gläubigen Tibeter wurde so sehr davon beeindruckt, daß die neue Verbindung Eingang in den rituellen tibetischen Tantrismus fand und daraus die weithin geübte Lehre der »Geist-Essenz-Praxis« (tibetisch: *sems ngo)* der *rNyin-ma-* und *bKa-rgyud*-Schulen entstand. Sobald Sunyata nicht als bloßes Spiel der Spekulation betrachtet wird, sondern als das einzige Mittel, durch das alle Probleme des Buddhismus gelöst werden können, wandte man sich statt der rein theoretischen nun auch der praktischen Sunyata-Lehre zu, die zur Erleuchtung führt. Dieser Impuls war so stark und so ernst, daß er in Verbindung mit dem praktischen Geist der Chinesen zum Chan (Zen) führen mußte. Es ist daher unmöglich, irgendeine Form des Buddhismus, insbesondere Zen, zu verstehen, ohne ein gründliches Verständnis der Philosophie der Leere.

Es fehlt hier an Raum, den Zusammenhang zwischen Zen und dem Prajnaparamita der Madhyamika-Philosophie in vollem Umfang darzustellen, deshalb sollen nur ein paar Zen-Geschichten und einige allgemeine Prajnaparamita-Zitate angeführt werden, um die Ähnlichkeit zwischen den beiden zu veranschaulichen.

Madhyamika (Mittlerer Weg) wird auch als Doktrin von der Leere bezeichnet. Ihr philosophisches Hauptanliegen ist das Studium der Leere; aber Leere ist in ihrem unmittelbaren und unmißverständlichen Sinn schwer zu beschreiben oder zu definieren. Der menschliche Geist ist gänzlich und rettungslos mit dem Glauben an eine Existenz verbunden. Die menschlichen Denkformen — gut oder schlecht, oberflächlich oder tief, synthetisch oder analytisch — sind von einer »Fixierung (Klammerung) an die Dharmas« hervorgerufen, was die Leere für unsern Geist so unzugänglich macht. Eine Folge davon ist, daß das übliche Definieren oder Beschreiben eines Wortes oder einer Vorstellung bei der Leere fehlschlagen muß. Am besten können wir sie noch durch Schlußfolgerung beschreiben. Zum Beispiel: »leer« bedeutet: nichts (englisch: no-thing = kein Ding) zu enthalten. Wie sehr wir uns auch bemühen, wir können die Leere nur durch die Annullierung von Existenz beschreiben oder eingrenzen, wiewohl dies offensichtlich eine indirekte und wenig brauchbare Methode ist. Die Bestimmung, die auf diese Weise zustande kommt, kann niemals positiv und befriedigend sein. Diese Unmöglichkeit einer positiven Definition der Leere findet ihre Entsprechung im Stil und in der praktischen Bedeutung der Acht Negationen[16] des Madhyamika. Obwohl die Leere sowohl durch Negation wie durch positive Setzung erreicht werden kann, wie viele Zen-Geschichten zeigen, ist für die meisten Menschen der beste Weg die Negation. Die Negation ist das beste Gegenmittel gegen die ererbte und übermächtig starke Tendenz zur Ich- und Dharma-Fixierung des Geistes. Drum sollten jene Acht Negationen, wie sie das Madhyamika-Sastra kennt, nicht als negative Philosophie betrachtet werden, sondern als Anweisungen, die von praktischem Wert für die Prajna-Meditation sind. Die letzte Wahrheit wird durch absolute Negation ausgedrückt. Dies wird »Veranschaulichung durch Negierung« genannt und ist eine besonders von Zen-Meistern bevorzugte Methode. Wir können so weit gehen zu sagen, daß die Mehrheit der Zen-Koans auf diesem Verfahren beruht.

Die geistvollen Zen-Meister benutzten stark auftragende Wendungen und Ausdrücke, die Prajna-Wahrheit zu veranschaulichen. Ein gutes Beispiel dafür ist das, was mit *Tou-to* bezeichnet wird. *Tou* bedeutet »hindurchdringen oder durchbrechen« und *to* »loslösen oder abwerfen«. Durch die Mauern des Fixiert- und Angeklammertseins hindurchzubrechen und die dualistischen Vorstellungen abzuwerfen, ist der einzige Weg zur Erleuchtung. Die Acht Negationen, die Achtzehn Leerheiten usw. in den Sastras und Sutras haben nur den Zweck, uns zu diesem Hindurchbrechen und Abwerfen zu bringen. Aber man beachte, wie leicht und einfach da der Ausdruck des Zen ist: die umfangreiche Literatur des Prajnaparamita und des Madhyamika wird mit zwei Worten verständlich gemacht! Kurz, die Madhyamika-Lehre ist in ihrem Wesen mit der des Zen identisch; der einzige Unterschied ist, daß Zen sich in lebendigerer Weise ausdrückt. Die Stockschläge und die unerwarteten Antworten des Zen, die »einen k.o. schlagen«, sind eine unmittelbarere und praktischere Methode, als die Acht Negationen und die Achtzehn Leerheiten usw. es jemals sein könnten. Sie bringen einen mitten ins Herz der Prajna-Wahrheit.

Der Sechste Patriarch fragte Huai Jang (?–775): »Woher

kommst du?« Huai Jang erwiderte: »Ich komme vom Berg Su.« Der Patriarch sagte: »Was ist es und wie kommt es?« Huai Jang antwortete: »Alles, was ich sagen könnte, würde das Entscheidende verfehlen.«[17]

Diese Bemerkung veranschaulicht sicher deutlicher und unmittelbarer die unbeschreibliche und unbegreifliche Natur des Prajna als die Acht Negationen.

Ein Mönch fragte Chao Chou (778–896): »Alle Dinge sind auf das Eine rückführbar, – worauf ist das Eine zurückzuführen?«

Spiegelt diese Frage nicht besonders deutlich die tiefe »Restlosigkeit der Leere« wider, die über alle monotheistischen Grundsätze weit hinausgeht und den Buddhismus als eine »Über«-Religion charakterisiert? Aber Chao Chou erwiderte: »Als ich in Chin Chou war, machte ich einen Rock, der wog sieben Chin.«[18] Wie unlogisch scheint diese Antwort zu sein und wie unsinnig ist die Vorstellung, daß einer einen (umgerechnet) neun Pfund schweren Rock trägt! Dieser Satz, der für den Verstand keinerlei Sinn ergibt, muß jedem völlig unsinnig erscheinen. Aber wenn wir ihn genauer überlegen, zeigt dieser scheinbar sinnlose Satz in lebendiger Anschaulichkeit die Grenzen des menschlichen Denkens, das streng nach den Gesetzen der Logik abläuft. Er macht deutlich, daß wir jenseits aller Denkvorstellungen sein müssen, um die unbeantwortbare Frage zu beantworten. Chao Chou war ein denkwürdiger Meister, aber manchmal war er zu tief, um verständlich zu sein. Selbst Huang Po (?–850) vermochte ihm nicht zu folgen[19]; Hsueh Feng (822–908) nannte ihn den alten Buddha und verneigte sich tief, wenn er gebeten wurde, ihn zu kommentieren[20].

Madhyamika-Kenner werden von Zen-Geschichten oder -Aussprüchen weder schockiert noch in Verlegenheit gebracht. Sie finden die Zen-Methode mit ihren guten und weniger guten Zügen durchaus interessant, obwohl sie sich der großen Gefahr bewußt sind, die darin besteht, in ein Nonsens-Gerede ohne inneres Verständnis der Sache zu verfallen, in eine wertlose Imitation, die sich im Zen tatsächlich ereignet hat und von Meistern »Zen nur mit dem Mund« genannt wird. Wenn Zen den Buddha mit einem Stück Holz voll vertrockneten Kots vergleicht, ist das für Madhyamika-Anhänger weder ein Sakrileg, noch sonderlich überraschend, denn sie verstehen, was das Prajnaparamita-hrdaya-Sutra so klar sagt: »Die leere Natur aller Dharmas ist nicht entstehend noch verlöschend, weder rein, noch unrein, weder zunehmend, noch abnehmend . . .« Wer verstanden hat, daß die Wirklichkeit weder rein, noch unrein ist, der begegnet dem Buddha ebensosehr im Menschenkot wie im Himmel.[21]

Abschließend kann gesagt werden: Das Studium des Zen führt zu einem besseren Verständnis des Madhyamika, und das Studium des Madhyamika wird zu einem besseren Verständnis des Zen führen.

Die »vier Unterscheidungen« des Lin Chi

Gibt es hinter den scheinbar irrationalen Zen-Koans irgendein System, eine Ordnung, die, wenn man ihr folgt, Zen verständlicher macht?

Die Antwort lautet: Ja. Von den Zen-Meistern wurden die verschiedensten Systeme ausgearbeitet, um die Koans entsprechend zu klassifizieren. Unter diesen müssen die »vier Unterscheidungen« des Lin Chi[22] als die besten und klarsten angesehen werden. Durch sie können viele rätselhafte Koans dechiffriert werden. Lin Chi teilte seinen Schülern diese Unterscheidungen mit, als er sagte:

»Manchmal lasse ich die Person weg und lasse das Objekt bestehen.

Manchmal lasse ich das Objekt weg und lasse die Person bestehen.

Manchmal lasse ich beide, Objekt und Person, weg; und Manchmal lasse ich weder die Person noch das Objekt weg.«[23]

Um diese Sätze verständlich zu machen, werde ich erstens Lin Chis eigene schwer verständliche Erklärungen zitieren, dann zweitens den Kommentar des Tsu Yuan (17. Jahrhundert) und schließlich meine eigene Interpretation hinzufügen. Aber zunächst möchte ich eine Erklärung dieses seltsamen Ausdrucks »vier Unterscheidungen« geben: »Die Person weglassen« heißt, die Person zurückzuweisen, abzulehnen, zu mißbilligen, die zum Zen-Meister um Instruktionen kommt; »das Objekt bestehen zu lassen« *(ching)* heißt, daß die Bemerkung, die von der Person gemacht wurde, nicht verworfen wird. Das Wort *ching,* wie es von den chinesischen Buddhisten gebraucht wird, hat viele Bedeutungen, so etwa die von Bereich, Sphäre, Objekt, Verständnis usw. Zen-Buddhisten scheinen einen speziellen Gebrauch des Wortes zu haben, z. B. *ching-pu-sheng* meint eine bestimmte spezifische Zen-Erfahrung, die im Schüler noch nicht aufgetaucht ist. So bedeutet *ching* das spezifische Erlebnis im eigenen Geist, das natürlich als ein »Objekt« vom Geist veranschaulicht und verstanden werden kann. Daher übersetze ich es nun hier als »Objekt«, obwohl das nicht zu wörtlich genommen werden darf.

Allgemein gesprochen bedeutet also, »die Person wegzulassen, aber das Objekt zu behalten«, die fragende Person abzulehnen oder zu verwerfen, nicht aber deren Bemerkung. Die anderen drei Unterscheidungen können analog verstanden werden.

Diese »vier Unterscheidungen« sind Methoden, die von den Zen-Meistern jeweils auf vier verschiedenen Ebenen des Zen-Verständnisses ihrer Schüler benützt werden.

Lin Chis Erklärung ist in seinen *Gesprächen*[24] zu finden.

Der Schüler fragte: »Was bedeutet es, die Person wegzulassen, aber das Objekt zu behalten?«
Lin Chi antwortete:
»Wenn die Sonne hell scheint,
ist die ganze Erde wie mit einem

Brokatteppich bedeckt.
Die herabhängenden Haare des Kindes sind
weiß wie Schnee.«

Der Schüler fragte weiter: »Was bedeutet es, das Objekt
wegzulassen und die Person zu behalten?«
Lin Chi antwortete:
»Der Befehl des Königs wird von der
ganzen Nation gutgeheißen.
Der General, durch Rauch und Staub
getrennt, ist, weit entfernt, jenseits des Grenzgebietes.«

»Was bedeutet es, sowohl die Person wie das Objekt
wegzulassen?«
Lin Chi antwortete:
»Wenn keine Botschaft von Ping und
Feng kommt,
steht man allein im ganzen Bereich.«

»Was bedeutet es, weder die Person noch das Objekt
wegzulassen?«
Lin Chi antwortete:
»Während der Kaiser seinen Thron
besteigt,
hört man die Lieder, die das Volk
auf den Feldern singt.«

Diese Strophen sind höchst rätselhaft, besonders die
zweite und die dritte. Obwohl die erste und vierte leidlich
klar sind, ist der Kern der Methode immer noch sehr schwer
zu verstehen. Um die Sache verständlicher zu machen,
zitiere ich die Erklärungen, die Tsu Yuan in seinem Buch
Geist, der Ursprung aller Dinge[25] dazu gibt.
Der Schüler fragte Tsu Yuan: »Was bedeutet es, die
Person wegzulassen, aber das Objekt zu behalten?«

Tsu Yuan antwortete: »Im Bereich des Selbst-Gewahr-seins, wenn man seinen Geist leermachen kann, welche Behinderung könnte es dann noch durch ein äußeres Objekt geben? Wenn daher ein Zen-Meister einen Schüler von geringer Fähigkeit zu belehren hat, sollte er die Person weglassen, aber nicht das Objekt.«

Der Schüler fragte: »Was bedeutet es, das Objekt wegzu-lassen, aber nicht die Person?«

»Im Bereich des Selbst-Gewahrseins verweilt man nicht bei äußeren Objekten, sondern spiegelt sie lediglich in sei-nem Geist wider. Wenn daher ein Zen-Meister einen Schüler von durchschnittlicher Begabung vor sich hat, sollte er das Objekt weglassen, aber nicht die Person.«

»Was bedeutet es, sowohl die Person wie das Objekt wegzulassen?«

Tsu Yuan antwortete: »Im Bereich des Selbst-Gewahr-seins sind sowohl der Geist wie das Objekt leer; woher käme da die Täuschung? Deshalb sollte ein Zen-Meister, wenn der Schüler begabt ist, sowohl die Person wie das Objekt weg-lassen.«

»Was bedeutet es, weder die Person noch das Objekt wegzulassen?«

Tsu Yuan sagte: »Im Bereich des Selbst-Gewahrseins bleibt der Geist der Geist und die Objekte bleiben die Objekte. Daher wird der Zen-Meister, wenn er einen hoch-begabten Schüler vor sich hat, weder das Objekt noch die Person weglassen.«

Diese Erklärungen mögen noch nicht völlig befriedigend und noch nicht klar genug sein, um das Rätsel der »vier Unterscheidungen« zu lösen. Nichtsdestoweniger geben sie doch gewisse Anhaltspunkte, um dem verborgenen Sinn näherzukommen. Ich möchte einige Zen-Geschichten zusammen mit meinen eigenen Interpretationen dazu benüt-zen, genauer zu zeigen, wie diese Methode auf vier verschie-denen Ebenen verwendet wird.

Ein Mönch fragte Lin Chi: »Sind uns die Lehren der drei

Fahrzeuge nicht gegeben worden, um uns über die Buddha-Natur zu erleuchten?«[26]

Lin Chi antwortete: »Das Unkraut ist noch nicht ausgejätet worden.«

Diese Erwiderung bedient sich der ersten Methode, nämlich die Person abzulehnen, aber das Objekt zu bewahren. Was der Mönch gesagt hatte, war richtig, aber vom praktischen Zen-Standpunkt aus würde man sagen: »Was nützt es, wenn man seine Buddha-Natur nicht zu entfalten vermag?«

Ein Zen-Sprichwort sagt: »Reden über das Essen macht nicht satt.« Oder: »Wenn die Lehre Buddhas uns nicht tatsächlich zur unmittelbaren Erleuchtung zu bringen vermag, welcher Unterschied besteht zwischen gewöhnlichem Unkraut und umfangreichen Sutras?« Die Bemerkung des Mönchs war nicht falsch, sondern der Fehler lag darin, daß dem Mönch die unmittelbare Erfahrung der Prajna-Wahrheit fehlte. Deshalb sagte Lin Chi: »Das Unkraut ist noch nicht ausgejätet.« Der Mönch schlug zurück, indem er fragte: »Aber kann Buddha mich jemals betrügen?« Und Lin Chi erwiderte: »Wo ist der Buddha?«

Für den, der keine direkte Erfahrung der ihm eingeborenen Buddhaheit hat, ist Buddha nur ein Name, ein Begriff oder ein Schatten, der überhaupt nichts bedeutet. Deshalb fragt ihn Lin Chi spöttisch: »Wo ist der Buddha?«

Das folgende Koan veranschaulicht diese erste Methode noch klarer. Eines Tages, als Lin Chi einen Mönch sich ihm nähern sah, hob er den Staubwedel. Der Mönch verbeugte sich vor ihm, aber Lin Chi schlug ihn. Nach einer Weile kam ein anderer Mönch. Lin Chi hob abermals seinen Staubwedel. Als der Mönch keinerlei respektvolle Verehrung erwies, schlug ihn Lin Chi ebenfalls. Das Erweisen oder Nicht-Erweisen von Verehrung war offenbar nicht der wirkliche Grund der Schläge. Das Entscheidende war, daß Lin Chi, sobald er die zwei Mönche sah, sofort erkannt hatte, welche Art von Menschen sie waren. Gleichgültig, ob einer sich verbeugte oder nicht, er schlug sie beide. Das zeigt klar, daß das, was Lin Chi kümmerte, nicht das äußere Geschehen, sondern die innnere Verwirklichung des Menschen war.[27]

Nun wollen wir sehen, wie die zweite Methode, »das Objekt zu beseitigen, aber das Subjekt bestehen zu lassen«, angewendet wird.

Lin Chi sagte einmal in einer Predigt: »In dem Klumpen roten Fleisches gibt es einen Wahren Menschen ohne Eigenschaften. Er geht beständig ein und aus durch das Tor deines Antlitzes. Die ihn noch nicht gesehen haben, sollten versuchen, ihn zu sehen.«

Ein Mönch trat vor und fragte Lin Chi: »Was ist dieser Wahre Mensch ohne Eigenschaften?«

Lin Chi stieg sofort von seinem Sitz hinunter, faßte den Mönch beim Arm und sagte: »Sag es! Sag es!« [Nimm die Person weg!] Als der Mönch antworten wollte, ließ Lin Chi seinen Arm los und sagte verächtlich: »Was für ein Stück trockenen Kotes doch dieser Wahre Mensch ohne Eigenschaften ist!«[28]

Das ist ein typisches Beispiel für das »Weglassen des Objektes«, das heißt: des in Frage stehenden Themas oder der im Geist vorhandenen Vorstellung. Das Koan zeigt, wie der Zen-Meister mit Hilfe einer phantasievollen Vorstellung die Falle stellt und darauf wartet, daß der durch sein Anklammern gebundene Schüler hineinfällt. Diese Art von überraschendem Schock will nicht nur alle Vorstellungen des eigenen, logisch folgernden Denkens zerschlagen, sondern zu einem Seinsstand jenseits dieses Denkens hinführen.

Die dritte Methode, »sowohl die Person wie den Gegenstand wegzulassen«, ist etwas tiefer als die ersten zwei. Das folgende Koan ist ein gutes Beispiel dafür.

Eines Tages wurde Lin Chi von seinem Schutzherrn eingeladen, eine Predigt zu halten. Als er seinen Sitz bestiegen hatte und gerade zu predigen beginnen wollte, kam Ma Ku nach vorn und fragte ihn: »Der Allgnädige [Avolokitesvara] hat tausend Arme und tausend Augen. Welches ist das Haupt-Auge?«

Lin Chi antwortete: »Der Allgnädige hat tausend Augen. Welches ist das Haupt-Auge? Sag es! Sag es!«

Ma Ku zerrte darauf Lin Chi mit Gewalt von seinem Sitz herunter und setzte sich selbst darauf. Lin Chi ging dicht an Ma Ku heran und sagte [sehr demütig] zu ihm: »Ich verstehe nicht, Herr.«

Ma Ku wollte etwas sagen, als Lin Chi ihn vom Sitz herunterzerrte und sich selbst darauf niederließ. Ma Ku verließ daraufhin den Raum. Nachdem Ma Ku gegangen war, stieg auch Lin Chi vom Sitz herunter und es wurde keine Predigt gehalten.[29]

Dieses Koan zeigt, wie sowohl Lin Chi als auch Ma Ku versuchten, einer den anderen »zu beseitigen«, und wie sowohl der Fragende wie der Antwortende versuchten, einander jedes bißchen objektiven Verstehens und subjektiver Haltung zu nehmen. Den Höhepunkt bringt der letzte Teil der Erzählung: nachdem Lin Chi seinen Sitz wieder eingenommen hatte, ging Ma Ku aus dem Raum. Als Lin Chi Ma Ku gehen sah, verließ er seinen Sitz und hielt keine Ansprache mehr. Wenn Ma Ku nicht hinausgegangen wäre oder wenn Lin Chi auf seinem Sitz als Sieger sitzengeblieben wäre, würde jeder von ihnen in die Falle des andern geraten und von der Schlinge des Anklammerns eingefangen worden sein. Da es zu vieler Worte bedürfen würde, dieses Koan im einzelnen zu erklären, habe ich einen Fingerzeig zur Erhellung seines Sinnes gegeben; ich überlasse es dem Leser, die Erklärung selbst zu finden.

Wir kommen jetzt zum vierten Bereich des Zen-Verständnisses: »Weder die Person noch das Objekt zu beseitigen.«

Die Koans dieser Kategorie sind im allgemeinen leichter zu verstehen. Das legendäre erste Zen-Koan ist ein typisches Beispiel für diese Methode. Als Buddha Sakyamuni die Blume in seiner Hand haltend lächelte, aber kein einziges Wort sprach, hatte keiner von den Versammelten verstanden, was Buddha meinte. Nur Mahakasyapa lächelte schweigend, wie wenn er verstanden hätte. Dann sprach der

Buddha: »Ich habe den Schatz der unmißverständlichen Lehren, den wundervollen Nirvana-Geist, die wahre Form ohne Form, den wunderbaren und unfaßbaren Dharma jenseits aller Worte, die Lehre, die außerhalb aller [regulären buddhistischen] Lehren mitgeteilt wird, ich übergebe sie Mahakasyapa.«[30]

Ein bekannter Zen-Ausspruch lautet: »Ein Berg ist ein Berg, Wasser ist Wasser, wenn ich hungrig bin, esse ich, wenn ich müde bin, schlafe ich; ich suche nicht Buddha oder den Dharma, aber ich verneige mich stets in Ehrfurcht vor dem Buddha.«

Auch die folgende Geschichte könnte helfen, die Koans besser zu verstehen, die dem vierten Bereich des Zen-Verständnisses zuzuzählen sind.

Als Lin Chi eines Tages vor der Halle stand und seinen Meister Huang Po kommen sah, schloß er seine Augen. Huang Po tat, wie wenn er sich fürchtete und kehrte in sein Zimmer zurück. Lin Chi ging darauf in das Zimmer seines Meisters, verneigte sich tief vor ihm und dankte ihm.[31]

Meine Interpretation lautet wie folgt: Als Lin Chi Huang Po kommen sah, schloß er absichtlich seine Augen, auf diese Weise seinen verehrten Meister nicht beachtend und ablehnend —, dies würde Person und Objekt beseitigen. Aber Huang Pos Verständnis war eben doch tiefer als das Lin Chis. Er gab im Scherz vor, Angst zu haben. Damit war Lin Chis Absicht offenbar geworden und seine Geste blieb ohne Wirkung. Von seinem Meister an Tiefe übertroffen und mit neuem größerem Verständnis ging Lin Chi in Huang Pos Zimmer, um ihm zu danken und seinen Respekt zu erweisen. Wenn meine Interpretation richtig ist, zeigt diese Geschichte das Kreuzen der Schwerter zwischen einem Weisen des dritten Bereichs (Lin Chi) und einem Weisen des vierten Bereichs (Huang Po). Das Ergebnis war die vollständige Niederlage Lin Chis — seine beredte Geste des Schließens seiner Augen war im Spott seines Meisters zunichte geworden. Welche Wahl blieb Lin Chi noch, außer sich vor den Füßen seines Meisters niederzuwerfen und ihm von Herzen zu danken?

Diese Erklärungen der Vier Unterscheidungen Lin Chis vermitteln eine Vorstellung davon, wie die Zen-Meister sich ausdrückten und wie sie ihre Schüler auf den verschiedenen Stufen des Verständnisses unterwiesen.

Eine andere wichtige Unterteilung der Koans, die man kennen sollte, ehe man hoffen darf, Koans in einsichtiger und systematischer Weise zu verstehen, nämlich die Lehre von den »Fünf Reihungen zwischen Herrn und Diener«[32] (Wu Wei Chun Ch'eng) des Zen-Meisters Tung Shan (807—869), ist eines der wichtigsten Themen des Zen-Buddhismus. Leider fehlt hier der Raum, sich damit zu befassen.

Zen ist der schwierigste, verwirrendste und komplizierteste Gegenstand des gesamten Gebietes buddhistischer Studien. Um Zen auf intellektueller Ebene zu verstehen, muß man mit der Philosophie des Mahayana-Buddhismus vertraut sein, ebenso mit den einzigartigen Überlieferungen des Ch'an (Zen). Außerdem muß man auch eine direkte Zen-Erfahrung aufgrund einer wirklichen Praxis haben, weil das Wesen des Zen in eigenem direktem persönlichem Erleben besteht, aber nicht in philosophischen Spekulationen. Alle diese Faktoren tragen dazu bei, daß Zen äußerst schwierig zu studieren und zu erklären ist. Wegen dieser Kompliziertheit und Tiefe des Zen-Buddhismus ist es unmöglich, ein vollkommenes Bild von Zen zu geben. Wenn eine Seite hell aufleuchtet, verdunkelt sich die andere; wenn ein Aspekt betont wird, wird ein anderer verfälscht. Eine ausgewogene Einführung in Zen ist daher ebenso wünschenswert wie unerläßlich.

Mit anderen Worten, alle wichtigen Seiten des Zen sollten in ruhiger und unparteiischer Weise dargestellt werden. Die negativen und positiven Aspekte sollten gezeigt werden, sein schwer faßbares Wesen ebenso wie seine Direktheit, seine passiven wie seine dynamischen Seiten, seine Verständlichkeit ebenso wie seine Dunkelheit usw., — all dies sollte klar und deutlich herausgearbeitet werden. Um Zen zu verstehen, muß man es historisch, psychologisch und philosophisch studieren, ebenso innerhalb seiner literarischen, yogischen und geistigen Bezugspunkte. Nur wenn man es von all diesen verschiedenen Gesichtspunkten und Ebenen aus betrachtet, kann man ein richtiges und unvoreingenommenes Zen-Verständnis erreichen.

In den vorhergegangenen Kapiteln wurde versucht, die verschiedenen Eigenheiten des Zen-Buddhismus zu erhellen, die, wie der Verfasser glaubt, im Westen noch nicht genügend klar dargestellt worden sind. Der Verfasser hat nicht die Absicht, in diesem Buch ein vollständiges und vollkommenes, wohl aber ein in jeder Hinsicht ausgeglichenes Bild vom Zen-Buddhismus zu geben.

IV

BUDDHA UND MEDITATION

Zen kann ohne Kenntnis des Begriffs der Buddhaheit und der Grundsätze der Meditation weder geübt noch verstanden werden. Jedes dieser beiden Themen bedürfte eines eigenen Buches, um ihm gerecht zu werden. Nichtsdestoweniger will die folgende kurze Darstellung versuchen, mit einigen Grundbegriffen vertraut zu machen, nämlich mit den drei Wesenszügen der Buddhaheit, den sechs Haupteigenschaften des menschlichen Denkens, den sieben verschiedenen Arten der Meditationspraxis und den drei aufeinander folgenden Stufen der Meditation.

Die drei Wesenszüge der Buddhaheit im Verhältnis zu den sechs Haupteigenschaften des menschlichen Denkens

Was ist das: ein »Buddha?« Auf diese Frage gibt es viele Antworten. Religiöse Eiferer sagen, daß Buddha derjenige war, der eine Form von Heidentum begründete, genannt »Buddhismus«; der Mann auf der Straße sagt, daß er ein Götze ist, den irregeleitete Orientalen verehren; Philosophen sagen, daß er ein Denker war, der die »Buddhismus« benannte Philosophie und Religion geschaffen hat; Historiker sagen, daß »Buddha« ein Ehrentitel ist, der einem Mann namens Gautama Sakyamuni verliehen wurde, der ungefähr zwischen 560 und 480 vor Christi Geburt lebte. Die Aufzählung läßt sich fortsetzen.

Aber wie stellen sich die Anhänger des Buddhismus von ihrem religiösen Gesichtspunkt aus Buddha vor und wie

definieren sie ihn als den Repräsentanten eines höchsten
Zieles, als einen, der verehrungswürdig ist, dem man nacheifern und den man erreichen soll? Diese Frage ist von äußerster Wichtigkeit, weil sie unmittelbar ins Herz des Buddhismus vorstößt und mit dem Forschen nach dem Wesen
Gottes verwandt ist, das im Zentrum der meisten Religionen
steht. Es gibt ein tibetisches Sprichwort, das lautet: »Wenn
einer den Sinn des Begriffes ›Buddha‹ versteht, weiß er alles
über den Buddhismus.« Für einen Außenstehenden mag das
eine Übertreibung sein, aber der orthodoxe Buddhist ist
überzeugt, daß diese Feststellung der Wahrheit sehr nahe
kommt. In den vergangenen fünfundzwanzig Jahrhunderten
haben viele buddhistische Gelehrte ihr ganzes Leben dem
Studium dieser Frage gewidmet und langwierige, kompli-
zierte Kommentare darüber geschrieben, die die Verwirrung
nur vermehrt haben. Glücklicherweise kann die Frage durch
die folgende Definition vereinfacht werden, die von den
meisten Anhängern des Buddhismus akzeptiert wird: *Ein
Buddha ist einer, der vollkommene Weisheit, vollkommenes
Mitleid und vollkommene Macht besitzt.* Wir wollen diese
drei Wesenszüge der Buddhaheit, eine nach der anderen,
betrachten.

Die vollkommene Weisheit des Buddha

Die vollkommene Weisheit des Buddha hat zwei Seiten:
»Die Weisheit, ein Ding zu kennen, wie es ist« (chinesisch:
Ju so yu chih), und »Die Weisheit, alles zu kennen« (chinesisch: *Chin so yu chih*). Die erste kann als »vertikale« und die
letzte als »horiziontale Weisheit« verstanden werden.

Man stelle sich ein Glas Wasser vor. Der einfache Mensch
wird darin nichts als ein Glas mit Wasser erblicken, also eine
Flüssigkeit, mit der man seinen Durst stillen kann. Ein
Chemiker wird darin die Verbindung von Hydrogen und
Oxygen sehen, ein Physiker das komplexe Ergebnis elektro-
nischer Bewegung, ein Philosoph ein Etwas, das »Verhält-

nisse« und »Verursachung« ausdrückt, ein erleuchteter Bodhisattva die Manifestation seines eigenen Geistes und Buddha den Ausdruck vollkommener Buddhaheit. In diesem einfachen Gegenstand – ein Glas Wasser – sind für unsere Intelligenz viele Bereiche der Existenz und Tiefen des Seins zu erreichen, zu ermessen und zu verstehen. Die Oberflächlichkeit oder Tiefe unserer Intelligenz bestimmt die Bereiche, bis zu denen sie fähig ist, vorzudringen. Die »vertikale Weisheit« Buddhas ist eine durchdringende Innenschau – nacheinander vordringend durch all die verschiedenen Ebenen und Bereiche der Existenz bis zu den Tiefen des Seins selbst. Es ist eine Weisheit der Tiefe, eine Weisheit, die jenseits der Bereiche des normalen Menschenverstandes, der Wissenschaft, der Philosophie und der Religion reicht; eine Weisheit, die bis in die äußersten Tiefen des Dharma – der unbeschreiblichen und undenkbaren »Soheit« – vordringt. Das ist die »vertikale Weisheit«.

Die Bedeutung der »horizontalen Weisheit oder der Weisheit des Alles-Wissens« ist durch den Begriff selbst klar gegeben. Sie bezeichnet die allwissende Seite von Buddhas Weisheit, die befähigt, alles zu wissen, und die deshalb für moderne Menschen schwierig zu akzeptieren ist. Der berühmte chinesische Philosoph Chuang Tzu sagte: »Das Leben ist begrenzt, das Wissen ist unbegrenzt. Nach unbegrenztem Wissen in diesem begrenzten Leben zu streben, ist hoffnungslos!« Menschen des 20. Jahrhunderts haben ein besonderes Verständnis für eine Feststellung wie diese.

In der Vergangenheit gab es zweifellos gewisse große Gelehrte, die von ihren Zeitgenossen als weise Menschen angesehen wurden, die »alles wußten«. Ein chinesisches Sprichwort sagt: »Ein konfuzianischer Gelehrter wird von Scham erfüllt, wenn es einen Zweig des Wissens gibt, den er nicht kennt.« Aber heutigentags halten wir es für eine Vermessenheit, wollte ein Mensch behaupten, alles zu wissen, selbst nur auf einem Gebiet des Wissens. Deshalb scheint für viele Menschen diese alleswissende Weisheit etwas Übernatürliches und jenseits der Reichweite des menschlichen Geistes zu liegen.

Im Gegensatz zu diesem allgemeinen Glauben behauptet der Buddhismus, daß jeder Mensch ein potentieller Buddha ist, fähig, die Buddhaheit zu erreichen (was diese alleswissende Weisheit einschließt), sofern er sich richtige und ausreichende Mühe gibt. Wenn dem so ist, wie vermag der Buddhismus eine solche Möglichkeit, »alles zu wissen«, in überzeugender Weise zu erklären? Um diese Frage zu beantworten, müssen wir zuerst die Formen und Verhaltensweisen analysieren, gemäß denen der menschliche Geist funktioniert.

Als Ergebnis einer solchen Analyse sind die Mahayana-Gelehrten zu dem Schluß gekommen, daß der menschliche Geist in Übereinstimmung mit den sechs Grundeigenschaften des Denkens funktioniert; und zwar ist das menschliche Denken dadurch charakterisiert, daß es kumulativ, begrenzt, widersprüchlich, trügerisch, kraftlos und zugleich verschwenderisch sowie »sich anklammernd« ist. Unter dem Eindruck dieser tief eingewurzelten Eigenschaften unseres Denkens finden wir es nur natürlich zu glauben, daß »allwissende Weisheit« etwas ist, das zwar sehr zu wünschen wäre, aber völlig jenseits unserer Reichweite liegt.

Nehmen wir jedoch an, wir könnten diese fehlerhaften Denkmuster, nach denen unser Geist bisher funktionierte, in neue Formen umwandeln, die den Geist zu neuen Tiefenschichten weiterführen und ihn von all seinen früheren »Anhaftungen« befreien, würde dann die Weisheit des Alleswissens weiter so entfernt und unerreichbar erscheinen wie zuvor? Das Sehvermögen des menschlichen Auges ist begrenzt. Aber mit Hilfe von Instrumenten kann es auf bisher unerreichbar gewesene Bereiche des Raums erstreckt werden. Könnte nicht etwas Ähnliches auch beim begrenzten menschlichen Geist gegenüber der Weisheit der Allwissenheit möglich sein? Ehe wir diese Frage beantworten, müssen wir zuerst die sechs Haupteigenschaften des menschlichen Denkens, die oben erwähnt wurden, prüfen und sehen, in welcher Weise sie die Funktionen des menschlichen Geistes geformt haben.

1. Das menschliche Denken ist kumulativ

Dies bedeutet, daß die menschliche Erkenntnis durch einen Prozeß des »Aufbauens«, einen Prozeß der schrittweisen Anhäufung gewonnen wird. Als wir Schulkinder waren, wurde uns z. B. zuerst das Alphabet gelehrt; dann wurde uns gelehrt, Worte und Sätze zu lesen, später Briefe, »Themen« oder Aufsätze zu schreiben. Schließlich, nachdem genügendes Wissen gesammelt und das Talent entwickelt worden war, wurden wir fähig, Bücher zu schreiben oder hochkomplizierte Denkvorgänge und neue Ideen auszudrücken. Menschliches Wissen wird erworben durch einen Prozeß des Aufbauens und Hinzufügens, des Verschmelzens neu erworbener Wissensstücke mit der alten Masse des Gewußten. Alles wird miteinander verbunden in einem Prozeß, der nach seiner Natur und seinem Ursprung begrenzt, fragmentarisch und bedingt ist. Da gemäß der Natur dieses kumulativen Prozesses dessen Ergebnis von Vorbedingungen und Voraussetzungen abhängig ist, *kann er niemals an ein Ende kommen.* Es gibt keinen Endpunkt auf dem Weg der Anhäufung; es ist immer genug Platz, noch mehr anzuhäufen. Selbst wenn man ein ganzes Leben lang die vom Dach eines Hauses fallenden Regentropfen sammelte, im Blick auf das Meer bedeutete dies nichts. Genauso wird man durch ein anhäufendes Denkverfahren niemals fähig werden, die allwissende Weisheit der Buddhaheit zu erlangen.

2. Das menschliche Denken ist begrenzt

Das ist evident, denn wir alle wissen, daß der menschliche Geist normalerweise zur selben Zeit nur an eine Sache zu denken vermag. Selten begegnen wir jemandem, der seine Aufmerksamkeit gleichzeitig mehreren Dingen zuwenden oder sich gleichzeitig mit mehreren Problemen befassen kann. Ich erinnere mich, wie ich, als Knabe in Peiping, meine freie Zeit oft auf dem Markt vertrödelte. Mein Lieblingsplatz war eine bestimmte Gemischtwarenhandlung, deren Eigentümer ein ungewöhnlicher Mann war. Er konnte seine Aufmerksamkeit gleichzeitig auf verschiedene Dinge richten. Er saß oft auf einem hohen Sessel hinter dem Ladentisch und schrieb mit einem chinesischen Schreibpinsel in seiner rechten Hand seine Rechnungen. Unterdessen waren die fünf Finger seiner linken Hand auf einer Rechenmaschine ständig in Bewegung, auf und ab, in großer Geschwindigkeit; Gleichzeitig redete er mit einem Kunden oder gab seinem Gehilfen Anweisungen. Neben all dem blieben seine zwei großen schwarzen Augen voll Wachsamkeit, so daß kein Kunde etwas hätte heimlich von einem Regal nehmen können. Dieser Mann muß als ein ganz ungewöhnlicher Mensch betrachtet werden. Aber nichtsdestoweniger blieb die Fähigkeit seines Geistes begrenzt, denn selbst er konnte nicht an zehn Dinge gleichzeitig denken, noch weniger an hundert oder tausend oder eine unbegrenzte Zahl von Dingen. Da der menschliche Geist fast ausnahmslos zur selben Zeit nur an eine Sache zu denken vermag, bleibt ihm keine Wahl, als im Bereich der Begrenztheit zu bleiben.

3. Das menschliche Denken ist widersprüchlich

Gefühl und Verstand sind die zwei wesentlichen, aber miteinander im Konflikt stehenden Kräfte, die den ständig sich verändernden menschlichen Geist bestimmen. Das Gefühl erfüllt uns mit starker gefühlsmäßiger Überzeugung von dem, was wir gerne tun würden, aber der Verstand warnt uns kalt vor dem, was wir nicht tun sollten. Getrieben von diesen zwei gegensätzlichen Kräften ist das Leben zum größten Teil ein ständiger Kampf zwischen den kalten Kräften des Verstandes und den heißen der Gefühle. Prüft man diese zwei Gegner, so findet man, daß sie nicht nur einander wie Wasser und Feuer entgegengesetzt sind, sondern man entdeckt auch die interessante Tatsache, daß sie nicht gleichzeitig entstehen. Wenn der Verstand seinen höchsten Punkt erreicht hat, ist das Gefühl auf seinen tiefsten Punkt gesunken und umgekehrt.

Wenn z. B. unser Geist vertieft ist in den Versuch, ein schwieriges philosophisches oder mathematisches Problem zu lösen, sind die Verstandeskräfte in stärkster Aktivität, aber die Gefühle sind kaum wahrnehmbar. Andererseits läßt eine leidenschaftliche Liebe oder ein haßerfüllter Kampf gegen einen Feind die Gefühle entsprechend ansteigen und den Verstand auf seinen tiefsten Punkt absinken. Ein Mathematiker wird keine neue Hypothese formulieren, keine neue Entdeckung machen, solange er einen heftigen Streit führt oder leidenschaftlich verliebt ist. Verstand und Gefühl sind feindliche Kräfte im menschlichen Geist, die nicht gleichzeitig miteinander existieren können.

Wenn dies auch für den Geist eines Buddha Geltung hätte, würde das katastrophale Konsequenzen haben. Man stelle sich vor, man hätte angesichts eines lebenswichtigen Problems keine andere Möglichkeit als ein eindringliches und verzweifeltes Gebet zu Buddha. Aber der würde antworten: »Warte, warte, mein Freund! Bitte mich jetzt nicht; jetzt ist nicht die richtige Zeit, weil meine Verstandeskräfte gerade sehr aktiv, meine Gefühle aber stark geschwächt sind. Ich bin nicht in der Verfassung, deine Bitte zu erfüllen. Versuch es morgen wieder, wenn ich vielleicht in besserer Stimmung bin!« Das mag lächerlich klingen; aber es macht einen wesentlichen und kennzeichnenden Zug an der Buddhaheit deutlich. Ein vollkommener Buddha mußte zuerst seinen Verstand und sein Gefühl in vollständige und unwandelbare Harmonie gebracht haben, bevor er überhaupt die Buddhaheit erreicht haben konnte. Gefühl und Verstand, nunmehr in Mitleid und Weisheit verwandelt, *werden stets gleichzeitig erwachen*, ohne Störung oder Veränderung ihres Gleichgewichts, und werden zu einem einzigen großen, untrennbaren Ganzen verschmelzen. Das gleichzeitige Erwachen von Mitleid und Weisheit ist in der Tat eines der größten Wunder der Buddhaheit, ein immer wieder faszinierendes und lebenzeugendes Geschehen, das von den Gelehrten des Mahayana-Buddhismus immer wieder gerühmt wird.

4. Das menschliche Denken ist trügerisch

Wenn wir auf die Mauer in unserem Zimmer blicken, dann sagen uns unsere Augen, daß es sich um eine aufrecht stehende, glatte Fläche handelt, die stabil und unveränderlich vor uns steht. Wir gehen einen Schritt näher, um sie zu berühren, und finden, daß die Mauer fest, kalt und massiv ist. Dann erinnern wir uns, was Chemie und Physik über eine Mauer auszusagen haben. Sie erklären uns, daß sie aus verschiedenen Verbindungen und Elementen zusammengesetzt ist, die unzählige Atome, Elektronen, Protonen usw. enthalten, die sich alle ständig mit unglaublicher Geschwindigkeit in ihren unzähligen Bahnen bewegen. So liefern uns unsere Sinne und unser Geist radikal verschiedene Aussagen über dieselbe Sache. Auf wen sollen wir hören? Wir Menschen werden dauernd von einander widersprechenden Informationen bombardiert, die von unseren verschiedenen Sinnesorganen übermittelt werden; aber glücklicherweise haben wir einen guten »Schiedsrichter«, den Geist, der zusammenfaßt, integriert und die Konflikte ausgleicht, die zwischen den einzelnen Sinnesorganen entstehen, die ständig von den verschiedenen Außenstellen dem »Hauptquartier« berichten. Obwohl unser bewußter Geist an sich eine höchst beachtliche Kraft ist – geschickt, intelligent und voll Phantasie –, gilt im täglichen Leben sein Hauptinteresse weder der Frage, ob die Sinne die zuverlässigste Information übermittelt haben, noch der Entscheidung über deren widersprüchliche Befunde, vielmehr der harmonischen Zusammenarbeit dieser Kräfte.

Aber hier erhebt sich eine ernste Frage: Ist die pragmatische Methode, wie sie vom menschlichen Geist angewendet wird, unumstößlich fehlerfrei oder läuft dieses integrierende und »Kompromisse schließende« Verfahren nicht vielleicht auf eine Verstümmelung der Wahrheit hinaus? Wenn »richtig richtig ist« und »falsch falsch«, wie unser Verstand sagt, dabei aber »richtig« unmöglich gleichzeitig »falsch« sein kann, welchen Befund sollen wir akzeptieren, die »statische Mauer« der Augen oder »die dynamische Mauer« des Verstandes? Vom Gesichtspunkt der Augen ist die statische Mauer richtig, von dem des Verstandes die dynamische Mauer, aber vom Standpunkt der Nase sind beide falsch. Es ist unmöglich, ohne einen absoluten Maßstab zu bestimmen, was richtig und was falsch ist. Beide Begriffe bekommen nur Sinn, wenn eine bestimmte Norm festgesetzt worden ist. Ohne eine solche Norm werden beide sinnlos. Solch ein absoluter und endgültiger Maßstab wurde von den Philosophen und Denkern zu allen Zeiten gesucht. Die einen behaupten, dieser Maßstab sei die Vernunft; die anderen, daß nur Gott oder sein Wille als absolut angesehen werden könne, usw. Eine endgültige Klärung dieses Problems scheint so gut wie unmöglich. Die Suche geht ad infinitum weiter.

Die Hua-Yen-Philosophie des Mahayana-Buddhismus schlägt uns daher eine andere Lösung vor. Da jeder Maßstab seinem Wesen nach jeden andern ausschließt und »fixiert« ist, so kann er niemals als »absolut« oder endgültig angesehen werden, denn um absolut zu sein, müßte er »alleseinschließend« sein, also ein Maßstab der Totalität, kein gewöhnlicher Maßstab, der willkürlich festgesetzt wurde, um eine Sache danach zu beurteilen. Solch ein Maßstab könnte nur »starr fixiert« sein und würde schon seinem Wesen nach im Gegensatz zu der dynamischen Totalität des Dharmadhatu[1] stehen.

Der absolute Maßstab muß alles einschließen, alles durchdringen und alles umfassen. Er ist kein Maßstab im gewöhnlichen Sinn, vielmehr ein Bereich des Wunders, ein Seinsstand vollkommener gegenseitiger Durchdringung aller Dharmas: das unbeschreibliche und unerklärliche Wunder der Buddhaheit.

Wir scheinen einen instinktiven Drang zu haben, die Wahrheit zu suchen, aber irgendwie fehlt uns die Fähigkeit, sie zu finden. Das ständige Mißglücken des Versuchs, einen absoluten Maßstab aufzustellen, ist nur eines der vielen Rätsel, die die Menschheit seit Beginn der Zivilisation gequält haben. Die Wahrheitsuche des Menschen ist zu einer nie endenden Besessenheit geworden. Buddhistische Denker führen diese Tatsache auf das Trügerische am menschlichen Denken zurück, das, wenn es nicht qualitativ umgewandelt werden sollte, den Menschen für immer im Morast nie endenden Suchens festhalten wird.

Ein anderer Abgrund, den der menschliche Geist nicht zu überbrücken vermag, ist der zwischen dem Bereich des »indirekten Verstehens« und dem der »unmittelbaren Verwirklichung«. Wir können die Atomstruktur eines Dinges verstehen, aber wir können sie nicht sehen oder unmittelbar erleben. Unser Verstand kann uns nur eine indirekte Aussage über eine Sache vermitteln. Er kann uns nicht in unmittelbaren Kontakt mit ihr bringen. Wir können den großartigen Gedanken des »Alles-in-Einem und Eines-in-Allem« einsehen; aber was wir tatsächlich rings um uns sehen, ist trotzdem das »Alles-in-Allem und Eines-in-Einem«. Nach harter Arbeit und langem Nachdenken können wir die tiefe Wahrheit des Sunyata, des leeren Wesens des Seins, wie sie vom Prajnaparamita gelehrt wird, verstehen; aber alles, was wir in unserem täglichen Leben sehen, liegt innerhalb des samsarischen Bereichs der Existenz und des Bestandhabens. *Alle diese Tatsachen werden durch das verursacht, was die Buddhisten als »den trügerischen Wesenszug des menschlichen Denkens« bezeichnen.*

5. Das menschliche Denken ist kraftlos und vergeudend

Nach den buddhistischen Weisen ist der größere Teil unserer Geisteskräfte und Fähigkeiten niemals voll in Gebrauch genommen worden und liegt daher untätig und ungenutzt in den Tiefen unseres Bewußtseins; auch der kleine Teil, den der durchschnittliche menschliche Verstand wirklich benützt, wird oft vergeudet und verschwendet. Wenn einer sich zu konzentrieren lernt und so seine Geisteskräfte umfassender verwertet, werden seine Fähigkeiten eine ungeheure Steigerung erfahren. Ein großer Geist ist weder teilnahmslos oder träge, noch ist er ohne Kraft oder unbeständig. Führende Persönlichkeiten haben immer einen schärferen Verstand und eine größere Ausdauer als ein Durchschnittsmensch. Auch ihre Strahlung ist mächtiger. Führerschaft ist durch eine Art »natürlicher Konzentration« gekennzeichnet, die dem gewöhnlichen Menschen fehlt. Die Eigenschaften, die einen Menschen tüchtiger und erfolgreicher machen, sind das Ergebnis angeborener oder erworbener Fähigkeiten der Konzentration, mittels derer ein Mensch alle seine geistigen Kräfte wie in einem Brennpunkt sammelt und sie unmittelbar auf ein vorliegendes Problem richtet.

Aber nach den Erfahrungen buddhistischer Yogis ist jemand, der seinen Geist zu konzentrieren und gut zu beherrschen vermag, noch weit davon entfernt, den Hauptteil der in seinem Alaya oder »Speicherbewußtsein« schlummernden potentiellen Kräfte nutzen zu können. Dieses »Speicherbewußtsein« ist eine unerschöpfliche Quelle an Kraft, Begabung und Wissen, wie sie sich in ungezählten Leben in der Vergangenheit angesammelt haben. Da der Durchschnittsmensch von dieser potentiellen Kraftquelle seines Speicherbewußtseins nichts weiß und unfähig ist, sie zu nützen, verschwendet er sein Leben mit trivialen Beschäftigungen und sinnlosen Tätigkeiten, während der unerschöpfliche Schatz, der ihm zur Verfügung stünde, unbenutzt bleibt. Buddhistische Weise haben daher gesagt, daß das menschliche Denken kraftlos und vergeudend ist.

6. Das menschliche Denken ist ein »Sich-Anklammern«

Dieser sechste Punkt, der wichtigste von allen, besagt, daß dem menschlichen Denken die Tendenz innewohnt, sich an den scheinbar »existierenden« oder »substanzhaften« Aspekt der Dinge festzuklammern; das bedeutet auch, daß die menschlichen Gedanken immer von »starrer« und »fixierter« Natur sind. Der menschliche Geist erkennt selten oder nie die leere, unsubstantielle und »unbestimmte« Seite der Dinge. »Sich anklammern« bedeutet hier das Festhalten an der »existenzhaften« Seite aller Objekte, die folglich als real betrachtet werden, – wie wenn die Dinge im Besitz einer eigenen Wesensnatur wären.

Kurz, das menschliche Sich-Anklammern ist in seinem Wesen tyrannisch, ich-bestimmt sowie anderes ausschließend und somit der buddhistischen Doktrin von der Leere und vom Ganzen diametral entgegengesetzt. Alle menschlichen Gedanken sind hergeleitet oder erzeugt von der Grundidee des »Es ist«, die ihrem Wesen nach willkürlich, starr und fixiert ist. Wenn wir in den wahren Kern dieser Vorstellung des »Es ist« eindringen, spüren wir, daß sie nichts als ein tief eingewurzeltes, ungeheures »Sich-Anklammern« ist.

Das menschliche »Sich-Anklammern« ist ein wesentliches Thema im Buddhismus, dessen gewaltiger Einfluß in der buddhistischen Religion, Philosophie, Psychologie, Literatur und Kunst, also auf praktisch allen Gebieten des buddhistischen Denkens nachweisbar ist. Der Nachdruck, der auf das Studium dieses schwierigen und wichtigen Gegenstands gelegt wird, ist einer der hervorstechendsten Züge, die den Buddhismus von anderen Religionen und Philosophien unterscheiden.

Die obige Untersuchung der sechs Wesenszüge des

menschlichen Denkens macht eindeutig klar, daß, wenn die allwissende Weisheit der Buddhaheit überhaupt erreichbar ist, sie niemals auf diesem Wege erlangt werden kann. Alle buddhistischen Lehren zielen auf eine Korrektur jener Fehler des menschlichen Denkens ab. Unter diesen Lehren sind Dhyana (Meditation) und Prajna (intuitive Weisheit) die entscheidenden. Durch sie kann das menschliche Bewußtsein verwandelt und vollkommene Buddhaheit erreicht werden. Da Prajna, die Essenz des Zen-Buddhismus, in den vorhergegangenen Kapiteln schon kurz berührt worden ist, wird sich dieses Kapitel darauf beschränken, einen Überblick über die verschiedenen Aspekte der Meditationspraxis in ihrem Verhältnis zur Buddhaheit zu geben.

Das vollkommene Mitleid Buddhas

Das vollkommene Mitleid Buddhas ist allumfassend und kennt keine Unterschiede. Es ist eine absolute und bedingungslose Liebe. Wie bei allem andern in dieser Welt gibt es auch bei der Liebe viele Stufen und Grade der Tiefe und der Intensität. Je größer die Liebe ist, um so weniger ist sie an »Bedingungen« gebunden. Religiöse Liebe ist größer in ihrem Umfang und gewaltiger in ihrer Tiefe als die Liebe zu einer Person, zur Familie oder die Liebe zum eigenen Land usw., weil die letztgenannten Formen von Bedingungen abhängen und daher auf den engen Raum menschlicher Grenzen beschränkt sind.

Es gibt noch eine zweite Schranke, die selbst religiöse Liebe zu überschreiten unfähig zu sein scheint. Die Religion lehrt uns z. B., sowohl unsere Nächsten wie auch unsere Feinde zu lieben, aber selten lehrt sie uns, die »Heiden« zu lieben. Sie ermahnt uns, Gott zu lieben, aber sie verbietet uns, die »Teufel« zu lieben. Ketzerei wurde stets unter die schlimmsten Verbrechen gezählt. »Du sollst keine falschen Götter verehren«, ist das oberste Gebot in vielen Religionen. Der Geist und die Liebe einer Religion können leicht die Grenzen von Familie und Rasse, von Leben und Tod überwinden, aber selten gelangen sie über die Grenzen ihres eigenen Wesens hinaus. Diese Begrenzung liegt schon in den Grundsätzen der Religion selbst. Die leidenschaftliche Behauptung vieler Anhänger einer Religion, daß die Liebe ihres Gottes keine Unterschiede macht und keine Bedingungen kennt, gilt nur, wenn ihr Gott als einziger verehrt wird, wenn ihre Dogmen angenommen werden und man ihrem Glauben die Treue hält. Die Lehre von der Ausschließlichkeit, die so viel Unheil und Verwirrung gestiftet hat, scheint zum Kern der religiösen Intoleranz geworden zu sein, wie sie sich in den Grundlehren so vieler Glaubensbekenntnisse spiegelt. Wenn man diese Lehrsätze im Licht des Prajnaparamita studiert, wird man rasch entdecken, daß hinter all der Liebe und Barmherzigkeit, wie sie in so vielen Schriften gepriesen werden, ein tief eingewurzeltes »Sich-Anklammern« steht — ein Sich-Klammern an den »einen wahren Gott«, die »eine wahre Religion«, das »eine wahre Prinzip« usw., womit die engen Grenzen der Einstellung erkennbar werden.

Nach dem Buddhismus kann *vollkommene und bedingungslose Liebe nur erreicht werden durch eine echte Verwirklichung der Leere (Sunyata). Zum höchsten Mitleid gelangt man nur, wenn man die höchste Weisheit erlangt hat.* Mit anderen Worten: Das grenzenlose Mitleid der Buddhaheit erwacht nur, wenn dank der Verwirklichung der Wahrheit von Maya und Sunyata alles Sich-Anklammern vernichtet worden ist. Im letzten Sinn entsteht das Mitleid Buddhas nicht, weil er Augen hat, die das Meer der Leiden auf dieser Erde sehen, und ein Herz, das diese Leiden mitzufühlen vermag, sondern es entsteht auf natürlichste und spontanste Weise. Dieses spontane Mitleid, ein einzigartiger Wesenszug der Buddhaheit, kann nur geweckt werden durch eine tiefgehende Verwirklichung von Sunyata und eine vollständige Identifikation mit der Totalität. Nur dank der gänzlichen Zerstörung des Sich-Anklammerns kann das vollkommene Mitleid erwachen: nur durch Verneinen der Buddhaheit wird die Buddhaheit erlangt. Weil es keine Wesen gibt, die zu bemitleiden wären, hat Buddha das größte Mitleid; weil von allem Anfang an keine Wesen existieren, kam Buddha auf die Erde herab, die Wesen zu erlösen. Ist das paradox? Wenn ja, so nur, weil wir paradox sind, nicht die Wahrheit. Vom Menschen aus gesehen ist ein Paradox etwas Widersprüchliches und Disharmonisches, aber von Buddha aus ist es voller Harmonie und Einheit.

Auf diese Weise ist das vollkommene Mitleid der Buddhaheit eine allumfassende und bedingungslose Liebe, eine Liebe, die zugleich vollkommene Weisheit und mit dieser Weisheit identisch ist, die nicht aus irgendeiner Form des Sich-Anklammerns entsteht, sondern aus einer totalen Befreiung von allen Bindungen.

Die vollkommene Macht Buddhas

Die vollkommene Macht Buddhas ist die gewaltigste und reinste Macht, die es geben kann, aber sie ist keine Allmacht. *Buddha ist allwissend und allbarmherzig, aber nicht allmächtig.* Wenn von jemandem gesagt wird, daß er allmächtig ist, dann heißt das, daß er fähig ist, alles zu tun, was er will. Mit anderen Worten, ein allmächtiges Wesen könnte, wenn es wollte, diesen Globus wie einen Fußball mit dem Fuß in den Himmel schießen und damit alle Not und alles Elend auf diesem Planeten mit einem Schlag beseitigen. Aber Buddha besitzt die Macht zu solcher Willkür nicht, noch hat er jemals behauptet, sie zu besitzen, obwohl viele andere Religionen dies von ihrem Gott behaupten. Es sollte klar sein, daß Allwissenheit, Allbarmherzigkeit und Allmacht nicht in demselben Wesen gleichzeitig vorhanden sein können. Ein allmächtiger und allwissender Gott, könnte unmöglich zugleich allbarmherzig sein; seine Absicht, diese

Welt zu erschaffen, mit all ihren daraus sich ergebenden Nöten und Sünden und den vermeintlichen ewigen Höllen usw. würde unerklärlich und lächerlich werden. In weiterer Folge würden auch sein gutes Gewissen und seine weise Voraussicht zu einem Witz werden.

Buddha ist mächtig, aber nicht allmächtig. Er kann weder seinen Willen jemandem aufzwingen, noch kann er, um irgend jemandes willen etwa das Gesetz von Ursache und Wirkung aufheben. Buddha bestraft niemanden und sendet nie jemanden in eine ewige Hölle. So etwas wäre einem allbarmherzigen Buddha unmöglich! Wenn jemand in die Hölle muß, dann ist das die Folge seiner eigenen Übeltaten. In den buddhistischen Schriften findet sich nirgends ein Wort, daß Buddha jemanden zur Strafe für den Ungehorsam gegenüber seinem Willen in die Hölle schicken werde. Im Gegenteil. Es entspricht ganz dem Geist des Buddhismus, Menschen zu ermutigen, in die Hölle hinabzusteigen, aber gleich dem Bodhisattva Ksitigarbha, der von Mitleid erfüllt ausrief: »Wenn ich nicht in die Hölle hinuntersteige, wer sonst wird die armen Geschöpfe dort erlösen?«

Die segenbringende Macht Buddhas gleicht der Sonne, ohne die nichts auf der Erde gedeihen könnte. Aber das Wachstum einer Pflanze hängt nicht bloß von der Sonne ab; Luft, Wasser, Erde und das Wichtigste von allem, der Samen, sind unentbehrlich. Die Luft, das Wasser und der Boden lassen sich den eigenen Bemühungen um Erleuchtung vergleichen. Der Samen aber entspricht der in unserem eigenen Geist verborgenen Buddha-Natur. Das Zusammenwirken all dieser Faktoren ermöglicht es uns, die Buddhaheit zu erlangen. Fehlte einer von ihnen, so würde das die Buddhaheit für uns weiter in die Ferne rücken. Kurz, die vollkommene Macht Buddhas kann uns mit günstigen Bedingungen für unser geistiges Wachstum versehen, aber sie kann nicht alles für uns tun. Das ist vielleicht einer der wichtigsten Unterschiede zwischen dem Buddhismus und anderen Religionen.

Obwohl die vollkommene Macht der Buddhaheit keine Allmacht ist, ist sie doch nicht so weit von ihr entfernt. Der Mahayana-Buddhist ist der Meinung, daß die vollkommene Macht Buddhas gleich der Macht der Sonne unendlich und unerschöpflich ist; aber die Hilfe, die man durch sie erhalten kann, hängt gänzlich vom eigenen individuellen Fassungsvermögen und Bemühen ab. Mit einem kleinen Vergrößerungsglas kann man unter der Sonne ein Zündholz entflammen, aber mit mächtigeren Linsen ein ganzes Haus beheizen. Wenn die Allmacht Gottes in diesem Sinne verstanden wird, gibt es keine unversöhnlichen Gegensätze zwischen dem Buddhismus und anderen Religionen.

Die Mahayana-Buddhisten glauben, daß die Lehren der verschiedenen Religionen für Menschen unterschiedlichen Fassungsvermögens hilfreich und notwendig sind. Manche dieser Lehren mögen bloß den Wert der »Zweckmäßigkeit« oder der »Überzeugungshilfe« haben und sind für den unreifen Geist der Masse bestimmt; andere vermitteln vollgültiges Wissen, wie es auf der gegenwärtigen Entwicklungsstufe nur von einer Minderheit besonders begabter Personen verstanden werden kann. Aber alle Religionen haben ihre schöpferische Bedeutung bei der Förderung von Wohlfahrt und geistigem Wachstum der Menschheit. In dem großen Schatz göttlicher Lehren gibt es für den Buddhisten Unterschiede nur zwischen der Lehre für Anfänger und der für Fortgeschrittene, zwischen der »hilfreich-nützlichen« und der endgültigen Lehre, aber nicht den Unterschied zwischen »richtig« und »falsch«.

Überblick über die Praxis der buddhistischen Meditation

Alle sechs Eigenschaften des menschlichen Denkens, die auf den vorhergegangenen Seiten dargestellt wurden, sind durch die ewig fließende, ständig sich ändernde und wandelnde

Natur des Denkens verbunden. Der menschliche Geist gleicht einem Fluß, der unablässig vorwärtsfließt, sich hierher und dorthin windet, voll von Stromschnellen und Strudeln, und niemals stillsteht. Der Geist des Menschen kann scheinbar nur funktionieren, wenn er dieser aktiven, bewegten, sich ständig ändernden Form des Denkens folgt. Gemeinhin wird angenommen, daß der Geist tätig sein muß, um zu funktionieren, daß ein »lebendig wirksamer« Geist in Bewegung sein muß und ein »statischer« Geist tot ist.

Ist das richtig? Kann der menschliche Geist seine Aufgaben nicht auch erfüllen, ohne sich an diese Form beständigen Fließens zu binden? Nach dem Buddhismus ist das Wesen des Geistes oder des Bewußtseins: »Gewahrsein«. Dies bedeutet nichts mehr oder weniger als den »Zustand des Gewahrseins«. Der Begriff selbst weist auf keine Tätigkeit, Bewegung oder Veränderung irgendeiner Art hin. Nur auf der menschlichen Ebene trifft es zu, daß Gewahrsein aufgrund der Antriebskraft eines blinden Willens mit ständiger Bewegung verbunden ist. Dieser Umstand muß nicht notwendigerweise auch für eine höhere Ebene des Bewußtseins zutreffend sein. Das Bewußtsein Buddhas ist niemals bewegt, schwankend oder veränderlich. Ein Bewußtsein, das schwankt, sich von einem Punkt (der Aufmerksamkeit) zu einem anderen hinbewegt oder seine Form in vielfältiger Weise verändert, kann unmöglich das Bewußtsein der Buddhaheit sein. Buddhas allumfassendes Bewußtsein benötigt keine Bewegung von einer Stelle zur andern, denn es durchdringt alle Dinge. Buddhas transzendentales Bewußtsein bedarf keiner Schwankungen, denn es ist über jede Notwendigkeit der Veränderung hinausgelangt; Buddhas Bewußtsein der Totalität benötigt weder Änderungen der Form noch Berichtigungen der Funktion, weil die unzähligen Formen und Fähigkeiten, die im unerschöpflichen Schoß des Höchsten Buddhaheit-Bewußtseins vereinigt sind, in vollkommener Harmonie gegenseitiger Durchdringung gleichzeitig entstehen.

Der erste Schritt, dieses Höchste Bewußtsein zu erlangen, ist, die ewig strömenden Gedanken zur Ruhe zu bringen, ihnen so vollständig wie möglich Einhalt zu gebieten, so daß man sein Gewahrsein auf eine höhere und beständigere Ebene zu heben vermag, bis es schließlich zur letzten Reife gebracht wurde. Meditation ist die Praxis, die dem zugrunde liegt und die für die Umwandlung des menschlichen Bewußtseins in die erleuchtende Weisheit der Buddhaheit unentbehrlich ist. Um Theorie und Praxis der buddhistischen Meditation erschöpfend zu behandeln, würde die Dauer eines Lebens nicht ausreichen. Was hier getan werden kann, ist, eine knappe Übersicht über die Meditationspraktiken zu geben, wie sie von den buddhistischen Yogis im Rahmen der buddhistischen Überlieferung geübt werden. Wir wollen die drei Aspekte der buddhistischen Meditation behandeln, nämlich ihre allgemeinen Kennzeichen, ihre Techniken und die aufeinander folgenden Stufen, die zum Samadhi führen.

Die vier Hauptkennzeichen des Samadhi

Das Wort »Meditation« ist keine gute Übersetzung der Sanskritwörter *Dhyana* oder *Samadhi*. Im allgemeinen Sprachgebrauch bedeutet Meditation »nachdenken«, »überlegen« und »planen«, »etwas überdenken«, was alles nicht die Bedeutung von *Dhyana* oder *Samadhi* wiedergibt. Obwohl *Dhyana* von der Wurzel *dhi*, »denken« oder »betrachten«, abgeleitet ist, meint es keinerlei Überdenken der Dinge in gewöhnlichem Sinn. Die chinesische Übersetzung des Begriffes *Dhyana* ist *chin lu*, was soviel wie »Betrachtung in Ruhe« bedeutet; die tibetische Entsprechung ist *bSam gTan* mit dem Sinn von »der stabilisierte Geist«, eine vielleicht bessere Übersetzung der zentralen Idee von *Dhyana*. Das Sanskritwort *Samadhi* bedeutet »verschmelzen« oder »Einswerden zwischen Meditierendem und dem Gegenstand, über den meditiert wird«. Kurz, sowohl *Dhyana* wie *Samadhi* bezeichnen einen Zustand vollkommener geistiger Konzentration. Vom Hinduismus wird *Samadhi* gewöhnlich als die höchste Stufe des zur Vollendung gelangten Yoga betrachtet, als der Zustand des Mukti oder der endgültigen Befreiung vom Sangsara. Der Buddhismus jedoch betrachtet *Samadhi* nur als einen höheren Zustand geistiger Konzentration, der wenig mit der Befreiung oder dem Nirvana zu tun hat. Das wird durch die Tatsache bestätigt, daß die Namen von Hunderten verschiedener *Samadhis* in den Mahayanasutras aufgeführt werden.

Einige der Hauptkennzeichen von *Samadhi* sind:

1. Im *Samadhi* ist der Geist des Yogi in vollkommener Konzentration in die Sache entsunken, über die meditiert wird. Es ist ein Zustand der Verschmelzung, der Einheit zwischen Meditierendem und dem Gegenstand, über den meditiert wird.

2. Im *Samadhi* erlebt der Yogi stets ein intensives Gefühl der Beseligung sowohl physischer wie psychischer Natur. Intensität und Tiefe dieser Beseligung sind weit größer als jede Seligkeit, die der durchschnittliche Mensch je erlebt hat. Angeblich ist sie um ein vielfaches größer als jedes aus dem sexuellen Erlebnis bekannte Lustgefühl.

3. Im *Samadhi* erlebt der Yogi beständig die Gegenwart einer großen »Erleuchtung«. Es handelt sich dabei um keine Vision leuchtender Art, sondern um den klaren und hellen Aspekt im Gewahrsein seines eigenen Bewußtseins, ein Erlebnis, das nicht zu beschreiben ist. Alles, was darüber gesagt werden kann, ist, daß das Universum selbst in ein riesiges Ganzes, voll Durchsichtigkeit und Licht zu schwinden scheint.

4. In einem fortgeschrittenen Zustand des *Samadhi* steigt im Geist des Yogi kein Gedanke mehr auf, auch kein Gedanke an den Gegenstand, über den ursprünglich meditiert wurde, und zwar deshalb, weil jeder Gedanke ein vollständiger Prozeß ist, der die Stufen Beginn, Bestand und

Vergehen umfaßt. Die Meditation versucht, diesen »ablaufenden« Prozeß zu überwinden, um den Geist in einen Zustand des »Nicht-Denkens« zu bringen. Diese »Nichtgedankenhaftigkeit« des *Samadhi* ist keine Stumpfheit oder Gefühllosigkeit; sie ist ein stabilisiertes, erleuchtetes Gewahrsein, frei von jeder Denk-Bewegung. Kurz: *Menschliches Denken ist ein Gewahrsein in Bewegung, während Samadhi Gewahrsein in Ruhe ist.*

Die Punkte zwei, drei und vier, nämlich Beseligung, Erleuchtung und Freisein von Denkvorgängen, sind die drei Grunderfahrungen des *Samadhi*. Wenn eine von ihnen fehlt, ist das *Samadhi* unvollständig.

5. Ein weiteres wichtiges Charakteristikum des *Samadhi* ist das Anhalten des Atems. Ohne vollständiges Anhalten des Atems wird dem immer weiterfließenden Gedankenstrom niemals Einheit zu gebieten sein. Unter den verschiedenen Namen zur Kennzeichnung von *Samadhi* lautet einer »Anhalten des Atems« (chinesisch: *chih shi*), was eindeutig auf die Tatsache hinweist, daß *Samadhi* in enger Beziehung zum Atem steht. Dieses allgemeine und sehr natürliche Phänomen wird von der Tantrik mit dem »Gesetz der Identität zwischen Geist und Prana« erklärt, wonach jeder einzelne Gedanke durch ein entsprechend aktiviertes Prana ins Spiel gebracht wird. Ist das Prana ruhig strömend oder in Stillstand, so ist es auch der Geist, und umgekehrt. (Siehe meine *Mahamudra-Fibel*, Wien 1979, S. 33/34, 40 und 86.)[2]

Die soeben behandelten fünf Grunderlebnisse sind die fünf Hauptkennzeichen des *Samadhi*.

Die sieben Typen der Meditationspraxis

Ein vergleichendes Studium der vielfältigen Meditationstechniken der verschiedenen Religionen, Schulen und Sekten wäre ein faszinierendes Thema, liegt jedoch außerhalb des Rahmens dieses Buches. Die hauptsächlichsten Meditationsübungen des Mahayana-Buddhismus aber können in sieben Gruppen zusammengefaßt werden.

1. Atemübungen

Nach der Grundlehre von der Identität zwischen Geist und Prana wird, sobald man seinen Atem zügelt, auch der Geist gezügelt. Die Atemübung ist daher eine der besten Methoden zum Erreichen von Samadhi.

Der Begriff »Atemübung« bezieht sich darauf, daß der eigene Atem durch ein bestimmtes wiederholtes Verfahren nach einem vorher festgelegten Plan beeinflußt werden kann. Die allgemeinsten Methoden sind entweder das Zählen der Atemzüge oder das Aussetzen oder Anhalten des Atems.

Von diesen beiden Methoden ist die erste vielleicht die leichteste und sicherste. Sie wird von vielen buddhistischen Meditierenden seit Jahrhunderten geübt. Im Unterschied zu den anderen Meditationsformen kann diese Meditation praktiziert werden, ohne daß man sich auf die ständige Führung durch einen Guru stützt, sofern man eine gute Kenntnis der Atemtechniken hat und das Grundprinzip der Dhyana-Praxis versteht. Der große Meister Chih I, der Gründer der Tien-Tai-Schule Chinas, erklärte diese Methode, nach der die Atemzüge gezählt und verfolgt werden, sehr klar in seinem berühmten Buch *Lu Miao Fa Men* oder *Die Sechs wunderbaren Tore [zur Erleuchtung]*. Diese sogenannten »Sechs wunderbaren Tore« werden auf zehn verschiedene Weisen interpretiert, was insgesamt sechzig Gesichtspunkte ergibt, nach denen das Prinzip der »Sechs wunderbaren Tore« betrachtet werden kann.

Wird dieses Prinzip auf dem Gebiet des Atems angewendet, entstehen sechs Schritte oder Stufen.

Der erste Schritt, genannt »Die Stufe des Atemzählens«, besteht darin, daß man seinen Geist auf das Einatmen oder Ausatmen konzentriert, niemals auf beide gleichzeitig. Man zähle von eins bis zehn sehr langsam und ruhig. Wenn das Zählen durch einen einzigen ablenkenden Gedanken unterbrochen wird, soll der Übende zurückgehen und sein Zählen wieder bei eins beginnen. Durch wiederholte Übung wird er schrittweise in dieser Zählübung vorankommen, alle ablenkenden Gedanken werden ferngehalten und der Prozeß des Zählens von eins bis zehn wird ohne Unterbrechung durchgeführt werden. Das Atmen wird dann leicht und ruhig. Die Notwendigkeit, den Atem zu zählen, wird immer geringer, das Zählen wird sogar zu einer Last für den Yogi. Diese Erfahrung heißt »Verwirklichung des Atemzählens«. Sobald der Yogi diesen Punkt erreicht hat, beendet er die Zählübung und geht zur nächsten Stufe über, dem »Verfolgen des Atems«.

Hier verschmilzt der Geist des Yogi mit seinem Atem und folgt leicht und ohne Unterbrechung dessen Ein- und Ausströmen. Er wird fühlen, daß die Luft, die er einatmet, sich in seinem ganzen Körper ausbreitet bis in die Spitze jedes Haares und sein Geist wird ruhig und heiter gelassen werden. Dieses Erlebnis heißt »Verwirklichung des Verfolgens des Atems«. Sobald der Yogi diesen Punkt erreicht hat, wird das Verfolgen des Atems ebenfalls zu einer Last und er soll es, wie er es mit dem Zählen getan hat, aufgeben und zur dritten Stufe übergehen, zur »Übung des Anhaltens«.

Auf dieser Stufe soll der Yogi den Atem vollständig unbeachtet und seinen Geist auf der Spitze der Nase »haltmachen« lassen. Er wird sich äußerst ruhig und gefestigt fühlen, und es werden ihm Körper wie Geist in Nichts zu schwinden scheinen. Das ist die Stufe des Dhyana – eine Stufe der vollkommenen Ruhe. Sobald er sie erreicht hat, soll der Yogi sich erinnern, daß das Erlebnis des Dhyana zwar wundervoll ist, man sich aber gemäß der Ermahnung Buddhas nicht daran klammern oder bei ihm verweilen darf.

Danach soll der Yogi den vierten Schritt tun, genannt »Die Betrachtungsübung«, indem er seinen zu äußerster Ruhe gelangten Atem und alle Bestandteile seines physischen Körpers (die Knochen, das Fleisch, das Blut, die Muskeln usw.)[3] betrachtet. Dies wird ihn zur Erkenntnis bringen, daß alle diese Dinge vergänglich, flüchtig und trügerisch sind und keine eigene Wesensnatur besitzen. Bei wiederholter Anwendung dieser Prüfungs- oder »Betrachtungsübung« wird sich das »geistige Auge« des Yogi allmählich öffnen; er wird fähig werden, alle Funktionen seiner inneren Organe klar zu sehen, und wird zur Erkenntnis gelangen, daß die physische wie die psychische Existenz an Leid, Vergänglichkeit und Täuschung gebunden bleiben und der irrigen Vorstellung eines Ich unterworfen sind. Sobald dieser Punkt erreicht ist, sollte der Yogi zur fünften Stufe übergehen, der »Rückkehr-Übung«, um den Geist zu seinem ursprünglichen Zustand zurückzubringen.

Bei dieser »Rückkehr-Übung« muß der Yogi die Grundstruktur der Meditationsübungen, die er bisher benützt hat, genau überprüfen. Er wird dann erkennen, daß sie alle an eine dualistische Grundhaltung gebunden sind; denn immer ist da ein Geist, der übt, und ein Verfahren oder ein Programm, nach dem geübt wird. Die Grundidee der »Rückkehr-Übung« ist, diese Zweiteilung loszuwerden und den Geist auf seinen Urzustand – das absolute Ganze der Leere – zurückzubringen. In diesen Urzustand gelangt man durch Kontemplieren der nicht-existenzhaften oder leeren Wesensnatur des Geistes. Wenn man erkennt, daß der eigene Geist von Natur aus leer ist, woher könnte dann die Aufspaltung in »Subjekt und Objekt« kommen? Sobald der Yogi bei der Verwirklichung dieser Wahrheit anlangt und er, natürlich und spontan, in diesem Urzustand des Geistes verweilt, wird die große transzendentale Weisheit plötzlich aufblühen und sich entfalten.

Nichtsdestoweniger wird der Yogi noch einen Schritt weitergehen, um an der sechsten und letzten Stufe, der »Reinheits-Übung«, zu arbeiten, um die subtile »Befleckung des Tuns« abzuwaschen und die transzendentale Weisheit, die in ihm sich entwickelt hat, zu vollenden.

Die »Betrachtungs«-, »Rückkehr«- und »Reinheits«-Übungen sind eigentlich keine Dhyana-, sondern Prajna-Übungen: Die Betrachtungsübung kontempliert die Leere der Lebewesen −, die Rückkehrübung die Leere der »konkreten« Dharmas und die Reinheitsübung betrachtet die Leere der dualistischen Aufspaltung und verschmilzt den eigenen Geist mit der alles umschließenden Gleichheit. Nur durch die Übung der Leere wird die buddhistische Meditation zur Vollendung gebracht. Diese sechs Stufen der Meditationspraxis entsprechen den sechs aufeinander folgenden Schritten, wie sie von der Tien-Tai-Schule des chinesischen Buddhismus nachdrücklich empfohlen werden.

Die Meditationspraxis des »Aussetzens oder Anhaltens des Atems« ist vielleicht die machtvollste und unmittelbarste Methode. Sie vermag, prompte Resultate zu erzielen und so den Yogi rasch zum Seinsstand des Samadhi zu bringen. Doch wenn sie nicht richtig angewendet wird, kann sie sehr gefährlich und schädlich sein. Es ist daher nicht anzuraten, sich an diese Methode ohne die genaue Führung durch einen Lehrer und ohne eine gesunde Grundlage von leichteren Atemübungen der »sanfteren« Art (wie Zählen der Atemzüge usw.) heranzuwagen.

Bei diesen Übungen des Atem-Anhaltens wird das Prana auf den Anfangsstufen unterhalb des Nabels, auf den fortgeschrittenen Stufen an verschiedenen Körperzentren, zu unterschiedlichen Zwecken und Wirkungen festgehalten.[4]

2. Konzentrieren auf einen Punkt

Das ist eine scheinbar einfache, aber in Wirklichkeit schwierige Art der Meditation. Viele Gurus sind der Meinung, daß der Yogi zuerst die Atemübungen bis zu einem bestimmten Ausmaß gemeistert haben sollte, bevor er sich mit dieser »sich auf einen Punkt konzentrierenden« Meditation beschäftigt; andernfalls wird er sie sehr schwierig und mühsam finden. Sich auf einen Punkt außerhalb des physischen

Körpers zu konzentrieren bzw. die Aufmerksamkeit auf irgendeine Sache vor einem zu sammeln, ist verläßlicher, aber nicht so effektiv, wie den Geist auf eine bestimmte Stelle im Innern des Körpers zu konzentrieren. Die Aufmerksamkeit auf irgendeinen Teil innerhalb des Körpers zu sammeln, führt zu außerordentlichen und manchmal erstaunlichen Ergebnissen. Bei der Konzentrierung auf ein besonderes Körperzentrum wird stets auch eine bestimmte psychische Erfahrung hervorgerufen. Die Konzentration auf den Punkt zwischen den Augenbrauen z. B. erzeugt die Erfahrung Licht, die Konzentration auf das Nabelzentrum das Erlebnis der Seligkeit. In der Konzentration auf das Herzzentrum werden die positiven und negativen Kräfte des Körpers rasch in eines gebunden und werden mit der Zeit die »Erleuchtende Leere« oder die »Beseligende Leere« als Erfahrung vermitteln. Die buddhistischen Tantriker behaupten, daß jedes der fünf Hauptzentren (*chakras*) des Körpers seine besondere Funktion und seine bevorzugte Anwendungsmöglichkeit besitzt. Nur ein erfahrener Guru wird darüber mit autoritativer Vertrautheit zu sprechen vermögen. Genauere Information ist der Literatur der tibetischen Tantrik zu entnehmen.

3. Visuelle Vergegenwärtigung

Jemand, der in der Praxis der Geist-Kontrolle weder bewandert noch geübt ist, kann sich die Schwierigkeiten bei der Beherrschung des eigenen Geistes kaum vorstellen. Er hält es für selbstverständlich, daß er seinem Geist befehlen kann, das zu denken, was er wünscht, und in jeder Weise so zu funktionieren, wie er es will. Nichts könnte von der Wahrheit weiter entfernt sein. Nur wer Meditation praktiziert hat, kann die Schwierigkeiten verstehen, auf die man stößt, wenn man den unbeherrschbaren und ständig weiterfließenden Geist in den Griff bekommen will. Wenn wir z. B. unsere Augen schließen und versuchen, uns ein Bild vorzustellen, werden wir bald entdecken, wie schwierig das ist. Das Bild ist gewöhnlich verschwommen und ungenau; es schwindet, verschwankt und weigert sich, stillzustehn oder »vollständig zu werden«. Für den ungeübten Menschen ist diese sogenannte Veranschaulichung zumeist eher ein Gefühl als ein »Sehen«. Ich meditierte einmal hundert Tage in einer Einsiedelei auf einem abgelegenen Berg in Zentral-China und übte die Veranschaulichung des Bildes eines Buddhas, der auf meinem Kopf saß. Jeden Tag arbeitete ich acht bis neun Stunden an nichts als dieser Sichtbarmachung. In den ersten paar Wochen war das Bild sehr unklar, ver-schwommen und unbeständig. Wenn ich mir den Kopf des Buddha anschaulich machte, verlor ich die Umrisse seiner Arme und seines Rumpfes; wenn ich Arme und Rumpf deutlich vor mir sah, waren Kopf und Beine vergessen. Erst nach langer Zeit vermochte ich augenblicklich, das ganze Buddhabild klar, und ohne daß es schwankte oder dahin-schwand, mir vor Augen zu stellen. Nach etwa sieben Wochen ununterbrochener Übung schließlich wurde die Vergegenwärtigung nach und nach so lebendig und klar, daß sie noch schärfer zu sein schien als das Bild, das meine Augen sahen. Für manche mag das schwer zu glauben sein, aber das ist etwas, das von Yogis, die in dieser Meditations-art geübt und erfahren sind, bezeugt wird.

Der Buddhismus erklärt, daß der Mensch die Dinge nicht mit seinen Augen sieht, sondern mit seinem Geist. Die Organe des Auges werden durch die unterschiedlichen Grade und Abstufungen des Lichts stimuliert, die von den verschiedenen Objekten um uns zurückgestrahlt werden. Diese Stimulation wird vom Geist interpretiert und in Bilder umgewandelt, was auf das hinausläuft, was wir sehen nen-nen. Da also, was immer wir »mit dem Auge sehen«, not-wendigerweise das Ergebnis eines Entstehungsverfahrens ist, so kann es, wie genau und scharf es auch wiedergegeben sein mag, niemals ein vollkommenes Ebenbild des Originals sein. Dieses auf dem Weg eines Verfahrens zustande gekommene »Bild des Auges« kann, verglichen mit dem unmittelbar vom Geist projizierten und gesehenen Bild, kaum als »völlig getreue« Wiedergabe angesehen werden. Wenn diese Theorie richtig ist, dann sind die Behauptungen der Yogis weder übertrieben, noch das Ergebnis bloßer Einbildung.

Kehren wir zum Ausgangspunkt zurück: Veranschaulichung ist eine der besten Übungen zur Beherrschung von Geist und Prana. Besonders die Tantrik betont ihre Nützlichkeit und wendet sie in beinahe jeder Meditationsart an, Mahamudra ausgenommen. Hunderte von unterschiedlichen Verbildlichungsübungen sind für die verschiedenen individuellen Notwendigkeiten und besonderen Zwecke vorgesehen. Sich einen unbewegten Gegenstand oder ein Bild außerhalb unseres Körpers zu veranschaulichen, wird allgemein als eine vorbereitende und einleitende Übung betrachtet; sich einen Gegenstand zu verbildlichen, der in einer bestimmten Umlaufbahn im Körper kreist, gilt als fortgeschrittene Übung. Der Versuch, sich ein höchst kompliziertes Bild mit all seinen Einzelheiten zu veranschaulichen, ist eine vortreffliche Übung für Anfänger, die lernen wollen, ihre herumirrenden Gedanken zu bändigen; die Veranschaulichung eines einfacheren Bildes oder Gegenstandes ist für höhere Meditationen anzuraten. Gewisse besondere Wirkungen können durch die Visualisation unterschiedlicher Farben, Formen, Gestalten, Stellungen und Bewegungsabläufe der Gegenstände erreicht werden. Bei den fortgeschritteneren Arten der Verbildlichung muß der Yogi visuell ein großes Bild auf einem sehr kleinen Raum ausarbeiten. Viele tibetische Yogis vermögen, sich ein riesiges Mandala[5] in der Größe einer winzigen Bohne zu veranschaulichen. Visualisation vermag daher einerseits, die große potentielle Kraft und Beweglichkeit des Geistes zu entfalten und andererseits, den Yogi auf eine fortgeschrittene Stufe des Samadhi zu bringen.

Wiewohl die Visualisation auf ihren Anfangsstufen hauptsächlich eine Übung zur Ausbildung des Sechsten Bewußtseins (Geist) ist und sich deshalb weitgehend innerhalb der Grenzen eines dualistischen und »anklammerungs-gebunde-nen« Verhaltens abspielt, ist ihre fortgeschrittene Stufe sehr nahe dem Bereich des nicht-dualistischen höheren Bewußt-seins. Sie ist die inhaltlich reichste und komplexeste aller Meditationsübungen.

4. Mantram-Yoga: Rezitieren und Intonieren von Spruchformeln oder mystischen Worten

Während die Meditations-Praxis der »Visualisation« sich des geistigen Auges bedient, benützt das Mantram-Yoga das geistige Ohr. Der Ton kann, ebenso wie die Sicht, als ein Mittel verwendet werden, in den Seinsstand des Samadhi zu gelangen. Ein Gebet oder ein Mantram herzusagen oder ein einzelnes Wort voll helfender Kraft, wie etwa »Om« oder »Ah«, zu intonieren, ist eine der Haupt-Meditationsübun-gen des Ostens. Obwohl der Buddhismus die Wichtigkeit des Tons nicht in dem Ausmaß wertet, in dem es der Hinduismus tut, ist doch der »Ton-Yoga« immer eine der Hauptstützen der buddhistischen Meditation gewesen, und er wird von buddhistischen Mönchen wie Laien gerne geübt. Es gibt drei Gründe für seine Popularität: er ist die leichteste und sicherste Meditationsart, ist mit tiefer Hingabe verbun-den und befriedigt die religiösen Bedürfnisse der Massen. Die bisher behandelten Meditationsarten − Atem-, Konzen-trations- und Visualisationsübungen − sind hauptsächlich psycho-physischer Natur und haben wenig »Religiöses« an sich. Sie vermögen die spirituellen Sehnsüchte der Menschen nicht zu befriedigen. Um dem zu begegnen, wurde die Mantram-Meditationspraxis eingeführt: das Rezitieren eines Gebetes, eines Mantram oder des Buddhanamens. Sie ist die populärste und einflußreichste der verschiedenen Medita-tionsarten und wird von allen Buddhisten praktiziert.

5. Bewegung

Samadhi ist ein Zustand des Geistes, der mittels verschiedener Methoden erreicht werden kann, deren direkteste der »bewegungslose« Typ ist. Aber dieser ist keinesfalls die einzige Art, in diesen Zustand zu gelangen. Auch gewisse besondere Bewegungen können zu Samadhi führen. Die berühmte chinesische taoistische Bewegungsübung des Tai-chi zum Beispiel, wie sie der bedeutende taoistische Yogi San Fung Chang in der Ming-Zeit erfunden hat, ist eine vortreffliche Art der Meditationspraxis. Diese Ur-Bewegungen sind sehr förderliche Übungen, die höchst sinnvoll erdacht wurden, um die negativen und positiven Kräfte des Körpers zu vollkommener Harmonie zu bringen, den Geist auf diese Weise automatisch zu bezähmen, das Prana zu kontrollieren und den Zustand des Samadhi zu erreichen. Die Ur-Bewegungs-Übung ist jetzt zu einer der populärsten gymnastischen Übungen geworden, die von Chinesen aller sozialen Schichten praktiziert wird. Unbeschadet des großen gesundheitlichen Wertes dieser Übung wird ihre derzeitige Anwendungsform von vielen taoistischen Yogis als eine Degeneration der Ur-Bewegungs-Übung angesehen, die ursprünglich für ein anderes höheres Ziel erfunden worden ist.

Bei einer anderen Meditationspraxis der Taoisten, der »Ein-Wort-Instruktion« (chinesisch: *I tzu chueh*) wird die »Kundalini« (Lebenskraft) durch gewisse besondere Bewegungen der zwei Daumen in wenigen Tagen zum Erwachen gebracht. Die genaue Art und Weise dieser Bewegungen wird streng geheimgehalten.

Der Buddhismus legt im allgemeinen keinen besondern Wert auf die Verwendung von Bewegungen für Meditationszwecke, obwohl er deren Nützlichkeit nicht ausschließt und sie bei bestimmten Gelegenheiten auch anwendet. Im ganzen aber ist der Buddhismus der Meinung, daß »Bewegung« eine gute ergänzende Übung ist, daß sie aber nicht als eine

37 Chao Chou war ein außergewöhnlicher Zen-Meister. Er galt als einer der scharfsinnigsten und gelehrtesten Zen-Lehrer und wurde als Vorbild angesehen, dem alle Zen-Buddhisten nacheifern sollten.

38 Die sechs Organe sind die Augen, die Ohren, die Nase, die Zunge, der Körper und der Geist. »Das Geist-Organ« ist ein in der buddhistischen Philosophie sehr umstrittener Gegenstand. Viele Gelehrte der Yoga-cara-Schule halten das Siebente oder Ego-Bewußtsein für das Geist-Organ.

39 Fa Yen, ? – 1104 (Goso Hoen).

III. Die vier Probleme des Zen-Buddhismus

1 Es handelt sich hier um einen bekannten Mahamudra-Ausspruch, der in Tibet weitverbreitet ist. Siehe Tilopas *Gesang von Mahamudra* in Chang: *Mahamudra-Fibel*, S. 45–51.

2 *Pu-shuo-po* (»nicht allzu offen sprechen«) ist von Hu Shih in seinem Beitrag *Ch'an (Zen) Buddhism in China*, in: »Philosophy East and West«, III. Jg., Nr. 1, April 1953, Seite 3–24, richtig übersetzt worden, obwohl Hu Shihs Verständnis und seine Deutung des Ch'an rein historischer Natur und daher in philosophischer Hinsicht nicht immer richtig sind. Suzuki hat in seinem Beitrag *Antwort an Hu Shih*, in: »Philosophy East and West«, III. Jg., Nr. 1, April 1953, Seite 25–46, jetzt in Suzuki: *Studies in Zen*, S. 129–164, eine sehr ausführliche Erklärung von *pu-shuo-po* gegeben, die sich über fast drei Seiten erstreckt. Ich fürchte jedoch, daß Suzuki das Entscheidende verfehlt hat. Er betonte nämlich einseitig nur den unausdrückbaren Aspekt der Zen-Wahrheit.

3 Es gibt drei verschiedene Denkrichtungen im Buddhismus, die sich mit dem Verhältnis der klesas (Leidenschaften oder Begierden) zur Bodhi, des Sangsara zum Nirvana beschäftigen. Theravada betont die Notwendigkeit, die Leidenschaften zu zerstören, um Nirvana erreichen zu können. Das allgemeine Mahayana tritt für die Umwandlung der Leidenschaften in Bodhi ein. Die dritte Richtung unterstreicht mit allem Nachdruck die völlige Identität von Mensch und Buddha, der Leidenschaften und Bodhi, von Sangsara und Nirvana, da es in letzter Sicht keinen Unterschied zwischen dem Reinen und dem Unreinen gibt. Dieser letzte Standpunkt ist der des Zen und des Tantra.

4 Wu. Dieses Wort unterscheidet sich von dem anderen *Wu*. Siehe Anmerkung 3 zum 2. Kapitel.

5 Ein bekannter Zen-Ausspruch, der von chinesischen Zen-Schülern gern gebraucht wird.

6 *Hua Tou* (»die Quintessenz des Satzes«). Suzuki verwendet in den meisten seiner Veröffentlichungen »Koan-Übung« statt »Hua-Tou-Übung«. Obwohl man sowohl »Koan« als auch »Hua Tou« verwenden kann, um die »Hinterfragungsübung des Zen« zu bezeichnen, ist der letztere Ausdruck doch der ursprünglichere und genauere. *Koan* bezieht sich auf die ganze Zen-Erzählung, also auf alle Ereignisse und die entscheidende Hauptfrage, und ist daher ein allgemeiner Ausdruck. *Hua Tou* hingegen ist ein sehr spezieller Begriff; er bezeichnet nur die Frage selbst und nicht die ganze Erzählung; in den meisten Fällen gewissermaßen den »Kern«, den »Höhepunkt« oder die »Essenz« der Frage.

7 Diese Geschichte wurde dem Buch *Exhortation on the Advance Through Ch'an Gates (Ch'an kuan tse chin)* von Chu Hung (1535–1616) entnommen.

8 *Dharma* ist ein sehr geläufiger Ausdruck im Buddhismus. Obwohl er viele Bedeutungen hat, sind die beiden am häufigsten verwendeten a) die buddhistische Doktrin oder die Lehre des Buddha; b) das Seiende, die Existenz, das Gegenständliche, die Dinge usw. An dieser Stelle wird *dharma* in der letzteren Bedeutung verwendet.

9 Hsuan Chuang (596–664); *Chen Wei Shih Lun (Vijnaptimatrata-siddhi-Sastra)*, 7. Kapitel.

10 Die Acht Bewußtseinsarten sind: Augen-, Ohren-, Nasen-, Zungen-, Körper-, Geist-, Ego- und Vorrat- oder Speicher-Bewußtsein. Vergleiche 1. Kapitel, Anm. 7.

11 Nach Sthiramati gibt es in jedem Bewußtsein nur drei Unterteilungen. Im Unterschied zur Theorie von Dharmapala, nach der es vier Unterteilungen gibt, sind die Ausführungen Sthiramatis klarer und einfacher. Dharmapalas Theorie der vier Unterteilungen scheint zu übertreiben und wurde deshalb auch von einer Reihe von Yogacara-Gelehrten kritisiert. Erklärungen der vier Unterteilungen finden sich bei Junjiro Takakusu: *The Essentials of Buddhist Philosophy*, University of Hawaii, Honolulu, 1947, Seite 88. Ich möchte auch auf Seite 89 verweisen, wo die drei Objekt-Bereiche erläutert werden, die in engem Zusammenhang mit der Theorie der vier Unterteilungen stehen. Takakusus Erklärung des Objekt-Bereichs des bloßen Schattens und der Illusion ist jedoch zu knapp und irreführend: ». . . 2. Der Objekt-Bereich des bloßen Schattens und der Illusion. Das Schatten-Bild entsteht einfach aus unserer eigenen Einbildungskraft und existiert daher nicht wirklich. Natürlich besitzt es keine ursprüngliche Substanz gleich einem Gespenst, das überhaupt nicht existiert. Nur das sechste Sinnes-Zentrum wird ihm gegenüber aktiv und schafft die Einbildung, daß es Wirklichkeit habe.« Aus dieser Passage könnte man den Eindruck gewinnen, die Sechste Bewußtseinsart – die aktivste und vielseitigste

unter den Acht Bewußtseinsarten – die allgemein als »Geist« bezeichnet wird, sei ein Organ, welches nur illusorische Bilder aufzunehmen imstande ist. Das stimmt jedoch nicht. Das *Pa Shih Kuei Chu Sung* von Hsuan Chuang erläutert die Sechste Bewußtseinsart im Verhältnis zu den drei Objekt-Bereichen mit dem folgenden Satz: »Sie umschließt die drei natürlichen Wesenszüge, die drei Dimensionen der Art und auch die drei Objekt-Bereiche.« Damit wird die Sechste Bewußtseinsart als ein Seinsstand beschrieben, der die drei natürlichen Wesenszüge gut, schlecht und neutral umfaßt, sowie die drei Dimensionen direkt, indirekt und irrtümlich, und die drei Objekt-Bereiche Natur, bloßer Schatten und ursprüngliche Substanz. So wissen wir, daß sich die Aktivität der Sechsten Bewußtseinsart nicht nur auf die trügerischen Bilder erstreckt, welche zur Dimension des Irrtümlichen gehören, sondern auch auf den Objekt-Bereich der Natur und damit auf die Dimension des Unmittelbaren, in manchen Fällen auf das Objekt ursprüngliche Substanz.

12 Zu diesem Satz siehe Hu Shih: *Ch'an (Zen) Buddhism in China*, in: »Philosophy East and West«, III. Jg., Nr. 1, April 1953, Seite 3–24. Hu Shih übersetzt ihn mit: »Das eine Wort ›Weisheit‹ ist das Tor zu allen Geheimnissen.«

13 Suzuki: *A Reply to Hu Shih*, in: »Philosophy East and West«, III. Jg., Nr. 1, April 1953, Seite 31–32, und jetzt in seinem Essayband *Studies in Zen*, S. 129–164.

14 *Discourses of the Six Patriarchs*, S. 18.

15 *Te-shan goto egen*, VII. Buch: *Dianikon Zokuzokyo*, Seite 116.

16 Die Acht Negationen sind: kein Entstehen, kein Vergehen, keine Unendlichkeit, keine Endlichkeit, keine Einheit, keine Vielheit, kein Kommen, kein Gehen.

17 *Transmission of the Lamp*, V. Buch: *Taisho Daizokyo*, Nr. 2076, Band LI, Seite 240.

18 Chin ist eine chinesische Gewichtseinheit.

19 Siehe das Koan »Den Bogen spannen, nachdem der Dieb verschwunden ist«, in: »National Translation of the Collected Works in Zen Studies«, XVI, 13.

20 Siehe das Koan »Die kalte Quelle und der uralte Strom«, in: »National Translation of the Collected Works in Zen Studies«, XVI, 13.

21 Siehe das Prajnaparamita-hrdaya Sutra.

22 *Szu liao chien* wird hier zweckdienlich mit »Vier Unterscheidungen« übersetzt. Man könnte es aber auch mit »Vier Unterscheidungen und Selektionen« wiedergeben.

23 Siehe den *Discourse of Zen Master Lin-chi Hui-chao of Chen-chou*, in: »National Translation of the Collected Works in Zen Studies«, V, S. 5.

24 Ebd.

25 Siehe Seite 145 f.
26 Siehe *Discourse of Master Lin-chi*, Seite 3.
27 Ebd., Seite 20.
28 Ebd., Seite 3—4.
29 Ebd., Seite 3.
30 Siehe *Transmission of the Lamp*, I. Buch, Seite 4.
31 Siehe *Discourse of Master Lin-chi*, Seite 26.
32 Siehe *The Five Ranks of Lord and Vassal*, Seite 11.

IV. Buddha und Meditation

1 *Dharmadhatu* ist ein Ausdruck, der von den Hua-Yen-Philosophen verwendet wird, um die unendlichen Universen zu beschreiben, die einander im absoluten Reich der Totalität durchdringen und umschließen. Siehe mein Buch *Die buddhistische Lehre von der Totalität. Die Philosophie des Hua-Yen-Buddhismus* und D. T. Suzuki: *The Essence of Buddhism*, Vorlesung II.

2 Die Stelle in meinem *Yogic Commentary*, S. XXIX-XXX, lautet: »Obwohl es hier nicht notwendig ist, auf die Gesamtheit aller Aspekte der Lehre näher einzugehen, sollte man doch einem sehr wichtigen Wesenszug Beachtung schenken, nämlich ›der gegenseitigen Beziehung von Geist und Prana‹, was bedeutet, daß eine bestimmte Art von Geist oder geistiger Aktivität immer von einem entsprechenden Prana — sei es transzendentaler oder weltlicher Art — begleitet ist. So wird zum Beispiel eine bestimmte Stimmung, ein bestimmtes Gefühl oder ein bestimmter Gedanke immer von einem in Charakter und Rhythmus korrespondierenden Prana und Atmen begleitet und widergespiegelt. So erzeugt Zorn nicht nur ein Aufwallen der Gedanken und Gefühle, sondern auch eine schärfere und akzentuiertere ›Heftigkeit‹ des Atmens. Andererseits führt die ruhige Konzentration auf ein intellektuelles Problem zu einer ebensolchen Ruhe der Gedanken und der Atmung. Sobald die Konzentration in einen Zustand tiefsten Nachdenkens gerät, wie zum Beispiel beim Versuch, ein sehr schwieriges Problem zu lösen, so halten wir unbewußt den Atem an. In einer Situation der Gefährdung, des Stolzes, des Neids, der Beschämung, der Überheblichkeit, der Liebe, des Begehrens usw. entsteht gleichzeitig die entsprechende ›Luft‹ oder das Prana des Zorns, des Stolzes, des Neides, der Beschämung, der Überheblichkeit, der Liebe, des Begehrens usw. — und diese ›Luft‹ können wir sofort in uns fühlen. Im tiefen Samadhi regt sich kein Gedanke; daher gibt es auch keine sichtbaren Zeichen von Atmung. Im ersten Augenblick der Erleuchtung, der auch der Augenblick der totalen

Umwandlung des normalen Bewußtseins ist, findet auch eine revolutionäre Verwandlung des Prana statt. So wird jede Stimmung, jeder Gedanke, jedes Gefühl, ob einfach, subtil oder komplex, von einem entsprechenden oder reziproken Prana begleitet. Auf den höheren Stufen der Meditation verlangsamt sich die Blutzirkulation, bis sie fast gänzlich aufhört, die erkennbare Atmung kommt zum Stillstand und der Yogi erlebt einen gewissen Grad von Erleuchtung oder ›Klarheit‹, gleichzeitig mit einem von Gedanken freien Zustand des Geistes. Dabei kommt es jedoch nicht nur zu einer Veränderung des Bewußtseins, sondern auch zu einer Veränderung im physiologischen Funktionieren des Körpers. Im Körper eines vollkommen erleuchteten Menschen funktionieren Atmung, Puls, Kreislauf und Nervensystem wesentlich anders als im Körper gewöhnlicher Menschen. Material zur Untermauerung dieser Tatsache ist in reichem Maße hinduistischen, tibetischen und chinesischen Quellen zu entnehmen.«

3 Siehe den Beitrag »Yogic Commentary« des Autors in Evans-Wentz: *Tibetan Yoga and Secret Doctrines*, 2. Auflage, IV. Kap. (nur englisch; fehlt in der deutschen Ausgabe).

4 Nähere Angaben sind dem Buch von Evans-Wentz: *Yoga und Geheimlehren Tibets* und anderen Büchern zu entnehmen, die sich mit diesem Thema befassen.

5 *Mandala* bedeutet »Kreis«. In seiner allgemeinen Bedeutung wird dieser Ausdruck in der Tantrik dazu verwendet, um eine individuelle Einheit sangsarischer oder nirvanischer Art im Universum zu bezeichnen. In seinem besonderen Sinn bedeutet es die »Stadt« oder »Residenz« einer bestimmten Gottheit. Diese »Stadt des Buddha« wird gewöhnlich mit einem Haupt-Buddha in der Mitte und einer Zahl von begleitenden Gottheiten, die im Kreis um ihn angeordnet sind, dargestellt. Das Gesamtbild eines tantrischen Mandalas weist eine überraschende Ähnlichkeit mit der Struktur eines Atoms oder des Sonnensystems auf. Das Mandala wird von den tantrischen Meistern als Sinnbild des Universums — in seinem makrokosmischen und mikrokosmischen Aspekt — betrachtet.

6 *Elucidation of the Hidden Profundity Sutra* (chinesisch: *Chieh sheng mi chin*; Sanskrit: *Sandhi-nirmocana-Sutra*).

REGISTER

Adana-Bewußtsein, s. *Alaya*-
Bewußtsein
Alaya- (Vorrats- oder Speicher-)
Bewußtsein 119, 120, 177,
179, 205, 228, 234 A 7
Anatman (Nicht-Ich) 181
»Anweisung zur Meditation«,
s. Hsueh Yen
Atemübungen 216—219
»Ausatmen« (»Umdrehen« und
A.) 8, 103—104, 109, 112
Avalokitesvara 24, 136, 190,
239 A 27
Avatamsaka-Sutra (Hua Yen
Chin) 131, 144, 233 A 6

Baso, s. Ma Tsu
Bemerkungen
Lebendige B. 238 A 15
Tote B. 238 A 15
Bereich (Königreich) 118
B. der Begierden 238 A 18
B. der Form 238 A 18
B. der Nicht-Form 238 A 18
Betrachtungen des Geistes in
Ruhe, s. Dhyana
Bewegungs-Meditation 224—225
Bewußtsein 142, 212
drei Funktionen des B.s
177—178
reines B. 45, 104, 178, 179,
180
das Sechste, Siebente B. 85,
222, 240 A 38, 242 A 11
das Achte B. 85
erleuchtendes B. 45, 47, 226

acht Bewußtseinsformen 43,
85, 122, 177, 234 A 7, 242 A 10
Umwandlung des B.s 213
*»Biographien Großer
Mönche«* 124
bkah-rgyud-pa- (Kagyutpa-)
Schule 169, 181
Blick, der (die Schau) 154—155
Bohdi (Chuen) 172, 241 A 3
Bodhidharma 7, 14, 16, 20, 28,
64, 67, 168
Bodhisattva-Gelübde 226
Bohnenkuchenbäckerin
Lied der B. 86
»Buch des Shao Lun« 133
Buddha 75, 76, 87, 113, 118,
120, 144, 172, 191, 192, 195,
196-198, 201, 209, 210, 212,
228, 238 A 17
Buddha Amida 77, 129, 130
Buddha Maitreya 142, 143,
238 A 17, 240 A 30
Buddhaheit/Buddha-Natur 38,
89, 169, 171, 172, 178, 189,
195, 197—198, 201, 202, 204,
207, 208, 209, 210, 211, 212,
213, 228, 232
Drei Wesenszüge der
B. 195—207
Vollkommene
Weisheit 207—209
Vollkommenes
Mitleid 207—209
Vollkommene Macht 209—211
Höchstes Bewußtsein der
B. 212—213

Erlangen der B. 210, 213

Buddhismus 195, 196−198, 206, 208, 210, 212, 213, 214, 221, 225

B., eine Art Über-Religion 184

Niedergang des B. 116, 238 A17

Zweiteilung des B. 238 A 17

Chakras 220

Ch'an, s. Zen

»Ch'an (Zen) Buddhism in China« s. Hu Shin

Chang, Garma C. C. 5−11

»Buddhistische Lehre von der Totalität« 234 A 6, 240 A 28, 243 A 1

»Mahamudra-Fibel« 227, 236 A 1, 241 A 1

»Yogic Commentary« 244 A 2, 244 A 3

Chang Chin 52

Chang Wu Yuen 92

Ch'an-Na, s. Zen

Chao Chou (Joshu) 19−20, 23, 26, 27, 33−34, 38, 41, 50, 52, 72, 73, 101, 103, 159, 184, 240 A 37

Chen Chi Jen 96

Chih I 216

Ching Liang 129, 130, 141

Chin von Huai Shang 149−150

Chin Shan, s. Meng Shan

Chiu Feng 16, 60, 62, 235 A 12

Chuang Tzu 197

Chu Chou 152

Chu Hung 241 A 7

Chung Fen 129

Chung Lao Tze 149-150

Daie Soko, s. Tsung Kao

Daigu, s. Ta Yu

Denken

das richtige D. 102

Die sechs Eigenschaften des menschlichen D.s 195, 198−207, 211−212

sich anklammerndes D. 168−169, 180, 182−183, 190, 198, 206, 208−209, 223

Liebend hingegebenes D. 225−226

Dharma, dharma 242 A 8

Dharmadhatu 141, 168, 203, 243 A 1

Dharmakaya 59, 87, 103, 107−114, 123, 235 A 11

Dharmapala

Theorie des Bewußtseins 242 A 11

Dhyana 76, 80, 99, 175, 207, 213−214, 216, 217, 219

Diamant-Sutra 24, 70, 72

Diamant-Fahrzeug (Vajrayana) 181

Doktrin

Die Doktrin 238 A 16

D. von der Leere, s. Leere

Drache 233 A 3

Der schwarze D. (Li-lung) 146, 240 A 31

Dualismus, dualistisch 44, 178, 183, 218, 219, 223

Ego (Siebentes) Bewußtsein 240 A 38

Eindrucks-Saaten 228

Ein-Wort-Instruktion 224

Eno, s. Hui Neng

Erleuchtung 45, 47, 53, 61, 80, 82, 92, 100, 108, 112, 165, 171−176, 180, 182, 183, 189, 210, 214, 215, 225, 226, 231, 233 A 2

einziger Weg zur E. 183

Erreichen der E. 86, 173−176

erklärt 172

plötzliche oder schrittweise E.
52, 122, 172, 179
vom Seinsstand des Geistes
abhängig 51
wunderwirkende Kräfte 60
s. auch Satori, Wu
»Erwachen des Glaubens« 146
»Essence of Buddhism, The«
s. Suzuki
»Essenz des Ausspruchs« s. Hua
Tou
»Essentials of Buddhist
Philosophy« s. Takakusu
Evans-Wentz, W. Y.
»Tibetisches Buch der Großen
Befreiung«
227, 236 A 1
Yoga und Geheimlehren Tibets
227, 236 A 1, 244 A 3,
245 A 4

Fa Hua Sutra 132
Fa Kuang 134–135, 139
Fa Yen (Goso Hoen) 64, 162,
240 A 39
Fa-Yen-Sekte 64
Fo Ying 33
Fünf Haupt-Zentren des Körpers
(Chakras) 220
Fünf Positionen von König und
Minister (Herr und Diener)
(Fu Wei Chun Ch'eng) 173,
193
Fünf Skandhas 104
Fünfter Patriarch, s. Hung Jen
Fu Ta Shih 18

Gautama Buddha und Indra 113
Gedanken
Die vier unbegrenzten G.
225 f.
Gefühl 44
unmittelbar ausgedrücktes G.
14 f.

Geist 91, 221 f., 226
Lehre vom G. 6, 10, 42–50
erster Aspekt 43
sechs Grundeigenschaften d.
menschlichen G. s. 141–147
Organ 161, 240 A 38
der einfache und gewöhnliche
G. 52, 55
zweite Tiefenschicht 44
der stabilisierte G. 213
dritte Tiefenschicht 43, 45–50
Urzustand d. G.s 218
Geist-Essenz 45, 89, 171–181
definiert 47
Meditation des Entsinkens in
den G. 6, 226 f.
Gensha, s. Hsuan Sha
Gewahrsein 212 ff.
Girlanden Sutra, s. *Hua Yen*
Chin
»Great Buddhist Dictionary«,
s. *Ting Fu Pao*
Große vollkommene Weisheit
Sutra der G. v. W.,
s. Mahaprajnaparamita
Gunin, s. Hung Jen
Guter-Wille-Meditation 225 f.

Han Shan 115–149
Autobiographie 124–149
Dichtungen und Gedichte
133 f., 137 f., 140, 145 f.
Lehrreden 115–123
»Der Spiegel des Leng Yen«
146
Träume 140–144
Herz-Sutra (Prajnaparamita-
hrdaya) 72
Hinayana-Buddhismus 80
»Horizontale Weisheit« 196 f.
Hsiang Lin 16
Hsiang Yen (Kyogen) 150, 168
Hsieh Kuo Jan 95 f.

Hsi Lin 128
Hsing Ssu (Seigen Gyosho) 64
Hsiu, Bruder 153 f.
Hsiung Hsu Ya 95
Hsuan Chuang 177, 242 A 9,
    242 A 11
Hsuan Sha (Gensha) 104
Hsu Chou 159
Hsueh Feng und Chao Chou 184
Hsueh Yen 159, 161 f., 174, 176
    »Anweisung zur Meditation« 173
Hsuen Lang 137
Hsu Shou Yuan 93
Hsu Tun Li 88, 92
Hsu Yun 7, 71
    Lehrreden 74−87
Huai Jang (Nangaku Ejo) 18, 46,
    64, 183 f.
Huai Shi 149
Huang Po (Obaku) 20, 27, 29 f.,
    60 f., 84 f., 192
Huang Po Cheng 88, 91
Huang Tsao 57
Hua Tou 72, 73, 77−79, 82−84,
    233 A 1
    Essenz des Ausspruchs 173,
    241 A 6
Hua Yen Chin
    Girlanden Sutra 131, 144,
    233 A 6
    »König aller Sutras« 234 A 6
Hua-Yen-Philosophie 9, 42,
    129 f., 141, 145, 167, 203,
    234 A 6, 240 A 28, 240 A 36,
    243 A 1
    der absolute Maßstab 203 f.
    zehn Urprinzipien oder Tore
    129, 239 A 24
    die letzte Wahrheit 167
Hua-Yen-Sekte 129 f.
Hui Chung (Nanyo Echu) 27, 49,
    52
Hui Ko, s. Shen Kuang

Hui Ming 22
Hui Neng (Eno), Sechster
    Patriarch 7, 17 f., 22 f., 39, 47,
    64, 67, 77, 179, 183, 234 A 8
Hung Chih (Wanshi) 69
Hung Chou 28−29, 50
Hung Jen (Gunin oder Konin)
    Fünfter Patriarch 47
Hu Shih 241 A 2, 243 A 12
Hyakujo, s. Pai Chang

Indra 112−113
Ineinander-Übergehen
    gegenseitiges I. 141, 240 A 28
Intellektualisierung,
    s. Verbegrifflichung
Intonieren 223
Isan Reiyu, s. I Shan
I Shan (Isan Reiyu) 23, 54
I-Yang-Sekte 64

Jinne, s. Shen Hui
Jinshu, s. Shen Hsiu
Joshu, s. Chao Chou

Kagyutpa-Schule,
    s. bKah-rgyud-pa
Karma 31 f., 89
Kao Feng 82
    Autobiographie 160−163
Klesas (Leidenschaften −
    Begierden) 241 A 3
Koan (Kung-an, Hua Tou) 7, 73,
    98, 170, 233 A 1, 241 A 6
    scheinbare Sinnlosigkeit 15, 68,
    184
    Definition 72
    Drei Typen 19−27
    Typ der positiven Aussage
    19−23
    Typ der impliziten Verneinung
    19, 23−25
    jenseits der zwei Typen 19,
    25−27

Methoden des Arbeitens am K.
72, 73, 77, 82–84, 119–120,
153
Einwände gegen den Gebrauch
66 f.
Popularität im 11. Jahrhundert
67
Gebrauch im Zen 72
Koan-Einzelbeispiele
Was war Bodhidharmas
Botschaft? 14, 16, 28, 72, 168
Stück Holz voll trockenen
Kots 15, 23, 51, 93, 152, 167,
185, 190
Wohin kehrt das Eine zurück?
38, 72, 162, 184
Wer ruft immer wieder Buddha
an? (Hsu Yuns Koan) 7, 72 f.,
77–78, 119, 131
Keine Spur zurücklassen (Koan
des Fähr-Mönchs) 101
Weder Geist, noch Buddha,
noch irgendein Ding 81–82,
149
Wo war ich vor der Geburt,
wo werde ich nach dem Tode
sein? 97, 125, 133, 161
Wer hat diesen Leichnam für
dich hierher geschleppt? 7, 162
Wer ist der Herr des
Aufwachens, wo ruht er seinen
Körper aus und lebt er sein
Leben? 7, 163
Der Mann auf dem Baum 168
Wenn du deine Knochen
deinem Vater und dein Fleisch
deiner Mutter zurückgibst, wo
würdest du dann sein? 175
Was ist dein ursprüngliches
Antlitz (dein Ur-Gesicht)? 175
Wind oder Flagge? 179
Schau nach Süden (Nordstern) 150
Kong Ka, Lama 5

Konin, s. Hung jen
Konzentration auf einen
Gedanken (i nien) 117–123
Konzentrieren auf einen Punkt
219 f.
Kreislaufübung 71, 75 f., 78, 83
Ksitigharba 210
Ku Chan von Chin Tien 158
K'uei Chi
»Die Nur-Geist-Lehre in fünf
Stufen« 179
Kundalini (Lebenskraft) 224
Kung-an, s. Koan
Kuo Tze I 32
Kwan Yin 124, 126, 129,
239 A 27
Kyogen, s. Hsiang Yen

Leben
»Das große Leben« 8, 47
Lee Hsien Chen 87
Lee Wen Ho 92
Leere *(Sunyata)* 45–47, 103, 137,
139, 148, 150 f., 204, 208,
218 f.
Beseligende und Erleuchtende
220
Doktrin der L. 47, 180 f., 206
Voraussetzung für das
Verstehen von Zen 47
Leere und Existenz 46, 181 f.,
237 A 10
»Tote Leere« 8, 79, 83, 104 f.
Leerheiten
Achtzehn L. 183
Lehre, hilfreich-nützliche und
endgültige 211
Leng-Yen-Sutra, s. Surangama
Li (Prinzip, Wahrheit,
Wirklichkeit) 53, 111, 114 f.
Lin Chi (Rinzai) 24, 29 f., 58, 64,
67, 170, 185–193,
243 A 23–A 29, A 31

Gespräche 186
Vier Unterscheidungen 173,
185
Lin Chis Erklärungen 186 f.
Tsu Yuans Erklärungen 186,
187—188
Lin-Chi-(Rinzai-)Sekte 64—67
Unterschied zur Tsao-Tung-
Sekte 65—68
Gebrauch des Koan 66
»Löwen-Junges« 40 f.
Lotus-Sutra 99, 146
Lu Lung Li 93
Lung Tan (Ryotan Soshin) 28
Lung Ya 16
Lu Shun Yuan 89

Madhyamika (Mittlerer Weg)
46, 182 f.
Acht Negationen 182—184
Madhyamika Sastra 183
Madhyamika-Schule und Zen
180—185
Mahakasyapa 76, 156, 191 f.
Mahamudra 65, 169, 222, 226 f.,
235 A 1, 241 A 1
Wichtigste Lehre d. tibet.
Buddhismus 235 A 1
»*Mahamudra-Fibel*« (Garma C.
C. Chang) 215, 227, 236 A 1,
241 A 1
Mahaprajnaparamita-Sutra 72,
76
Mahayana-Buddhismus 13, 42,
46, 80, 176, 198, 202 f., 211,
214, 216, 234 A 6
Meditationspraktiken 215—227
Über den menschlichen Geist
199—207
Über die Klesas 241 A 3
Mahayana und Zen 13,
176—185, 193
Maitreya, s. Buddha M.

Ma Ku 24, 190—191
Manjusri 143
Mandala 222, 245 A 5
Mantrams des Buddha und der
Zen-Meister 120 f.
Mantram-Yoga 223
Ma Tsu (Baso) 26, 28 f., 41 f., 50,
64, 67, 81, 170
Maya 208
Meditation 211—232
Vier Grund-Kennzeichen
213—215
mühe- und anstrengungslose
M. 226
Sieben Techniken 195, 213,
215—227
Drei Stufen 195, 213, 227—232
Meeres-Siegel-Samadhi 129, 156,
240 A 36
Meister der Menschen und des
Himmels 128, 239 A 22
Meister des Schweigens 34—36
Meng Shan (Chin Shan) 162,
175 f.
Autobiographie 155—160
Miao Feng 132, 134—136,
140—145
Miao von Kao Feng 173
Ming Che 39 f.
Mitleid 202, 225
Mittlerer Weg, s. Madhyamika
Mystik, Mystiker 10, 45

Nan Chuan (Nansen) 19 f.,
24—26, 81
Nangaku Ejo, s. Huai Jang
Nansen, s. Nan Chuan
Nanyio Echu, s. Hui Chung
Naropa 169
Negationen
Acht N. 182, 243 A 16
Nicht-Denken *(Wu nien)* 70, 118,
214 f.

Nicht-Geboren *(Wu sheng)* 22,
233 A 5
Nicht-Geist *(Wu hsin)* 88
Nicht-Koan-Methode 6, 7,
65–72
Nicht-Ich *(anatman)* 181
Nicht-Tun *(Wu Wei)* 74 f., 80
Nicht-Üben 227
Nichts, Nichtsheit, Nicht-Sein
75, 80, 236 A 3, 240 A 32
Nirmanakaya 235 A 11
Nirvana 38, 45, 76, 177, 192,
214, 241 A 3
Nirvana ohne Erdenrest 181
Nur-Geist
Wichtigkeit des Glaubens 118
Nur-Geist-Philosophie
(Vijnaptimatra) 177, 181
s. Yogacara
Nyngma-Schule,
s. rNyin-ma-Sch.

Obaku, s. Huang Po
Ochsen
Den Ochsen zu bändigen 135,
239 A 25
»Ochs-und-sein-Hirte«-Bilder
173, 239 A 25

Pai Chang (Hyakujo) 21–23, 31,
55
Pang Wen 55, 59
Pao Fang 101
Po Shan 8, 10, 53, 237 A 9
Lehr-Unterweisungen 97–115
Plötzliche Erleuchtung und
schrittweise Praxis, s.
Erleuchtung
Prajna (-Wahrheit, -Weisheit)
17 f., 27, 116, 123, 157, 161,
171 f., 177 f., 183 f., 189, 207,
219
Essenz des Zen-Buddhismus
207

Prajnaparamita 71, 182 f., 204,
208, 232, 235 A 1
Prajnaparamita-hrdaya-Sutra
(Herz-Sutra) 72, 185, 243 A 21
Prajnaparamita-Sutras 72
Prana 219, 222, 224, 229
Identität von Geist und P. 215,
216, 244 A 2
Prüfung durch Gesten 36, 40–42
Pseudo-Zen-Erfahrungen
Beschreibung und Korrektur
107–115
Pu Hua 58–59
Pu Yuan 41

Raumhaftigkeit
Verschmelzende R. 100 f.,
237 A 11
Reine-Land-Schule 77, 112 f.
Reisen zum Studium 152,
240 A 33
Rinzai, s. Lin Chi
Rinzai-Sekte, s. Lin-Chi-Sekte
rNyin-ma-Schule 181
Ryotan Soshin, s. Lung Tan

Samadhi 140, 213 f., 222–224,
227, 232
Vier Hauptkennzeichen
213–216, 219, 229
Shambhogakaya 235 A 11
Sambodhi (Cheng-chueh) 172
*Samyaksambodhi (Cheng-teng-
chueh)* 171
San Fung Chang 224
Sangsara 105, 107, 115 f., 122,
177, 204, 214, 228, 241 A 3
Sangsarischer Geist 122
Satori (Wu) 53 f., 102
Beginn des Zen 52 f., 55
Definition 171
Wesen und Herz des Zen 55,
171

Zwei Arten 121 f.
Danach beginnt die Arbeit
53 f.
»Schatz-Wache« 8, 108
Schau der Wirklichkeit (Sehen,
Erblicken) 53–55, 154–155
Sechs Organe 161, 240 A 38
*Sechs wunderbare Tore zur
Erleuchtung* 216
Sechster Patriarch, s. Hui Neng
Seigen Gyoshi, s. Hsing Ssu
Sekiso, s. Shih Shuang
Sekito, s. Shih Tou
Selbst-Gewahrsein (chih) 44 f.,
178 f., 188
Shao Lun 133
Shen Hsiu (Jinshu) 47, 234 A 8
Shen Lui (Jinne), s. siebter
Patriarch 77, 178, 243 A 12
Shen Kuang (Hui Ko), zweiter
Patriarch 20
Shen Tsan 21 f.
Shih (Materie) 53
Shih Keng 159
Shih Shuang (Sekiso) 60
Shih Tou (Sekito) 26, 64
Sichanklammern, s. Denken
Sieben-Tage-Meditation 74–76,
80, 236 A 4
Siebentes (Ego-)Bewußtsein,
s. Bewußtsein
Siebenter Patriarch, s. Shen Hui
Skandhas
Die fünf S. 104, 113
Soto-Sekte, s. Tsao-Tung
»Stadt des Buddha« 245 A 5
Sthiramati
Theorie des Bewußtseins
242 A 11
»Stille, Tödliche« 8, 97
Sunyata (Leere) 45 f., 181, 204
prakt. und theoret. 181 f.,
s. Leere

Surangama-Sutra 113, 138, 146
Sutra der Gnadenvollen 126
von der vollkommenen
Erleuchtung 99
von der Aufhellung der
verborgenen
Tiefe 228, 245 A 6
Su Tung Po 33
Suzuki, D. T. 8, 241 A 6
»The Essence of Buddhism«
234 A 6, 240 A 28, 244 A 1
»Antwort an Hu Shin« 178,
241 A 2, 243 A 13
»Studien in Zen« 241 A 2,
243 A 3

Ta Hui 135
Tai-chi
Bewegungs-Meditation 224 f.
Takakusu, Junjiro
*»The Essence of Buddhist
Philosophy«* 242 A 11
Ta Mei 81 f.
Tantra, Tantrik 181, 215, 220,
222, 229
Über die *Klesas*
(Leidenschaften) 241 A 3
Tao, Taoismus 10, 15, 19–21, 50,
75, 81, 84 f., 90, 99 f., 106 f.,
114–117, 119, 154, 167, 224,
235 A 10
Tao Tsung 57
Ta Shih Chih 129
Ta Yu (Daigu) 29 f.
Teng Yin Feng 26, 41 f.
Te Shan (Tokusan) 23, 28, 40 f.,
180
Theravada-Buddhismus über die
Klesas
(Leidenschaften) 241 A 3
Ti (Essenz des Geistes) 45
*Tibetisches Buch der großen
Befreiung.* s. Evans-Wentz

Tieh Shan
  Autobiographie 173−176
Tien Jan 27, 233 A 3
Tien-Tai-Schule 38, 216−219
  Tien Tung 108
  Tilopa 169
  »Gesang von Mahamudra«
  241 A 1
Ting Fu Pao 238 A 15
Tokusan, s. Te Shan
Torlose Tor, das 226 f.
Tosan, s. Tung Shan
Totalität 141, 208, 212
  Buddhistische Lehre von der
  T.« s. Garma C. C. Chang
Tou Weng 149
Trikaya 55, 235 A 11
Tripitaka (-Sutras) 146 f.
Tsao-Tung-(Soto-)Sekte 7, 10,
  64−67
  Geheime Lehre 65
  Unterschied zur Lin-Chi-Sekte
  65−68
  indische Methode 64−66
Tseng Tien Yu 90, 94
Tsung Kao (Daie Soko) 8, 10, 65,
  67, 236 A 7
  Lehr-Unterweisungen 87−97
Tsu Yuan
  Geist, der Ursprung aller
  Dinge«187
Tuan Chiao 161
Tu Shun 234 A 6
Tui Keng 159
Tung Shan (Tosan) 16, 23, 39 f.,
  67, 72, 193, 238 A 15
  Fünf Positionen von Herr und
  Diener, s. fünf P.

»Überlieferung der Leuchte« 101
Übung, die; das Werk; das Tun
  53 f., 116
Ummon, s. Yun Men

Unterscheidungen
  vier U. des Lin-Chi 185−193
Ur-Bewegung, s. Tai-Chi
Ur- oder Haupt-Bewußtsein 85

Vajrayana (Diamant-Fahrzeug)
  181
Verbegrifflichung 15, 99, 115,
  117, 121, 168, 171, 236 A 7
  Gefahren der V. 88 f.
»Verstehen« oder
  »Verwirklichen« 166 f., 170,
  204
Vijnaptimatra-(Nur-Geist-)
  Philosophie 177−179, 242 A 9
Vimalakirti-Sutra 11, 38
Visualisation
  Meditation der V. 220−223
Vorrats- oder Speicher-
  Bewußtsein, s. *Alaya*

Wahre Mensch ohne
  Eigenschaften, Der 190
Wan Shan 155, 159
Wanshi, s. Hung Chih
Wasser
  Stehendes Wasser 8, 47, 152
Wei Wu Wei 5
Weisheit 196−207, 209, 213, 218
  Zwei Seiten der W. 196 f.
  »Horizontale W.« 196 f.
  »Vertikale W.« 196 f.
Wen Yuan 34
Wettstreit in Worten 38−40
Widerspiegeln
  Heiter gelassenes W. 7, 67,
  68−72
  Zehn Ratschläge für diese
  Übung 71 f.
Wiederbelebung
  Die große Wiederbelebung 98,
  237 A 10

Winde
    Acht weltliche W. 33, 233 A 4
Wort
    Mystische W. 223
Wu (Nichts, Nichtsheit) 72, 73,
    236 A 3, 240 A 32
Wu (*Satori,* Erleuchtung) 53, 102,
    116, 135, 138 f., 151, 155, 161,
    171 f., 241 A 4
    Definition 171 f.
    Zwei Arten von W. 121–123,
    236 A 3
    Danach beginnt die Arbeit
    173–176
Wu, Ähnlichkeits-, Verstandes-,
    Verwirklichungs-Wu 121 f.,
    123, 173
Wu Chi 128–130, 132
Wu Chun 155
Wu Feng 23
Wu hsin s. Nicht-Geist
Wu Men, Kommentar zu Chao
    Chou 20
Wu-nien, s. Nicht-Denken
Wu Wei s. Nicht-Tun
Wu Wen
    Autobiographie 140–151
Wu Yuan Chi 56
Wunder
    Zen-Einstellung gegenüber
    dem W. 56–62

Yin Feng 56 f.
» Yoga und Geheimlehren Tibets«
    s. Evans-Wentz
Yogacara-Schule und Zen, s. Zen
» Yoga-Kommentar« s. Garma C.
    Chang
Yogis
    Zwei Arten von Y. 121 f.
Yoka, s. Yung Chia
Yuan Chin 53, 235 A 10
Yuan von Shuang Lin 152

Yueh Shan 149
Yun Feng 149
Yung Chia (Yoka) 11, 38 f., 89,
    118
Yung Mao Shih 94
Yun Ku 130 f.
Yun Men (Ummon) 57, 64, 103,
    110
Yun-Men-Sekte 64

Zan Zen (Tsan Ch'an) 237 A 13
Zehn aufeinander folgende Stufen
    der
    Zen-Praxis 53 f., 235 A 10
Zehn geheimnisvolle Tore 129,
    239 A 24
Zehn-Ochsen-Bilder, s. Ochs
    und sein Hirte
Zehn Ratschläge für die Zen-
    Praxis 6, 71 f.
Zen- (Ch'an-) Buddhismus
    Unfaßbarkeit des Zen, Drei
    Gründe für 15–17, 193
    scheinbare Unverständlichkeit
    15, 17
    chinesischer Ursprung 5, 13
    Unterschied zwischen Laien
    und Mönchen bei der Zen-
    Arbeit 51, 92
    Kennzeichen der Frühzeit des
    Zen 64 f.
    Vier Probleme des Zen-B.
    165–194
    Vier Wesenszüge des Zen-B.
    50–62
    Geschichte des Zen 63–67
    Keine Hast! 94
    Unbestimmbare Wesensnatur
    16
    Verstandesmäßiges Erkennen
    99, 166-171, 193
    Keine Trägheit! 86

Madhyamika-Schule und Zen
165, 176 f., 180—185
Mahamudra und Zen 235 A 1
Mahayana-B. und Zen 13, 165,
176-185
Methoden und Techniken
14 f., 76, 177
Mystische Seite des Zen 55
Wesen des Zen 13—62
Gipfel allen buddhistischen
Denkens 13, 61, 167, 226
Po Shans vier Punkte 101
Vorbedingungen für Zen-
Studium 193
Verwirklichung im Zen-B. 43
einziges Ziel des Zen 43, 170
einziges Ziel des Schülers 51
Stil und Methoden 13—42, 170
Übermittlung außerhalb der
buddhistischen Doktrin
54, 76
Drei Tiefenschichten des
Geistes 43—50
verschiedene Arten des Zen 80
Ausdrucks-Verschiedenheiten
14, 17, 170, 177
Zens Blick auf die Klesas 241
A 3
Zen als eine Art des Lebens 50
Mißverständnisse im Westen 6,
50, 53, 165, 170
Yogacara-Schule und Zen 165,
176—180, 228, 234 A 7
Zen-Arbeit 52 f., 92, 97—115,
134
Zwei Aspekte 54 f.
Zen-Frage: Spontaneität der
Antwort 37

Zen-Krankheit *(Ch'an ping)* 103,
107—115, 135, 139, 239 A 26
Zen-»Kunst« 17, 27—42
vierfache Absicht 28—42
unmittelbar zur Erleuchtung
17, 19, 28—30
buddhistische Lehren
veranschaulichen 28, 31 f.
Zen-Humor und Zen-Witz 28,
33—36
Verständnis des Schülers zu
prüfen 28, 36 f.
Prüfung durch Gesten 36,
40—42
Wettstreit in Worten 38—40
Zen-Praxis
Allgemeiner Überblick 63—68
in Lehrvorträgen der Meister
63
in Autobiographien der
Meister 63
zehn aufeinanderfolgende
Stufen 53 f.
Zen-Stil
Beispiele des Z. 14—42
Zweifel-Gefühl *(I ching)* 80, 93,
97 f., 102 f., 150, 152, 158,
160, 236 A 9, 240 A 34
Fähigkeit zur Hervorrufung
107—115
Hindurchbrechen 93 f., 103,
109, 115
Wichtigkeit des Z. 97 f.
Unfähigkeit der Hervorrufung
105
Zweifels-Masse *(I t'uan)* 97 f.
115, 236 A 9
Zweiter Patriarch, s. Shen Kuang

INHALT

EINFÜHRUNG   5

I   DAS WESEN DES ZEN

Stil und Methode des Zen   13
Das Herz des Zen oder die Lehre vom Geist . . .   42
Vier Wesenszüge des Zen-Buddhismus.   50

II   DIE PRAXIS DES ZEN

Allgemeiner Überblick   63
Die Zen-Übung: den eigenen Geist in
heiter-gelassener Ruhe betrachten   68
Zehn Ratschläge für die Zen-Praxis.   71
Die Zen-Praxis der Koan-Übung   72

Reden und Abhandlungen von vier Zen-Meistern
Meister Hsu Yun   74
Meister Tsung Kao   87
Meister Po Shan.   97
Meister Han Shan.   115

Autobiographien von fünf Zen-Meistern
Meister Han Shan.   124
Meister Wu Wen   149
Meister Hsueh Yen   151
Meister Meng Shan   155
Meister Kao Feng.   160

III VIER PROBLEME DES ZEN

Ist Zen vollständig unverständlich? 166
Was ist Zen-Erleuchtung? 171
Zen und der Mahayana-Buddhismus 176
  Yogacara und Zen 177
  Madhyamika und Zen 180
Die »vier Unterscheidungen« des Lin Chi 185

IV BUDDHA UND MEDITATION

Die drei Wesenszüge der Buddhaheit
im Verhältnis zu den sechs Haupteigenschaften
des menschlichen Denkens 195
Die vollkommene Weisheit des Buddha 196
  1. Das menschliche Denken ist kumulativ . . . 199
  2. Das menschliche Denken ist begrenzt 199
  3. Das menschliche Denken ist
     widersprüchlich 200
  4. Das menschliche Denken ist trügerisch . . . 202
  5. Das menschliche Denken ist kraftlos und
     vergeudend 205
  6. Das menschliche Denken ist ein
     »Sich-Anklammern« 206
Das vollkommene Mitleid Buddhas 207
Die vollkommene Macht Buddhas 209
Überblick über die Praxis der
buddhistischen Meditation 211
  Die vier Hauptkennzeichen des Samadhi . . . 213
  Die sieben Typen der Meditationspraxis 215
  1. Atemübungen 216
  2. Konzentrieren auf einen Punkt 219
  3. Visuelle Vergegenwärtigung 220

4. *Mantram-Yoga: Rezitation und Intonieren von Spruchformeln oder mystischen Worten*. 223
5. *Bewegung* 224
6. *Aufgehen des eigenen Geistes im guten Willen oder in hingebungsvollen Gedanken* 225
7. *Entsinken in die Geist-Essenz* 226

Die drei Stufen der Meditation

Die erste Stufe 227

Die zweite Stufe 229

Die dritte Stufe 232

ANMERKUNGEN. 233

REGISTER 247

Weitere Bücher aus dem Aurum Verlag

Lama Anagarika Govinda

SCHÖPFERISCHE MEDITATION UND MULTIDIMENSIONALES BEWUSSTSEIN

2. Auflage, 336 Seiten, 8 Farbtafeln, 1 s/w-Tafel, Frontispiz, 7 Zeichnungen, 1 Tabelle, Sach- und Personen-Register, geb.

Ein Buch von höchster, lebendiger, praktischer Weisheit, in dem die Meditation ihres mystischen Aspekts entkleidet und transparent gemacht wird und die Grundlagen und Voraussetzungen aller Meditation aufgezeigt werden.

»Das Buch *Schöpferische Meditation und multidimensionales Bewußtsein* kann als das Lebenswerk des Lama Anagarika Govinda bezeichnet werden. Die gesamte philosophische Erfahrung eines Mannes ist in diesem Buch untergebracht, der sechzig Jahre seines Lebens der Meditation widmete und östliche wie westliche Weisheit gleichermaßen anerkennt. Govinda sagt:
›Im Wissen um die Unsterblichkeit vernachlässigte der Osten das irdische Leben. Im Wissen um die Einzigkeit des Augenblicks und seines unwiderbringlichen Wertes vernachlässigte der Westen das Unsterbliche . . . Nur derjenige, der in voller Erkenntnis und Anerkennung seines westlichen Erbes das Erbe des Ostens durchdringt und in sich aufnimmt, kann die höchsten Werte beider Welten gewinnen und ihnen gerecht werden.‹
Govinda stellt die Inhalte der buddhistischen Lehre übersichtlich gegliedert dar und bezieht die westliche Lebensphilosophie mit ein. Er erläutert die verschiedenen Meditationsformen und die erreichbaren Bewußtseinsdimensionen. ›Wenn wir unsere Wahrnehmung ändern‹, sagt Govinda, ›leben wir in einer anderen Welt und erleben eine andere Wirklichkeit.‹
In jedem Satz spürt man, daß die niedergeschriebenen Gedanken oft und tief gedacht und auch gelebt wurden. Govindas inspirierende Betrachtung über ›Das Mysterium des Lebens und Sterbens‹, ›die schöpferische Kraft des Geistes‹, über ›Begriff und Wirklichkeit‹, ›Vernunft und Intuition‹ und alle Bereiche des menschlichen Lebens lassen das, was wir Leben nennen, in neuer Fülle vor uns erstehen.« *Radio Bremen*

AURUM VERLAG · FREIBURG IM BREISGAU

Weitere Bücher aus dem Aurum Verlag

Detlef-I. Lauf

GEHEIMLEHREN TIBETISCHER TOTENBÜCHER

– Jenseitswelten und Wandlungen nach dem Tode –
– Ein west-östlicher Vergleich mit psychologischem Kommentar –
Mit einem Vorwort von F. Spiegelberg

3. überarbeitete und erweiterte Auflage, 310 Seiten, reich illustriert, mit vielseitig, bisher unbekanntem Bildmaterial, 4 Farb- und 8 s/w-Tafeln, Übersichten, Tabellen, Literatur-Verzeichnis, Glossarium und Register, Leinen.

Aus der reichen Tradition tibetischer Geheimlehren zeigt dieses Werk alle Nachtod-Visionen, die – Abbild tiefster Lebenserkenntnisse tibetischer Gurus – über den Tod hinaus in mögliches neues Leben führen. Ein vielseitiges, bisher unbekanntes Bildmaterial zu den Initiationen des Totenrituals bereichert die ausführliche Darstellung. »Es handelt sich um Lehrbücher des Sterbens *und* des Lebens von einzigartiger Geschlossenheit des psychischen Aufbaus. – Unausrottbar bleibt dieses Tibet in uns als große Sehnsucht nach dem ewig Geheimnisvollen in unserer armen Zeit der absoluten Geheimnislosigkeit und Entmythologisierung. Lauf weist uns den heilenden Weg zur Rettung des unverlierbar Wesentlichen.« Wir wissen, daß der Tod »eine Zustandsphase bedeutet und nichts Eigentliches je verloren geht.« *(F. Spiegelberg)*

Die Presse urteilte:

»Hier wird alles vorgelegt, was wissenschaftliche Forschung bisher erheben konnte.« *(Meditation)* – »Der Leser wird zu einer lebendigen Schau der Weltrealität geführt, wobei Lauf viele der Symbole zu Freuds phylogenetischem Erbmaterial und Jungs Archetypen in Beziehung setzt.« *(Asien-Bibliographie)* – »Die schöne Ausstattung mit Illustrationsmaterial, Farbtafeln, Schwarzweißdrucken, übersichtlichen systematisierten Tabellen . . . vermittelt dem Leser ein lebendiges Bild des inhaltlich Dargebotenen.« *(Esslinger Zeitung)* – »Was das Totenbuch so anziehend macht, das ist die verblüffende Erkenntnis, daß sich die ganze Dramaturgie des Totenrituals auch auf das gelebte Leben im allgemeinen und auf das des Lesers im Besonderen anwenden läßt.« *(Buddhistische Monatsblätter)*

AURUM VERLAG · FREIBURG IM BREISGAU